한국 중세시대 선박사

韓國 中世時代 船舶史

김병근 지음

한국 중세시대 선박사

지은이 김병근
펴낸날 2023년 1월 9일
펴낸곳 주류성출판사
서울특별시 서초구 강남대로 435
TEL | 02-3481-1024 (대표전화) • FAX | 02-3482-0656
www.juluesung.co.kr | juluesung@daum.net

값 30,000원
잘못된 책은 교환해 드립니다.
ISBN 978-89-6246-494-8 93910

*본 저작물에는 경기천년바탕체와 빙그레 메로나체가 활용되었습니다.

※ 책에 쓰인 도면과 사진은 국립해양문화재연구소의 보고서와 도록에서 가져왔습니다.

한국 중세시대 선박사

韓國 中世時代 船舶史

김병근 지음

[책을 내면서]

1994년 6월 20일 서울에서 배낭 하나 달랑 메고, 고속버스를 타고 목포라는 항구도시에 첫발을 디딘 것이 엊그제 같다. 이를 계기로 국립해양유물전시관 학예연구실에서 해양문화재를 처음 접하였다. 국립해양유물전시관은 1970년 중반 보물선 신드롬을 일으켰던 중국 원대 선박 신안선, 1980년대 수중발굴 한 한국 최초의 고려시대 선박 완도선을 전시 테마로 탄생하였다. 이후 수중발굴, 전시, 교육, 보존, 해양 민속, 고선박 복원 연구 등 한국은 물론 아시아를 대표하는 해양문화유산 종합연구 기관으로 성장하였다. 2009년에는 국립해양문화재연구소로 명칭을 변경하였다.

필자는 개관 이후 수중발굴, 해양교류, 고선박 연구(복원), 유물, 보존처리, 전시, 해양 민속 조사 등 해양문화의 다양한 업무를 경험하였다. 한 직장에서 약 30년 동안 근무하는 영광을 누렸다. 해양 문화에 대한 아무런 지식도 없이 전시관 개관에 참여하면서, 고선박이라는 용어도 처음 접하였다. 이후 고선박은 나의 직장생활에서 뗄 수 없는 숙명이 되었다. 선박의 용어도 생소하고, 관련 지식도 무지한 상태에서 20여 년이 흘러 이해의 폭이 조금은 넓어졌다.

신안선과 관련 유물의 연구로 박사학위를 취득하고, 해양 문화 관련 논문도 꾸준히 발표하였다. 이번에 발간한 '한국 중세시대 선박사'는 그동안 필자가 발표한 논문을 중심으로 수정·보완하였다. 조선공학적인 지식이나 선박에 대한 폭넓은 이해가 부족한 데, 선박사를 다룬다는 것이 무모한 도전이었다. 하지만, 현재 한국 중세시대의 선박사 연구성과는 개별 논문으로 일부 발표되었다. 선박의 개설서는 전무 한 실정이다. 일부 선학들이 한국의 선박사를 다루었지만, 2000년 이전에 발굴한 완도선·달리도선과 문헌을 중심으로 선사시대부터 근대에 이르는 선박의 구조와 발달과정을 통시적으로 다루었다. 이외에 조선시대 병선과 거북선에 대한 문헌 자료를 주로 소개하였다.

필자는 1995년 달리도선 발굴을 시작으로 십이동파도선, 안좌선, 대부도1호선, 태안선, 마도4호선 등 발굴에 직접 참여하였다. 이를 통해 선박에 대한 이해를 높였다. 발굴보고서를 작성하면서 선박의 구조와 변화과정을 정리하였다. 이에 1980년대부터 2010년대까지 수중발굴 통일신라시대, 고려시대, 조선시대 선박 12척을 중심으로 잔존 선체의 구조적 특징과 출수유물을 중심으로 시대구분을 시도하였다. 이를 통해 한국 중세시대 선박의 발달과정을 유추하였다. 또한, 선박의 수종 분석 내용을 정리하였다. 선박의 몸체 제조는 소나무가 주를 이루고, 기타 구조물은 상수리나무 등을 사용하였다. 그리고 지역에서 자생하는 느티나무, 이나무 등을 사용하여, 지역적인 특색이 반영되었음을 제시하였다.

이외에도 중국 산둥성 펑라이시에서 2005년 발굴한 봉래3·4호선을 한국 선박과 비교 연구하여, 한국 선박임을 밝혔다. 봉래3·4호선은 한국 선박이 해외에서 발견된 첫 사례로 현지에서 국내 학자로서는 처음 실견하였다. 선박의 실견과 유물 중 고려시대 유물이 포함되어 있어, 한국 선박으로 밝혀졌을 때 설래임과 자긍심은 아직도 깊은 여운으로 남아 있다.

한국 중세시대 선박사라는 큰 주제를 불나방처럼 뛰어들어, 이 글을 세상에 내놓게 되었다. 글의 전개에 많은 오류와 문제점이 있겠지만, 마땅한 개설서가 없는 상황에서 이후 다양한 연구에 한 알의 밀알이 되는 심정으로 질정叱正을 겸허히 수용하고자 합니다.

끝으로 선박사 연구의 동반자로서 많은 도움을 준 홍순재 선생님과 동료 직원들에게 감사드립니다. 광주에서 목포 출근하는 날 하루도 빠지지 않고 배웅을 해준 내자 장영희 님 사랑합니다. 팔순에도 자식을 걱정하시는 부모님, 장모님과 모든 가족에게 감사드립니다. 그리고 나의 아들로 와준 두 아들 형곤, 민곤 자기 길을 잘 개척해줘서 고맙다.

국립해양문화재연구소 별관에서

목포 앞 바다를 바라보며

목차

I

한국 수중고고학과 주요 수중발굴 해역

Ⅰ. 한국 수중고고학과 주요 수중발굴 해역

1. 한국의 수중고고학

수중고고학이란 바다·강·호수 등에 침몰하였거나, 기타 요인에 의하여 가라앉은 고대 유적·유물을 연구하는 고고학의 한 분야이다. 고고학은 육상에서 인류가 태동한 이래 인간 생활과 문화의 역사적 발전을 파악하기 위하여 유적과 유물을 실증적으로 연구하였다. 수중고고학은 조사범위를 수중까지 확대한 것이다. 수중이라는 특수성으로 인하여, 물을 극복해야 하는 어려운 문제점을 안고 있다. 하지만 1950년대 이후 스킨스쿠버 활동이 본격화되면서, 고고학자들이 잠수 조사를 직접 시작하는 계기가 되었다.

수중고고학의 시작은 유럽, 특히 서양 문화의 요람이었던 지중해였다. 현재 지중해에서는 1,000척이 넘는 침몰선을 조사하였다. 이외에 수중유적·유물은 지각변동 등 자연현상에 의해 물속에 잠겨버린 고대도시·항구시설 등과 항해 중에 재난으로 침몰한 선박과 유물이다.

따라서 수중고고학은 고고학의 개념을 수중으로 확대한 것으로써, 그 방법을 변화시키는 것은 아니다. 수중고고학의 고유 임무는 고고학에서 미지의 세계로 남아 있던, 수중까지 연구영역을 확대한 독자성에 있다. 다만 물을 극복해야 하는 과학기술이 필요한 분야이다. 또한, 수중고고학은 일반적인 고고학과 더불어 역사학·인류학·잠수·해양학·해양공학·측량학·보존과학·사진학·최첨단 디지털 기기 등 다양한 분야를 종합한 학문 분야이다.

수중고고학은 1970년대 이전에는 유럽이 주도하였다. 유럽의 수중발굴에서 중요한 부분은 근세에 침몰한 대형 군함의 발굴이다. 대표적인 선박들이 스웨덴의 바사호와 영국의 메리로즈호 등이다. 최근에도 프랑스, 영국, 터키, 독일 등 유럽 전역에서 수중고고학은 활발하게 이루어지고 있다.

아시아는 한국이 1970년대 이후 수중발굴을 선도하고 있다. 중국·일본·대만·태국 등이 체계를 구축하면서 급속하게 발전하고 있다.

한국의 수중고고학은 1976년 10월 신안선을 발굴하면서 시작되었다. 신안선의 수중발굴 이전에 해군 '충무공해전발굴단'이 측면주사음파탐지기·지층탐사기·금속탐지기 등으로 탐사·조사를 시도하였다. 하지만 탐사·조사는 별다른 성과를 거두지 못하였다. 하지만 수중탐사 시도는 수중고고학의 초보적인 발달에 밑거름이 되었다. 이러한 과정을 거치면서 신안선 발굴은 한국 수중고고학의 기틀을 다지게 된다.

신안선은 한국의 수중발굴을 태동시켰다. 이후 수중발굴이 잇달아 이루어진다. 완도선(1984), 진도 벽파 통나무배(1992), 목포 달리도선(1995), 무안 도리포 유물(1995), 군산 비안도 유물(2002), 군산 십이동파도선(2003), 태안 마도해역 태안선 등 5척과 유물(2007~2022), 안산 대부도1·2호선(2006, 2015), 진도 명량대첩로 해역 유물(2012~2021), 제주 신창리 해역 유물(2020~2021), 고군산군도 해역 유물(2012~2022) 등 40여 년 동안 30여 건의 수중발굴이 이루어졌다. 수중발굴은 향후 지속적인 실시로 해양문화유산을 연구·교육·보존·관리·전시 등에 기여 할 것이다.

이러한 발굴 결과는 언론에 대서특필되면서 '보물선 신드롬'을 일으키는 등 주목注目을 받았다. 또한, 수중발굴에 대한 국민적인 관심을 불러일으키기도 하였다. 현재 한국의 수중고고학은 본격적인 궤도에 올라섰다.

한국은 수중고고학의 인식이 변화되면서 수중 개발에 앞서 수중에 대한 사전 조사가 시행되고, 수중발굴도 활발하게 이루어지고 있다. 이러한 기반을 바탕으로 현재 한국은 아시아 수중고고학을 선도하는 국가로 발돋움하였다.[1]

수중발굴은 해양실크로드를 통한 국내외 무역, 항로, 조선기술, 생활사, 경제사, 조운 관계 등 해양문화유산 연구에 기여하고 있다.

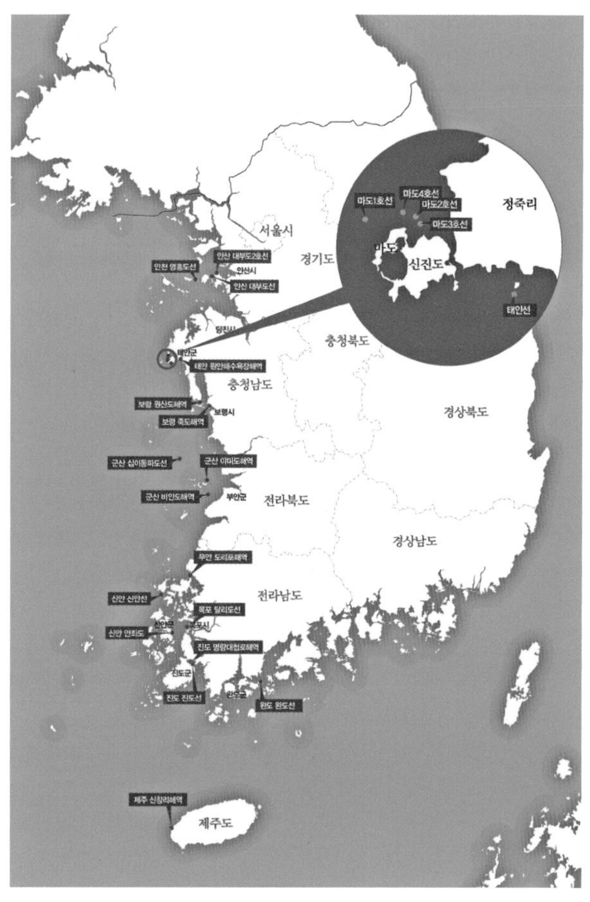

<사진 1> 한국 주요 수중발굴 지역

1 제1장은 그동안 필자가 발표한 논문, 외국 잡지, 국내 신문 등에 투고한 내용을 수정·보완하였다. Kim Byung Keun, 2021, 「Birth of KoreaUnderwater Archaeology」, 『Wreakwatch Magazine Autumn』.
김병근, 2021. 2.15.(서울신문), 「어부들의 개밥그릇·재떨이로 '천덕꾸러기 700년 만에 보물로 깨어난 침몰선 도자기」.
김병근, 2021. 4.19.(서울신문), 「명량대첩로 해역에서 발굴한 유물들」.
김병근, 2021, 「조선시대의 보물선 마도4호선」, 『해맑은 이야기』, 제79호(봄), 해양환경공단.
김병근, 2021, 「고려시대 해양실크로드 거점정과 수중발굴」, 『해양문화재』제14호, 국립해양문화재연구소.

2. 최초의 수중발굴 신안선과 유물

1) 신안선의 발견과 수중발굴

한국에서는 1970년대 중반 전남 신안군 증도 해역에서 수중발굴한 신안선과 유물로 전국적인 관심은 물론 세계 수중고고학 연구에 한국이 화려하게 등장할 수 있는 계기가 되었다. 한국 수중에서 처음 발굴한 신안선에서 고려청자, 송·원대 도자기 등이 쏟아져 나왔다. 신안선의 존재는 1975년 8월경 확인되었다. 어부 최모 씨의 그물에 청자병 등 도자기 6점이 걸려 올라왔다. 다른 어부들은 도자기가 올라오면 바다에 던져 버리거나 집에서 개밥그릇·재떨이 등으로 사용하였다. 어부는 도자기 중요성을 몰랐지만, 당시 교사였던 동생은 달랐다. 도자기의 중요성을 알고 정부 기관에 신고하였다. 감정 결과 중국 송·원대의 도자기였다. 이듬해 침몰선의 존재가 알려지고, 약 700년 동안 잠들었던 보물선이 수면 위로 떠올랐다.

그런데 1976년 9월 도굴꾼이 잠수부와 함께 유물을 도굴하여 팔려다 검거되는 사건이 일어났다. 이후 도굴이 잇달아 발생하고, 언론은 이를 대서특필하였다. 문화재관리국(현 문화재청) 등 관계 당국은 수중발굴을 서둘렀다. 하지만 당시 고고학자들은 수중발굴 경험이 전혀 없었다. 선체의 인양은 물론 유물을 건져 올릴 수 있는 도구나 장비도 없었다. 이에 문화재관리

<사진 2> 해군조사모습

국, 국립중앙박물관, 해군(해군해난구조대) 등 합동조사단을 구성하였다. 고고학자들은 조사방법·유물수습·유물실측·도면정리 등을 담당하였다. 해군은 고고학자들과 협의를 거쳐 잠수조사·유물·선체 인양 등 수중발굴을 하였다.

<사진 3> 해군조사모습

발굴 위치인 증도는 전남 목포에서 서북 방향으로 약 40km 떨어진 섬이다. 현장은 증도와 임자도에서 각각 4km 떨어진 해역이다. 1976년 10월 26일 한국에서 최초의 역사적

<사진 4> 신안선 도자기 인양

인 수중발굴이 시작되었다. 해역은 밀물과 썰물의 차가 커서 물의 흐름이 바뀌는 정조 시간에 조사하였다. 수심은 평균 20m 정도로 수중 시야가 좋지 않고 조류가 빨라 조사에 어려움이 많았다. 정밀조사는 1977년 제3차부터 그리드를 설치하고, 육상 조사와 같이 조사 결과를 기록하였다. 수중발굴은 1984년까지 약 10년 동안 이루어졌다. 유물은 선박과 송·원대 도자기 등 24,000여 점이 출수되었다.

2) 신안선과 가득 실린 보물들 그리고 고려유물

<사진 5> '지치삼년' 목간 등

신안선의 국적은 발굴 당시부터 매우 큰 관심사였다. 신안선은 선박과 유물을 분석한 결과 중국 국적國籍이었다. 출수 목간 가운데 '지치삼년至治參年'이 묵서墨書되어 있었다. 지치삼년은 중국 원 영종 3년(1323)으로 연대와 국가를 확인하였다.

신안선은 중국 푸젠[福建]지역에서 만든 첨저선尖底船으로 바다 수심이 깊은 해역 운항과 파도를 가르기에 적합한 형태이다. 이는 푸젠지역에서 선박을 만들 때 무사 항해와 안녕을 기원하는 보수공保壽孔으로 확인하였다. 보수공은 선수·선미 용골재 연결부에 위치한다. 선수는 수직 접합면의 원형구멍에 동경을 넣고, 선미에는 송대 동전인 태평통보太平通寶를 북두칠성 모양으로 배치하였다.

선체는 총 720여 편으로 20여 년 동안 PEG(Polyethyene Glycol)[2]로 보존처

---

2 PEG 4000 고체, PEG 400 액체 성상으로 구분된다. 선박의 보존처리는 무색의 끈끈한 액체 성분으로 물에 녹여서 농도를 5%~70%까지 단계적으로 상승시켜, PEG가 선체 내부의 수분이나 셀룰로오스나 리그닌을 대체하여 목제의 강도와 형태를 유지한다.

리 후 복원하였다. 추정 실물 크기는 길이 34m, 폭 11m, 깊이 3.7m이다.

신안선의 유물은 도자기 20,000여 점, 금속품 1,000여 점, 자단목 1,000여 점, 향신료, 약제품, 석제품, 목제품, 유리·골각제품, 동전 28톤 등이다. 도자기는 길이 50~70cm, 너비 40~60cm, 높이 40~60cm 정도의 나무상자에 10~20개씩 포개서 끈으로 묶어서 적재하였다. 적재는 먼저 자단목을 배 밑에 골고루 반입하고, 그 위에 동전을 쌓았다. 동전 상단에 도자기·칠기·금속제품 등을 격납하였다.

신안선에서 출수한 한국 유물은 청자매병·청자베개·청동숟가락 등이다. 청자매병 등 고려청자는 12~13세기에 강진 사당리요와 부안 유천리요에서 생산된 것으로 추정된다. 고려유물은 고려인 승선을 알 수 있는데, 신안선이 고려를 경유하였을 가능성을 제시한다. 당시 고려는 차를 마시고, 향을 피우고, 꽃을 감상하는 문화가 중국에서 전해져, 왕실과 귀족의 취향을 대표하였다. 이는 실용성과 예술성을 갖춘 공예의 발전을 이끌어 상감청자가 등장하였다.

일본유물은 세토매병·나막신·칼코 등

<사진 6> 신안선 용공 인양

<사진 7> 신안선 용골 보수공(동경)

<사진 8> 신안선의 탈염처리

이다. 일본 가마쿠라[鎌倉]시대는 중국과 외교관계는 중단되었다. 하지만 중국의 문화를 받아들이는 교류는 활발하였다. 차를 마시고, 향을 피우고, 꽃을 완상하는 문화가 선종禪宗 사찰, 가마쿠라 막부의 주요 인사, 상급 무사들 사이에 인기가 있었다. 문화의 향유를 위해 관련 기물을 중국에서 수입하였

<사진 9> 신안선 PEG강화처리

<사진 10> 신안선의 PEG강화처리 완료

다. 이와 관련된 유물이 향로·향합·꽃병·잔·주전자 등이다.

도자기·토기류는 20,660여 점으로 가장 많다. 청자·청백자가 다수이다. 도자기는 대부분 중국 용천요와 경덕진요에서 만들어졌다. 이외에도 건요계와 균요계의 도자기, 토기호 등이 있다. 기종은 차·향·꽃과 관련된 기물이 많다. 도자기는 세계 수중발굴에서도 유례가 드물 정도로 양이 많아 중국 도자기를 다량 갖게 되었다.

<사진 11> 신안선에 실린 고려청자

금속유물은 1,000여 점으로 분향구·불교의식구·주방용구·생활용구·금속정 등 다양하다. 특히 금속정은 불상이나 기타 기물 제작에 사용하였을 것이다. 이는 14세기 전반 동아시아 종교, 음식, 완상 문화는 물론 생활용구 등에 미친 영향이다. 금속정은 주석정과 철정이 340여 점으로 가장 많고, '왕구랑王九郞'이라는 장인의 이름도 있다. 특히 '경원로慶元路'가 새겨진 청동추는 선박 출항지를 밝혔다. 동전은

<사진 12> 신안선 출수 각종 도자기

800만 개 정도가 출수되었다. 오수전五銖錢을 비롯한 신新·당唐·송宋 등 시대가 다양하고, 원대元代 동전은 지대통보(1310) 등이다.

목제유물은 목간·목기발·목제반·칠기완·자단목 등이다. 목간은 화물표로 360여 점이 출수되었다. 목간은 침몰연대·화물주·적재품 단위 등을 밝혔다. '도후쿠지[東福寺]'목간은 일본 교토[京都]시 임제종 사찰이다. 1319년 화재로 소실되었는데 1325년 가마쿠라 막부 등 도움으로 재건하였다. 즉 '도후쿠지' 목간은 1323년 도후쿠지 재건과 관련성 추정이 가능하다. 이는 신안선이 '사사조영료당선寺社造營料唐船'으로 일본 가마쿠라 막부의 묵인 아래 파견된 무역선으로 보인다.

식물류는 후추·은행·빈낭·여지핵 등이다. 한약재와 향료 등이 거래되거나 구급약, 식용 가능성도 있다. 이외에 석제·유리옥·골제유물도 있다. 유물은 해상운송 규모와 교류 증거이다.

3) 신안선은 고려·일본을 목적지로 항해하였다.

신안선은 발굴 당시 국적과 항로에 대한 다양한 의견이 설왕설래하였다. 한국·중국·일본 등 다양하게 제시되었다. 목간의 출수로 국적과 연대가 자연스럽게 해결되었다. 하지만, 신안선의 정확한 항로에 대해서는 현재까지 진행형이다.

신안선은 항로는 두 갈래로 추정된다. 중국 푸젠성[福建] 취엔저우[泉州]항에서 연안항로를 따라 온저우[溫州] 등을 거쳐 칭위엔[慶元]으로 북상하였다. 이후 고려나 일본을 목적지로 향하였다.

먼저, 중국 저지앙성[浙江省] 칭위엔항을 출발하여, 고려의 개경을 중간기착지로 삼았을 것이다. 발굴 지점은 한·중 항로인 서남해사단항로이다. 고려를 목적지로 출항하여, 기상재해 등 돌발 상황으로 침몰하였다. 고려유물과 항로는 고려 경유 가능성을 제시한다.

다음은 일본의 후쿠오카[福岡] 하카다[博多]항이 목적지이다. 당시 하카다항은 중·일무역이 활발하였다. 도자기·동전은 남송·원대 중·일의 주요 무역품이다. 따라서 신안선은 중국을 출발하여, 일본으로 직항하다 표류로 침몰하였다. 목간에 새겨진 조자쿠암[釣寂巖], 하코자키[筥崎] 등은 규슈[九州]지역 사찰로 하카다항 관련이 있다.

출항지는 청동추에 새겨진 '경원로慶元路'명문이다. 칭위엔은 현재 중국 저지앙성 닝보[寧波]지역으로 남송대에 광저우[廣州], 취안저우[泉州]와 더불어 국제항으로 성장하였다. 원대인 1277년 해상무역을 담당하는 시박사가 설치되었다. 시박사는 무역선 출항을 위해 '공빙公憑'을 발행하고, 조세를 받았다. 또한 '지치삼년육월이삼일至治參年 六月三日'목간은 6월 남풍을 이용하여 출항하였음을 알 수 있다. 하지만 꿈을 이루지 못하고 한국의 증도 해역에 침몰하였다. 바다에 잠들어 있던 신안선이 700년 만에 깨어나 중세시대 해양실크로드 실상을 생생하게 보여주었다.

<사진 13> 신안선의 출항지를 밝힌 '경원로' 명청동추

위와 같이 신안선은 한국을 아시아 수중고고학 선도국가로 자리매김하였다. 유물은 14세기 전후 해양실크로드 무역의 실증이다. 고려·일본유물도 출수되어 한·중·일 관련성도 증명한다. 당시 중국 범선은 고려·일본과 동남아시아는 물론 세계가 무대였다. 신안선이 고려를 경유하여 일본으로 갔는지에 대한 여부는 논란이 있지만, 출수 자체가 한국 해역의 해양실크로드를 생생하게 보여준다. 신안선의 수중발굴은 중세시대 이루어진 해양실크로드의 실증적인 자료이다. 세계 각국의 연구자들에게 선박사는 물론 중세 해양실크로드 연구의 다양한 자료

<사진 14> 신안선 복원전시(선수)

<사진 15> 신안선 복원전시(선미)

를 제공하였다. 따라서 신안선의 가장 중요한 의미는 한국 수중고고학의 효시가 되었다.

3. 한국의 수중고고학 사이트

한국의 수중발굴은 1970년대 이후 40여 년 동안 30여 곳을 발굴하였다. 발굴 결과는 고려청자 등 10만여 점, 통일신라·고려·조선시대 선박 12척과 중국 선박 2척 등 총 14척이다. 출수유물과 선박을 통해 문헌에서 밝히지 못한 도자기의 발달과정은 물론 통일신라시대부터 조선시대 초기까지 900여 년의 선박사를 한눈에 그릴 수 있게 되었다. 이외에도 목간이 다량 출수로 절대연대는 물론 화물운송자, 수취인, 발송지, 물품 내용 등 다양한 정보를 획득하였다.

한국의 수중유물 신고지점은 340여 곳(2022)이 넘는다. 수중발굴 해역은 한국 서해안을 중심으로 넓게 분포한다. 향후 수중발굴이 지속되면, 해양문화유산 연구에 다양한 자료를 제공할 것이다. 현재까지 수중발굴이 가장 활발하게 이루어진 대표적인 수중고고학 사이트는 4곳이다. 이를 지역별로 소개하면 아래와 같다.

1) 이순신의 혼이 깃든 명량대첩로 해역

명량대첩로는 전남 진도군과 해남군 경계 해역이다. 명량대첩로 인근에는 벽파정碧波亭이 있어서 고려시대부터 항해하는 선박의 중간기착지 역할을 하였다.

국립해양문화재연구소는 2012~2021년까지 진도 명량대첩로 해역에서 8

<사진 16> 복원된 벽파정

차례 수중발굴을 실시하였다. 출수유물은 임진왜란 당시 사용한 것으로 추정되는 개인화기 소소승자총통小小勝字銃筒과 고려청자·도기·닻돌·석환石丸·중국 동전과 도자기 등 다양하다. 유물은 삼별초 항쟁, 해양실크로드, 명량대첩 등을 다시 소환하였다. 찬란한 비색청자翡色青瓷는 물론 여몽연합군麗蒙聯合軍과 치열한 전투를 벌인 삼별초 항쟁, 천만 관객을 동원한 영화 '명량'에서 보여준 이순신의 뛰어난 활약상을 재조명하였다.

이는 도굴꾼들의 내분 때문에 가능하였다. 2011년 진도 앞바다에서 고려청자를 도굴하였다는 제보가 들어왔다. 제보는 장비와 자금을 댄 골동품 중개상과 도굴범들 사이에 수익분배를 둘러싼 다툼 때문이었다. 도굴품 중에 고려시대 청자 버드나무·갈대·물새무늬 향로[青瓷壓出陽刻蓮池蒲柳水禽文香爐]

는 보물 청자도철무늬향로[靑瓷陽刻饕餮文方形香爐]와 그 형태가 매우 유사하여, 전문가들로부터 높은 가치를 평가받았다. 즉 도굴한 청자 버드나무·갈대·물새무늬 향로가 제값을 받지 못하게 되면서 도굴범 사이에서 내분이 생겼다. 원인은 골동품상이 향로의 얼룩을 벗기기 위해 화약 약품을 쓰면서 청자 본래의 자연미가 퇴색하였다. 패각류貝殼類와 이물질을 제거하려고 염산 등 화학약품의 무분별한 사용으로 유약 변질 등 훼손이 발생하였다. 판매과정에서 구매자가 값을 후려쳐 거래는 불발되었다. 이러한 내분을 빌미로 2011년 11월 문화재청·서울경찰청이 합동으로 도굴범 10여 명을 검거하면서 그 존재가 알려졌다. 도굴꾼들은 청자베개 등 도굴품을 장물 거래하다 현장에서 검거되었다.

도굴범들은 전남 진도·신안 등 해역에서 선박을 타고 바다로 나간 후 잠수장비를 착용한 후 바닷물이 빠질 때를 기다렸다가 수심 7~15m의 바닷속

<사진 17> 명량대첩로 도굴 압수품 (향로 등)

으로 들어갔다. 장비로 개흙을 걷어내는 수법으로 묻혀 있는 유물을 찾아냈다. 명량대첩로 해역 도굴은 고려시대 강진에서 출발한 도자기 운반선의 항로를 파악하고, 침몰지점으로 추정되는 곳을 도굴하였다. 이들은 의심을 피하려고, 한밤중에 해안경비 초소가 없는 포구를 중심으로 도굴하였다. 바다에서는 휴대전화 전원도 꺼버렸다. 하지만 도굴범과 매매업자의 내분으로 제보가 이루어지면서 실체가 밝혀진 것이다. 도굴꾼들의 탐욕이 찬란한 우리 역사의 생생한 현장으로 안내한 것이다.

명량대첩로 해역은 남해와 서해를 연결하는 길목으로 선사 이래 선박들이 끊임없이 왕래하였다. 하지만, 이 해역은 물소리가 울만큼 물살이 빠른 울돌목[鳴梁]으로 태안 난행량 등과 함께 우리나라 4대 험한 물길지역으로 선박들이 수없이 침몰하였다. 이런 어려운 항로를 뚫고 고려·조선시대는 전라·경상도 지역에서 거둔 세곡과 화물을 실어 나르던 조운선과 무역선 등 주 통로였다. 강진과 해남에서 생산한 청자를 개경으로 운반하는 도자기 길이었고, 한·중·일을 연결하는 해양실크로드 중간기착지였다. 중국과 교류는 송나라에서 만든 진도 통나무배·닻돌·동전·도자기 등이 이를 알게 한다. 일본 상선이 문종 27년(1073) 고려에 상선을 보내 방물을 바치는 바닷길도 명량해역이다.

발굴해역은 울돌목에서 남동쪽으로 약 4km 떨어진 벽파항 일대이다. 벽파항의 인근에 벽파정이 있다. 고려 희종 3년(1207)에 만든 정자로 외국 사절을 맞이하였다. 벽파항은 고려시대 삼별초가 용장산성을 근거지로 삼아 여몽연합군麗蒙聯合軍과 맞서 싸운 곳이다. 1270년 무신시대가 막을 내리자, 고려 원종은 몽고와 전쟁을 끝내기 위해 강화도에서 개경으로 돌아갔다. 이에 반발한 삼별초는 1270년 6월에 배중손을 중심으로 거사하였다. 삼별초는 명량의 험한 물살을 방패 삼아 진도에서 대 몽고항전을 이어갔다. 하지만, 김방경을 지휘관으로 한 여몽연합군은 해남 삼견원(삼지원)에서 명량을 건너 진도 벽파진으로 상륙하여 승리한다. 이후 삼별초군은 제주도로 근거지를 옮겨 항쟁을 이어간다.

조선시대는 명량해역을 배경으로 일본군을 대파한 역사적인 현장이다. 당시 조선 수군은 벽파진에 주둔하며, 왜군의 기습공격을 방어하였다. 울돌목을 배후에 두는 것이 좋지 않기 때문에 명량대첩 하루 전 해남의 전라우수영으로 이동하였다. 왜군이 다음날 133척의 배를 이끌고 울돌목으로 이동하자 이순신이 지휘하는 조선 수군은 울돌목으로 12척의 배로 31척의 왜선을 격파하는 대승이 거뒀다.

수중발굴은 도굴품 정보를 배경으로 2012년 9월 탐사를 하였다. 탐사 결과 청자대접·청자완·청자접시 등 40여 점을 수습하였다. 이후 2021년까지 8차에 걸쳐 수중발굴조사를 진행하였다. 발굴해역 수심은 5~20m, 밀물과 썰물의 차이는 3~4m 정도이다.

발굴 방법은 밧줄로 바둑판 모양의 그리드를 설치하고, 진흙이나 개흙의 침전물을 퍼올리는 슬러지 펌프를 이용하여 개흙을 제거하였다. 수중 시야가 좋지 않아 수중과 해저 면에 노출된 문화재를 탐지하는 수중초음파카메라도 활용하였다. 유물은 넓은 범위에 흩어져 묻혀 있었고, 시야가 확보되지 않는 어려운 환경이었다. 유물은 층위가 구분되지 않고, 여러 시대의 유물이 뒤엉켜 출수되었다. 이는 빠른 조류 때문에 소용돌이치는 와류현상 때문이다.

수중발굴은 도굴범 수사기록을 토대로 2012년 10월에 시작한 제1차 조사가 가장 주목을 받았다. 조사 결과 12~13세기의 고려청자 등 90여 점이 출수되었다. 이후 발굴에서 고려청자 등 다양한 유물이 잇달아 출수되었다.

특히 소소승자총통 3점이 최초로 발굴되었다. 소소승자총통은 1588년 제

<사진 18> 수중발굴조사 모습

작돼 이순신이 이끄는 수군이 1597년 명량대첩에서 사용했을 것으로 추정되었다. 소소승자총통은 도굴범들이 길잡이가 되어, 우리 역사의 한 장을 열어 주었다.

출수유물은 원삼국시대의 경질무문토기 등, 고려시대 도자기, 조선시대 백자를 비롯한 총통·석환 등이다. 유물은 토기·도자기·총통·닻돌 등 1,000여 점으로 다양하다.

<사진 19> 소소승자총통

도자기는 가장 많은 양을 차지하며, 조사구간 전역에 넓게 퍼져있었다. 강진·해남 등에서 만든 고려청자는 베개·잔·접시·유병·향로·붓꽂이 등이다. 특히 기린·오리·원앙 모양의 청자향로뚜껑, 청자삼족향로, 청자참외모양병, 청자기와 등은 가치가 뛰어나다. 생산 시기는 12~13세기가 주를 이루고 있다. 이외에 백자·분청사기·흑유·토기·도기·옹기 등도 함께 발굴됐다.

금속유물은 무기류로 총통銃筒과 발사 장치가 달린 활(쇠뇌) 방아쇠 등 전쟁유물이 확인되었다. 이외에 청동거울 등이다.

석제유물은 나무로 만든 가벼운 닻을 물속에 가라앉히기 위한 한국과 중국 닻돌이 다량 출수되었다. 닻돌은 일부 지역에서 집중적으로 총 60여 점이 출수되었다. 한국의 닻돌은 자연석을 용도에 맞게 거칠게 다듬었지만, 중국의 닻돌은 잘 다듬었다. 석환(돌포탄)은 해전에서 전함끼리 근접전을 벌일 적

<사진 20> 명량대첩로 출수 토기·도자기류

에 상대 특히 머리에 큰 타격을 입힐 수 있는 유용한 병기였다. 삼별초나 임진왜란 전투 때 사용되었을 가능성이 있다. 이 외에도 원삼국시대 토기, 골각骨角이 함께 출수되었다.

<사진 21> 청자향로

<사진 22> 석환

<사진 23> 한국식 닻돌(상)과 중국식 닻돌(하)

특히, 중국유물인 북송대 동전, 흑유완 편도 확인되었다. 북송 시기는 고려와 해상교류가 가장 활발했던 시기로 진도 벽파항을 거점으로 한·중·일을 잇는 해양실크로드의 실증이다.

이외에도 진도 벽파항 인근 수로에서 1991~1992년까지 진도 통나무배[獨木舟]를 발굴하였다. 통나무배는 중국 남부 푸지엔[福建]에서 만든 배였다. 선체는 길이 14.35m, 너비 2.28m, 형심型深 0.7m이다.

통나무배는 녹나무로 만들었는데, 중국 남부지방 나무로 추정된다. 배의 구조, 선재 및 동유회의 석회를 분석한 방사성탄소연대측정(1260~1380) 결과 13~14세기로 추정된다. 선체와 함께 발굴된 동전은 송대 정화통보政和通寶(1111~1117) 등이다. 동전은 신안선과 같이 배 중간 연결부 '보수공'에서 발견되어, 문물교류가 아닌 선체의 무사 안녕을 기원하는 의식 행위로 사용되었다. 이는 신안선과 진도 통나무배의 출항지가 중국 남부지역으로 우리나라와 활발한 해상교류를 보여준다.

명량대첩로 해역의 토기·고려청자·진도 통나무배 등은 해양실크로드의 실증이며, 총통·쇠뇌·석환 등은 삼별초 항쟁과 명량대첩을 재인식시켰다. 또한 해양사·도자사·무기사 등 학술연구의 중요한 자료이다.

명량대첩로해역은 한국, 중국, 일본을 연결하는 중간기착지로 중요한 해로였다. 선사시대 이래 해양을 통한 교류의 중심으로 향후 수중발굴이 계속 이어지면, 역사의 다양한 새로운 사실들을 안겨줄 것이다.

2) 고군산군도 해역 해양실트로드 길목과 외국 사신의 중간기착지

전북 군산시 고군산군도는 서해안의 주요한 항로로 조운·무역교류·외국사신 등을 맞이하는 관문이다. 선유도·무녀도·야미도·비안도·십이동파도·말도·장자도 등 40여 곳의 유·무인도가 군도를 이루고 있다. 이는 섬과 섬 사이에 물살이 빨라 선박이 침몰할 수 있는 조건을 갖추고 있었다. 서해 바닷길의 중간기착지로 『고려도경高麗圖經』, 『고려사高麗史』, 『조선왕조실록朝鮮王朝實錄』 등에 많은 기록이 남아 있다.

송나라 사절단으로 고려를 방문한 서긍徐兢은 당시 고려의 상황을 그림과 글로 『고려도경』을 남겼다. 『고려도경』에 기록된 고군산군도는 사신을 영접하고 환송하는 군산정群山亭이 있었다. 당시 고려 정부를 대표하여 『삼국사기』를 편찬한 김부식이 사절단을 맞이하기도 하였다. 또한, 경상도와 전라도의 조운선이 반드시 통과해야 하는 지역이었다. 이외에도 강진·부안 등에서 생산한 도자기를 개경으로 실어 나르는 도자기 길이기도 하였다. 이러한 역사적 배경은 선박들이 다량 침몰한 해역이 되었다.

고군산군도 해역은 1970년대부터 고려청자 등 수십 건의 유물이 신고 되었다. 특히 2002년 비안도와 이후 십이동파도·야미도 등 수중발굴로 집중적

<사진 24> 고군산도 해역 각종 수중 발견 신고 문화재

<사진 25> 비안도 해역 다양한 고려청자

인 조명을 받았다.

비안도 조사 결과, 12~13세기의 청자대접·청자잔·청자접시를 비롯한 3,100여 점이 출수되었다. 선박은 발견되지 않았으며, 노櫓가 2점 출수되었다. 도자기의 기종은 잔·대접·접시·뚜껑 등이다. 문양은 양각·음각으로 표현된 연판문·앵무문·모란문 등이다. 도자기의 산지는 부안 유천리·진서리 지역으로 추정된다.

십이동파도 수중발굴은 고군산군도의 서쪽 지역에서 이루어졌다. 십이동파도 수중발굴은 초창기 신안선 수중발굴부터 비안도까지 이어졌던 군의 협조를 받지 않았다. 수중고고학자와 잠수사들이 다양한 조사 방법을 시도한 진정한 수중발굴의 시작이었다.

조사 결과, 선박 1척과 도자기·철제솥·청동숟가락·닻돌 등 총 8,100여 점이 출수되었다. 도자기는 주종이 대접과 접시이다. 유물은 고려 초기 선박과 도자기 발달과정·산지 추정·유통항로·선원 생활사 등 연구에 중요한 자료를 제공하였다. 발굴된 도자기는 전남 해남군 산이면 진산리와 신덕리 요지에서 발굴된 고려시대 도자기와 비슷하다. 따라서 침몰 시기는 12세기 초로

<사진 26> 십이동파도선 인양

추정된다. 또한 도자기를 포장한 완충 재료가 수습되어 포장·적재 방법을 최초로 확인하였다. 십이동파도선의 잔존 크기는 길이 7m, 너비 2.5m인데, 저판과 각 부재의 크기로 보아 전체 길이 14~15m 규모이다.

<사진 27> 십이동파도 해역 다양한 고려청자

십이동파도선은 고려시대 가장 이른 시기의 선박으로 다른 통일신라시대 영흥도선, 고려시대 완도선, 마도1·2·3호선, 대부도1·2호선, 달리도선, 안좌도선, 조선시대 마도4호선 등과 비교를 통하여 시대구분을 하는 기준이 되는 고려시대 초기 선박이다.

야미도 수중발굴은 2006~2009년까지 하였다. 조사 결과 총 4,860여 점의 고려청자를 발굴하였다. 문양과 유약, 번조燔造 기법 등으로 보아 강진과 부안, 해남 지역이 아닌 다른 지역에서 생산되어, 수요지를 향해 항해하던 중 침몰하였다. 이 같은 조질청자는 지방 민수용을 위해 제작된 것으로 그 생산 시기는 12세기 중·후반으로 추정된다.

이처럼 고군산군도 해역 수중발굴로 문헌에 등장하는 고대 해상교역 항로상의 주요 경로였음을 확인하였다.

3) 바닷 속의 경주, 태안 마도해역

충남 태안 마도해역은 현재 한국을 대표하는 수중발굴 사이트이다. 이 해역은 선사 이래 중요한 항로로 화물선·사신선·조운선·상선·국제무역선 등 모든 선박이 지나는 길목이었다. 하지만 항해에 어려움이 많아 '난행량難行梁'이라 불렸다. 선박의 침몰 기록이 『고려사』, 『조선왕조실록』 등에 많이 남아 있다.

해역 환경은 서해로 돌출되어 안개·풍랑이 잦았다. 해저지형이 복잡하여 조류가 빠르고 암초가 많았다. 이를 극복하기 위해 고려시대부터 조선시대까지 운하를 파서 안전한 뱃길을 확보하려 하였지만, 번번이 실패하였다. 이에 편안한 길목이라는 뜻의 '안흥량安興梁'으로 이름을 바꾸기도 하고, 안흥정安興亭을 설치해 뱃길의 통행을 돌보거나 휴식처로 삼기도 하였다. 하지만 선박사고가 자주 일어났다. 이는 역설적으로 수중문화재 발굴의 보고가 되어, 선박과 유물을 통해 해양 문화의 변천과 시대상을 고스란히 전해주었다.

태안 해역의 조사는 마도馬島를 중심으로 1980년대 문화재관리국과 해군 해난구조대가 탐사를 실시하여, 고려청자 120여 점을 발굴하였다. 청자대접에 '기사己巳'명이 새겨져 있어 시대 편년의 자료가 되었다. 하지만 본격적인 조사가 아닌 신고지점의 탐사 수준이었다.

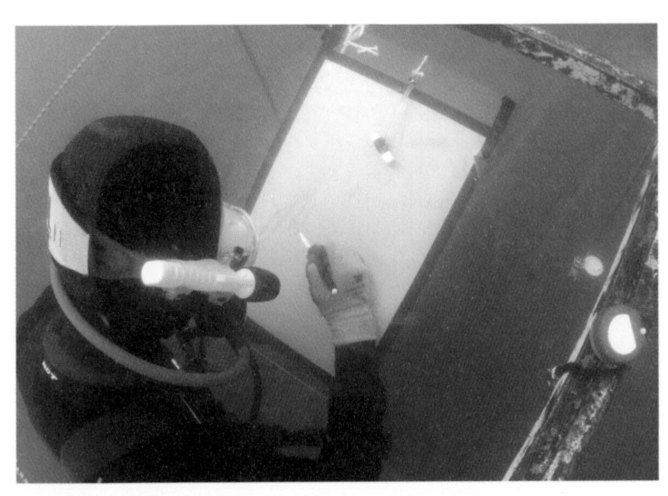
<사진 28> 수중발굴조사 광경

태안 해역의 본격적인 수중 발굴은 2007년 태안 대섬 조사를 시작으로 이루어진다. 어부가 주꾸미잡이를 하다 그물에 길려 올라온 도자기의 신고를 계기로 시작되었다.

조사는 2007~2008년까지 2년 동안 실시하였다. 조사 결과 선박 1척과 고려청자 23,000여 점을 발굴하였다. 선체는 지역

명을 따서 태안선이라 불렀다. 태안선은 탐진耽津(현재 강진)이 새겨진 목간의 출수로 강진에서 아름다운 비색의 청자 꾸러미를 가득 실은 선박의 출항이 밝혀졌다. 선박은 전라도 바닷길을 지나 충청도 서해를 따라 항해하였다. 안흥량을 지나 조금만 더 가면 경기도로 진입할 수 있었다. 하지만, 선박은 신진도 옆 작은 무인도인 대섬 근처에서 침몰하고 말았다.

<사진 29> 태안선 출수 각종 도자기

태안선에 적재된 고려청자는 대접·접시가 주를 이룬다. 고려청자는 두꺼비 모양 벼루, 익살스러운 사자모양의 향로, 참외모양의 주자 등 고급스러운 청자들도 출수되었다.

특히 수중에서 최초로 발굴된 우리나라 목간이 20점 발굴되었다. 목간에 적힌 명문과 도자기들의 형태를 통해 태안선은 '신해辛亥'년(1131, 인종 9) 강진에서 만든 도자기를 싣고 개성으로 향하다가 난파되었다는 사실을 알 수 있다.

이후 언론의 조명을 받으면서 2009~2015년까지 연차적으로 진행되었다. 조사 결과는 놀라웠다는데, 마도1·2·3·4호선

<사진 30> 마도3호선 도기들

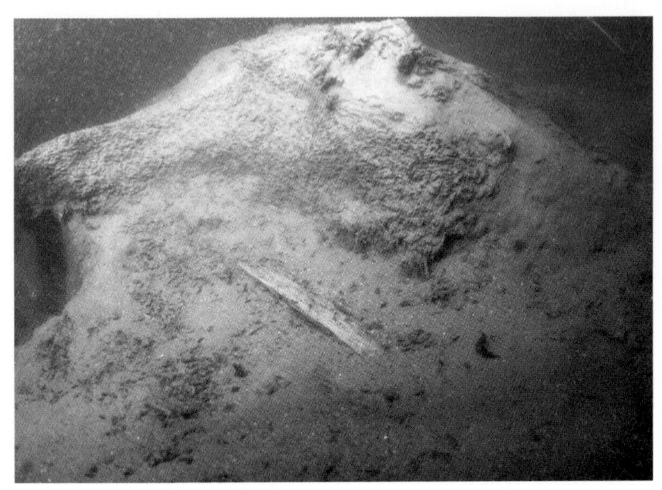

<사진 31> 곡물과 목간(마도4호선)

등을 잇달아 발굴하였다. 도자기를 비롯한 유물 또한 다양하게 출수되었다. 마도 1~3호선은 모두 고려시대 곡물과 도자기 등을 운반한 화물선이다.

마도4호선은 조선시대 조운선이다. 이외에도 중국과 교류를 알 수 있는 도자기·닻돌 등 유물이 다양하다. 이는 태안 마도해역이 국내뿐 아니라 국제무역의 중요 거점이라는 증거이다.

특히, 2009년 발굴한 마도1호선은 목간의 판독 결과 나주, 해남, 장흥에서 생산된 곡물과 도자기 등을 싣고 고려의 수도인 개경을 목적지로 향하던 선박임이 밝혀졌다. 유물은 곡물류, 젓갈류, 도자기, 목간 등이다. 연대는 목간에 기록된 '무진戊辰'년 간과 '대장군김순영大將軍金純永' 등을 종합하여 1208년(희종 4)으로 밝혀졌다. 이는 13세기 초에 화물선이 고려시대 각 지방에서 공

<사진 32> 마도출수 중국 묵서명자기

<사진 33> 마도출수 중국 흑유완

<사진 34> 마도출수 중국 도기호

물을 선적하여 개경의 무인 실력자들에게 운반한 사실을 증명한다. 또한 우리나라 고려시대 목간으로 수중유물에서 절대연대가 확인된 최초의 자료이다. 목간에서 확인된 절대연대는 선박의 나이를 밝혔다. 이외에도 목간은 수취 관계, 수량, 도량형 등 구체적인 역사적 사실을 알려 주었다.

한국의 국립해양문화재연구소는 수중발굴선 '누리안호(290톤)'호, 수중탐사선 씨뮤즈호(18톤)를 운용하고 있다. 마도4호선은 2014년 마도해역 발굴 과정 중 수중발굴선 '누리안호(290톤)'호

<사진 35> 마도4호선 발굴 조사 중인 누리안호

가 기관 고장으로 멈춘 기간에 확인되었다. 당시 수중탐사선 씨뮤즈호(18톤)가 발굴해역 주변을 탐사하다가 조선시대 백자 140여 점과 선체를 확인하였다. 따라서 조선시대 백자 운반선에 무게를 두고 2015년도에 수중발굴을 진행하였다. 발굴은 바둑판 모양의 그리드를 설치하고, 조사원·잠수사가 들어가 제토, 촬영, 실측, 유물수습 등 순서로 실시하였다.

<사진 36> 마도4호선 출수 목간

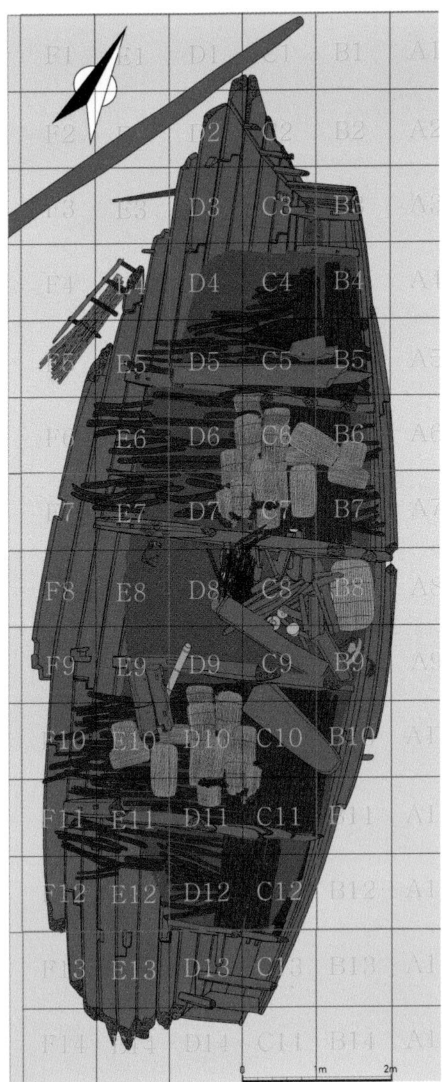
<사진 37> 마도4호선-2차-노출면

선체 내부의 갯벌을 제거하면서 놀랍게도 전혀 다른 사실을 확인하였다. 선체 내부에서 볏짚으로 만든 가마니에 가득 찬 벼가 발견되었다. 이전에 발굴한 마도1·2·3호선에서 벼와 목간이 출수되어, 고려시대 화물선으로 밝혀진 적이 있다. 당연히 마도4호선도 고려시대 화물선에 무게를 두었다. 2015년 6월 19일 발굴 과정 중 목간이 1점 출수되었다. 목간에는 '나주광흥창羅州廣興倉'이라는 글씨가 쓰여 있었다.

광흥창은 관리들의

<사진 38> 마도4호선 침몰시기를 추정해주는 '내섬內贍'명 분청사기

<사진 39> 마도4 호선 출수 각종 도자기

녹봉을 취급하는 국가기관이다. 현재 서울 마포구 창전동의 광흥창역(지하철 6호선) 부근이 당시 광흥창이 있던 자리다. 목간 내용은 조선시대 전라도 나주 영산창에서 거두어들인 세곡을 한양의 경창京倉으로 실어 나르는 조운선漕運船으로 확인되었다. 이외에 내섬內贍이 새겨진 분청사기가 출수되어, 조선 초기 만들어진 선박임을 알 수 있었다. 조선시대 국가에서 운영한 조운선이 600여 년 만에 실체를 드러냈다.

이처럼 태안 마도해역 일대는 선사시대 이래 해로의 중간기착지로 수많은 사연을 간직한 채 바닷속에 역사를 품고 있다. 태안 마도해역은 '바닷 속의 경주', '수중문화재의 보고'라 일컬어지며, 수중고고학 발달의 획기적인 전기가 되었다. 향후 수중발굴이 지속적으로 이루어지면 베일 속에 감춰져 있던 새로운 역사가 한 꺼풀씩 우리에게 드러날 것이다.

4) 고려 개경과 조선 한양 가는 길목 경기도 해역

한국의 해로는 남해안에서 출발하여 남해와 서해의 길목인 진도 명량대첩로를 통과하는 것이 1차 관문이다. 주로 조류와 바람을 이용하여 명량대첩로를 통과하면 신안의 수많은 섬을 만나게 된다. 섬과 섬 사이를 어렵게 지나면, 고군산군도라는 2차 관문을 만난다. 고군산군도에서 휴식과 화물의 점검, 선박 정비를 한 후 서해안 따라 올라가면 보령시 원산도나 오천항에 도달한다. 이후 선박들이 가장 통과하기 힘든 태안해역 안흥항에서 바람과 조류를 이용하여, 마도해역 안흥량(관장목)을 통과하여 경기도 해역에 들어선다. 이후 영종도에서 정박한 후 강화도를 거쳐 최종목적지인 고려의 수도 개경은 예성강의 벽란도항에 입항한 후 육로로 이동한다. 조선의 수도 한양은 한강으로 진입하여 마포구 일대 광흥창 등에 도착한다. 이는 고려·조선시대 선박의 발굴로 실증적인 자료가 확인되었다. 이러한 사실은 문헌에 자주 등장하며, 수중발굴 유물에서도 확인된다.

인천광역시에 위치한 영종도는 강화도에 진입하는 길목이다. 영종도는 개경으로 가기 위한 중간기착지로 선박들이 바람을 기다렸다. 영종도에는 경원정이 세워져 있어, 사신의 왕래 등 중간기착지 역할을 하였다. 경원정은 문헌에도 기록이 보인다.

> "이날 신각에 배가 자연도에 머무르니, 이곳이 광주지역이다. 산에 의지하여 관사를 지었는데 방에 경원정이라고 하였다. 경원정 곁에는 막집 수십 칸을 지었다. 주민들의 초가집도 많다. 산 동쪽에 있는 한 섬에 제비가 많이 날아다니기 때문에 자연도라고 명명한 것이다."[3]

위와 내용에서 보듯이 자연도(영종도)에 경원정이 있어서 사신들을 맞이하

3 『高麗圖經』, 卷39, 海道6, 紫燕島.

<사진 40> 영흥도선 및 주변 해역 출수 도자기류

는 기능을 수행하였음을 알 수 있다.

인천 영종도 인근 해역인 영흥도 해역에서 수중발굴이 이루어졌다. 영흥도선은 2012~2013년까지 실시되었다. 발굴 초기에는 주변에서 발굴한 고려청자를 기준으로 12세기 중·후기로 추정하였다.

<사진 41> 영흥도선 수중발굴 모습

하지만 선체 내부에서 고려청자가 1점도 발굴되지 않았다. 또한 선체 내부에 적재된 도기·철부와 선체의 방사성탄소연대 측정 결과, 통일신라시대 선박으로 확인되었다.[4] 영흥도선은 현재까지 우리나라에서

4 국립해양문화재연구소, 2014, 『영흥도선』, pp. 84~91.

발굴된 가장 이른 시기의 구조선이다. 따라서 고려시대 선박과는 구조적인 차이가 있다. 하지만, 영흥도선은 통일신라시대와 고려시대의 연결고리로 해상활동의 단면을 알게 하는 중요한 시발점이다.

이외에도 대부도에서 고려시대 선박인 대부도1·2호선이 발굴되어 영종도를 중심으로 이루어진 해로를 알 수 있다. 또한 대부도 아래 위치한 제부도 해역에서도 현재 고려시대 선박 2척이 발견·신고되어, 매년 변화과정을 모니터링하고 있다.[5] 이는 경기도의 안산, 화성, 강화도 등 경기해역에서 항해 중 많은 선박이 침몰 되었음을 알 수 있다. 이후 수중고고학의 새로운 사이트로 발전할 것이다.

이처럼 한국의 수중발굴 해역은 서해와 남해를 중심으로 넓게 분포한다. 위에서 언급하지 않은 서남해 해역에도 수중유물이 다량 발견되었다.

4. 한국 수중고고학과 해양문화유산 연구의 미래

한국의 수중고고학은 신안선의 발굴을 시작으로 40여 년의 경험을 통해 세계 각국과 어깨를 견주게 되었다. 현재는 유럽, 아시아 국가들과 학술교류는 물론 인적교류로 중흥기를 맞이하였다.

신안선의 발굴은 한국 수중고고학 탄생에 획기적인 일대 사건이었다. 1970년대에 아무런 장비도 갖추지 못한 채 해군의 힘을 빌려 시작된 발굴이었다. 하지만 이때 쌓은 다양한 발굴 경험과 기록은 이후 수중고고학 발달의 밑거름이 되었다.

5 2015년 주민의 신고로 선박 2척을 확인하였다.

신안선의 발굴 경험과 보고서가 발간되면서, 조사 방법은 이후 조사의 지침이 되었다. 이후 한국에서는 수중발굴이 잇달아 이루어지면서, 아시아를 대표하는 수중고고학의 선두주자가 되었다. 1980~2020년대 완도선, 군산 십이동파도, 태안 마도, 진도 명량대첩로 해역 등 30여 건의 수중발굴이 이루어졌다. 선박과 유물은 보존·연구·전시 과정을 거쳐 해양문화유산의 역사를 재조명하는 중요한 자료로 이용되고 있다. 이는 중국·일본·베트남 등지에서도 자극이 되어 한국을 모델로 하는 수중발굴이 활발하게 이루어지는 계기가 되었다.

또한 2006년에는 아시아 최초의 탐사선 '씨뮤즈호'가 만들어졌다. 2012년에는 수중발굴 전용선 '누리안호'가 건조되고, 첨단기기를 동원한 발굴이 활성화되었다. 이러한 성과는 중국, 일본 등 외국의 모델이 되어 벤치마킹을 하고 있다. 중국은 '누리안호'를 현지조사 후 '고고1호考古1號'를 건조하여 수중발굴 현장에 투입하였다. 또한 국가박물관에 소속되었던 수중발굴조사기관을 국가문물국 산하에 창설하여, 지방정부와 협조하여 실시하고 있다. 일본은 지방자치단체가 개별적으로 수중발굴을 담당하고 있다. 하지만 한국과 중국의 수중고고학 발전에 영향을 받아 문화청의 많은 관심 하에, 국가가 운영 주체로 하는 방안을 추진 중이다.

신안선은 선체의 인양과 보관·보존처리가 커다란 문제였다. 이에 문화재관리국에서는 문화재연구소 보존과학연구실 부설기관으로 목포에 목포보존처리장(1981)을 만들었다. 출발은 조립식 건물 1동과 선체탈염장, 직원 2명이 고작이었다. 하지만 이것이 시발점이 되어 목포해양유물보존처리소(1990), 국립해양유물전시관(1994), 국립해양문화재연구소(2009)로 변천을 거듭하면서, 현재는 명실상부한 아시아 최고의 해양문화유산 연구기관으로 발돋움하였다.

또한 2007년 이후 태안 대섬과 마도해역에서 '주꾸미가 건져 올린 고려 청자' 등으로 제2의 보물선 신드롬을 일으키면서 수중고고학은 다시 조명을 받았다. 태안 마도 발굴이 국민의 관심을 불러일으키면서, 정부의 적극적인 지원에 힘입어 2017년 충남 태안에 해양유물전시관을 건립하고, 관련 과가 신설되었다.

이처럼 신안선 수중발굴을 시작으로 수중고고학의 발달, 해양역사, 박물관·연구소 건립, 선체·유물의 보존처리 방법론 개발, 기타 중세 해양실크로드 등 해양문화유산의 연구는 활성화 되고 있다.

하지만, 수중고고학은 바다·강·호수·습지 등 물과 관련된다. 수중유적은 침몰선과 유물이 주 대상으로 항해 중 가라앉거나 침몰된 것이다. 한국의 수중발굴 여건은 빠른 조류의 흐름, 기상 조건, 한정된 시야 등 조사에 많은 어려움이 있다. 이외에도 고가의 발굴 장비와 많은 예산이 필요하다. 또한, 해양개발로 많은 유적·유물이 파괴되는 현상에 직면하고 있다.

이러한 상황을 해결하기 위하여, 국내외 기간과 교류 협력을 강화하고, '수중문화재 보호법' 제정을 정부 차원에서 추진하고 있다. 위에서 언급한 문제점을 해결하면, 한국 수중고고학과 해양문화유산 연구의 미래는 매우 희망적이다.

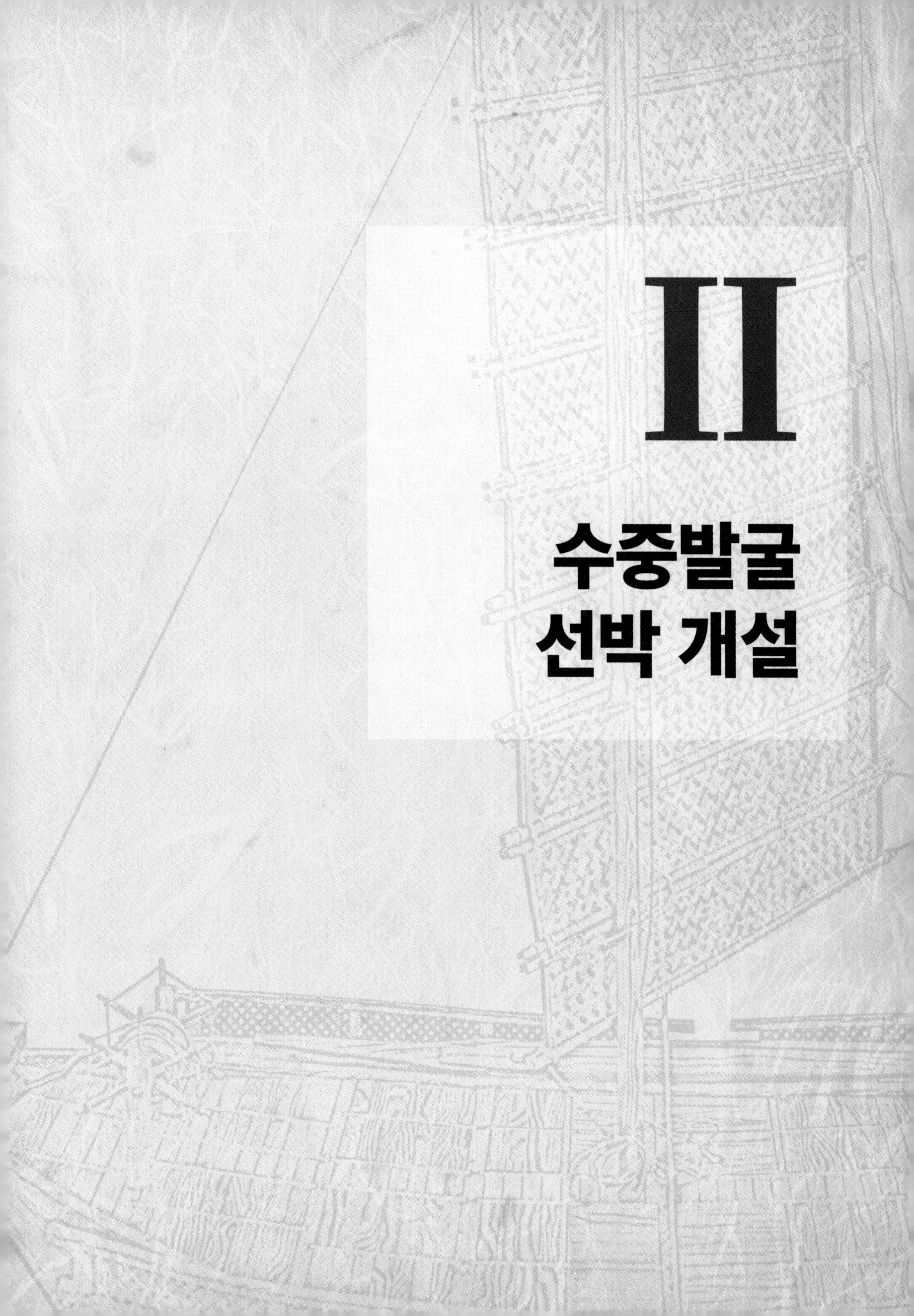

II

수중발굴
선박 개설

Ⅱ. 수중발굴 선박 개설

수중발굴 선박은 문헌에 기록되지 않은 살아 있는 자료이다. 한국에서 수중고고학이 발달하면서, 그동안 베일에 감춰져 있던 중세시대 선박이 실체를 드러냈다. 통일신라시대부터 조선시대 초기까지 선박이 발굴되어 선박사의 흐름을 파악할 수 있는 길이 열린 것이다. 수중발굴 선박은 한국 선박 연구에 많은 성과를 이루었다. 아울러 선박의 발달과정을 볼 수 있는 다양한 자료도 확보하였다. 이러한 연구 결과는 한국 선박사를 개설하고, 시대구분을 시도할 수 있게 되었다.[1]

---

1 수중발굴 선박의 개설은 필자가 2010년 『해양문화재』제3호에 투고한 논문을 주 테마로 하여, 이외 필자가 그동안 발표한 글을 수정·보완하였다. 또한, 수중발굴 선박 12척의 발굴보고서를 참고하여 서술하였다. 이외에 홍순재 연구사가 『마도4호선』발굴보고서 부록에 투고한 논문을 참고하였다. 이글의 작성에 많은 도움을 주신 홍순재 선생님께 이 지면을 통해 감사드린다.

김병근, 2010, 「수중발굴 고려선박 구조와 시대구분 고찰」, 『해양문화재』제3호, 국립해양문화재연구소.

김병근, 2014, 「여수와 고려시대 마도3호선」, 『해양문화재연구』제10집, 전남대 이순신해양문화연구소.

金炳堇, 2015, 「韓國統一新羅時代永興島船和遺物」, 『揚帆海上絲綢之路』 (中國)黃海數字出版社.

김병근, 2017, 「마도 4호선 출수 목간」, 『목간과 문자』, 한국목간학회.

김병근·허문녕, 2018, 「안선 대부도1·2호선 발굴성과와 의의」, 『전국해양문화학자대회발표집』제1집.

홍순재, 2016, 「마도해역 출수 난파선 비교 고찰」, 『태안마도4호선』, 국립해양문화재연구소, pp.

한국 선박구조는 저판·외판·선수·선미·멍에·가룡·갑판·돛·돛대·호롱·보판(갑판)·닻 등이 주요 구조를 이룬다. 이외에 키[치鴟], 노櫓 등 다양한 부속 구조물이 있다. 선박구조는 두텁고 평평한 저판을 밑에 깔고, 저판 좌우에 외판을 붙여 올린다. 이후 선수와 선미를 판재로 가로막은 장방형 형태의 선형이다. 저판은 장삭長槊[2]으로 부재를 관통하여 연결한다. 외판 등 부재의 접합은 피삭皮槊[3]으로 연결하였다. 외판 각 단의 연결은 홈붙이겹이음방식[4], 고정은 피삭으로 하였다. 또한 장삭·피삭이 빠지지 않도록 쐐기[5], 산지[6] 등으로 단단하게 고정하였다.

선박은 넓고 두꺼운 저판과 외판·선수재·선미재를 세워서 서로 고착하여, 선체의 기본구조를 만든다. 이후 횡강력의 유지를 위해 횡량橫梁인 멍에[駕木]을 가로로 붙인다. 외판재는 각 단마다 가룡駕龍을 설치하는 평저선 구조이다.[7] 평저선은 한국의 대표적인 선형으로 밀물과 썰물에 따라 선박이 썰물 때 안정적으로 정박하고, 밀물 때는 잘 뜨는 구조이다.

이외에 갑판 부분에 부속 구조물을 설치하고, 가장 중요한 돛을 달아 바람 방향에 따라 조정하면서 목적지를 향해 항해하였다. 방향 조절은 키를 사용하였다. 바람이 없을 때는 노를 저어 가기도 하지만, 조류潮流·해류海流·바람[風] 등 기상 조건이 가장 많은 영향을 미쳤다. 노는 주로 입항이나 출항 과

370~391.

2 장삭은 저판을 연결하는 긴나무못이다, 장쇠라고 부른다. 이글에서는 장삭으로 통일하여 표기한다.

3 피삭은 외판과 저판, 외판과 외판 등을 연결하는 나무못으로 피새라고도 한다. 이글에서는 피삭으로 통일하여 표기한다.

4 외판과 외판의 상하를 연결할 때 한쪽 면에 'L'자형 홈을 만들어 연결하는 방법이다. 기존에는 홈붙이클링커식과 홈붙이겹이음방식의 용어가 혼용되었다. 필자도 홈붙이클링커식이라는 용어를 주로 사용하였는데, 이 글에서는 독자들이 이해하기 쉬운 홈붙이겹이음방식 용어로 통일한다.

5 나무못이 빠지지 않도록 패인 틈새에 박아 고정하는 구조이다.

6 산지는 장삭이나 피삭에 구멍을 뚫어 이격離隔되지 않게 하는 고정핀이다.

7 국립해양유물전시관, 2008, 『근대한선과 조선도구』도록, p. 26.

정, 전투 중에 많이 이용되었다.

현재까지 한국에서는 14척의 고대 선박이 발굴되었다.[8] 통일신라시대 선박 1척, 고려시대 선박 10척, 조선시대 선박 1척이다. 이외에 중국 선박 2척이 발굴되어 중세시대 해양실크로드를 통한 항해가 서해안을 중심으로 이루어졌음을 실증하였다.

통일신라시대 선박은 2013년 영흥도선이 발굴되었다.

고려시대 선박은 1983~1984년 완도선 발굴을 시작으로 잇달아 이루어졌다.[9] 이후 2007년 태안 대섬 태안선을 필두로 마도1·2·3호선 등이 조사되었다.[10]

조선시대 선박은 2015년 마도4호선을 발굴하였다. 한국에서 처음으로 확인된 조선시대 조운선이다. 이는 고려·조선시대 천 년을 이어온 조운선의 실체를 알려 준 최대의 성과였다.

현재까지 수중발굴 한국 선박은 총 12척으로 통일신라시대부터 조선시대 초기까지 다양하다. 한국 중세시대 선박사를 정리하기 위해서 우선 수중발굴 선박의 전체 내용을 개설하였다. 개설 방법은 문헌에 소개된 삼국·통일신라·고려시대 문헌에 보이는 선박의 기록을 소개하고, 시대는 발굴보고서에 보고된 내용을 정리하였다. 발굴 선박의 개설은 발굴 연도를 기준으로 정리하였다. 또한, 일부 선박은 발굴유물을 정리하여 이해도를 높였다.

---

8 수중발굴 선박 14척은 1976~2015년 까지 발굴한 결과이다. 향후 수중발굴조사를 통해 선박사 연구에 많은 자료를 기대한다.

9 문화재관리국, 1985, 『완도해저유물』.

10 2013년 이전의 수중발굴 선박은 고려시대 선박과 중국 선박이다. 2013년 통일신라시대 선박인 영흥도선, 2015 년 조선시대 조운선인 마도4호선이 발굴되었다. 통일신라·조선시대 선박의 발굴로 한국 선박의 발달과정을 밝히는 중요한 자료가 되었다.

1. 통일신라시대 선박

삼국·통일신라시대의 선박은 무덤에서 출토된 주형토기舟形土器에서 일부 형태의 확인이 가능하다. 현존하는 삼국시대 주형토기는 30여 점에 이른다. 이러한 주형토기는 독목주獨木舟나 떼배에서 구조선으로 이행되어 가는 과도기로 이해된다.[11] 삼국·통일신라시대의 선박의 정확한 구조는 알 수 없지만, 문헌에 명칭이 전한다.

<사진 1> 금령총 출토 주형토기

"5년(583) 봄 정월에 처음으로 선부서船府署의 대감大監과 제감弟監 각 1인을 두었다."[12]

"선부船府는 이전에는 병부兵部의 대감과 제감이 주즙舟楫[13]의 일을 관장하였는데, 문무왕 18년(678)에 따로 두었다."[14]

위의 내용은 신라시대 6세기에 선박을 담당하는 선부서를 설치하였음을 알 수 있다. 이는 국가가 직접 선박을 관리·감독하였다. 이후 7세기 후반에 선부를 따로 두어 해양은 물론 선박에 대한 통제가 이어진다. 이는 삼국시대에 선박의 중요성을 인식하고 국가기관을 설립한 사실을 보여준다.

---

11 정진술, 2009, 『한국해양사』, 해군사관학교, p. 218.

12 『삼국사기』, 권 제4 신라본기 제4, 진평왕, 5년 1월.

13 배와 삿대라는 뜻으로 선박을 가리키는 말이다.

14 『삼국사기』, 권 제38 잡지 제7, 직관 상.

"여름 2년 4월(459) 에 왜인倭人이 병선兵船 1백여 척으로 동쪽 변경을 습격하고 나아가 월성을 포위하니 사방에서 화살과 돌이 빗발쳤다."[15]

"13년(512) 여름 6월에 우산국于山國이 항복하여 복속하고, (중략) 나무로 사자師子 모형을 많이 만들어 전선戰船에 나누어 싣고 그 나라 해안에 이르렀다."[16]

"7년(660) 6월 21일에 왕이 태자 법민을 보내 병선兵船을 거느리고 덕물도德物島에서 소정방을 맞이하게 하였다."[17]

"문무왕이 설인귀에게 답장을 보내다.(671) (중략) 누선樓船[18]들이 푸른 바다에 가득하고 배들이 강어귀에 줄지어 있으면서 저 웅진을 생각하여 신라를 공격하는 것입니까?"[19]

"왕은(660) 태자와 장군 유신·진주·천존 등에게 명하여 큰 배[大船] 1백 척에 군사들을 싣고 그들과 만나게 하였다. 태자가 장군 소정방을 만났다."[20]

---

15 『삼국사기』, 권 제3 신라본기 제3, 자비 마립간, 2년 4월.
16 『삼국사기』, 권 제4 신라본기 제4, 지증 마립간, 13년 6월.
17 『삼국사기』, 권 제5 신라본기 제5, 태종 무열왕, 7년 6월 21일.
18 누선은 층層이 있는 큰 배로 주로 전쟁 때 사용하였다.
19 『삼국사기』, 권 제7 신라본기 제7, 문무왕, 11년 7월 26일.
20 『삼국사기』, 권 제42 열전 제2, 김유신.

"겨울 10월 6일에 당나라 조운선漕運船 십여 척을 쳐서 낭장郎將 겸이 대후와 병사 1백여 명을 사로잡았으며, 이때 물에 빠져서 죽은 사람은 셀 수 없을 정도로 많았다."[21]

위의 내용은 『삼국사기』에 보이는 병선, 전선, 누선, 대선, 조운선[漕船]으로 모두 군선이나 관선이다. 하지만 선박의 정확한 구조나 형태는 확인할 수 없다.

"5월 25일(839) 이른 아침에 닻줄을 풀었으나 바람이 그쳐 출발할 수가 없었다. 오후 4시경에 신라선 1척이 흰 돛을 달고 바다 어귀에서 가로질러 가더니 오래지 않아 돛을 돌려 포구로 들어왔다."[22]

"6월 27일(839) 들으니 장대사張大使 교관선交關船 2척이 단산포旦山浦에 도착했다고 한다."[23]

위의 내용은 『입당구법순례행기』에 기록된 신라선, 교관선 기사 내용이다. 중국에서 활동하던 무역선인 신라선과 교관선의 기록이다. 그렇지만 선박의 정확한 구조나 형태는 확인할 수 없다. 물론 고구려나 백제도 해상활동이 활발하였기 때문에 다양한 선박이 존재하였을 것이다. 하지만 문헌에 이름만 전한다.

통일신라시대의 실물 선박은 안압지 통나무배가 있다. 하지만, 안압지 통

---

21 『삼국사기』, 권 제7 신라본기 제7, 문무왕, 11년 10월 6일.

22 『입당구법순례행기 』, 권 제2, 개성4년, 5월 25일.

23 『입당구법순례행기 』, 권 제2, 개성4년, 6월 27일.

나무배는 연못에서 발굴하였기 때문에 성격이 다르다. 따라서 수중발굴 선박으로 분류하지 않았다. 하지만 안압지 통나무배는 실물로 확인된 통나무배로 한선의 구조를 비교·연구하는 중요한 자료이다. 이에 안압지 통나무배와 수중발굴 영흥도선을 통일신라시대로 분류하여 선박의 구조를 정리하였다.

1) 안압지 통나무배

경상북도 경주시에서 1975년 안압지를 발굴하였다. 발굴에서 3척의 배를 발굴하였지만 2척은 파손된 부재였다. 안압지 통나무배 1척은 완전한 상태로 현존하는 가장 오래된 반구조선半構造船이었다. 잔존 크기는 전장 6.2m, 선수 폭 0.6m, 선미 폭 1.1m, 높이 0.35m, 선체 내부 5.45m, 선체 내부 최대 폭 0.85m이다. 통나무배는 3편의 선체 편을 결구하였다. 중앙저판을 중심으로 양 측면에 통나무를 파내어 만든 만곡종통재[24] 형식의 판재를 결구하였다. 안압지 통나무배의 특징은 저판을 연결할 때 중앙저판의 전후에 고리형 모양을 만들어 양 측면의 선체 편과 함께 장삭으로 연결하였다. 이는 통나무배에서 구조선으로 넘어가는 반구조선 형태이다. 선미에 비해서 선수가 좁아지는 평저형 저판구조이다.

또한, 전통적인 한선의 저판 조립과 동일하다. 안압지 통나무배는 구조와 형식 그리고 발굴된 곳으로 보아 강 또는 연못에서 주로 사용되었을 놀이배

---

24 만곡종통재彎曲縱通材는 저판과 외판의 경계에 'L'자형으로 되어 있는 독특한 만곡부재가 종통한 구조이다. 근대식 목선에서도 볼 수 있는 만곡부차인(Chine)에 해당하는 부재이다. 김재근이 이를 완도선 발굴보고서에서 처음 사용한 용어이다. 보고서에서는 만곡부종통재彎曲部縱通材로 표기하였다. 필자는 만곡부종통재 보다는 이해하기 쉬운 만곡종통재로 표기한다.
문화재관리국, 1985, 『완도해저유물』, p. 115.

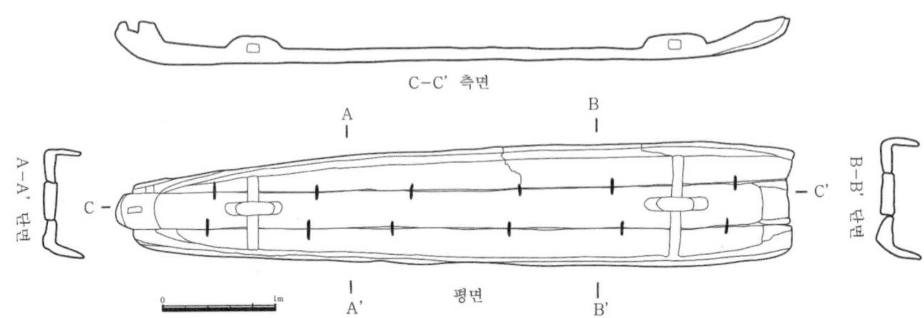

<그림 1> 안압지 통나무배 실측도

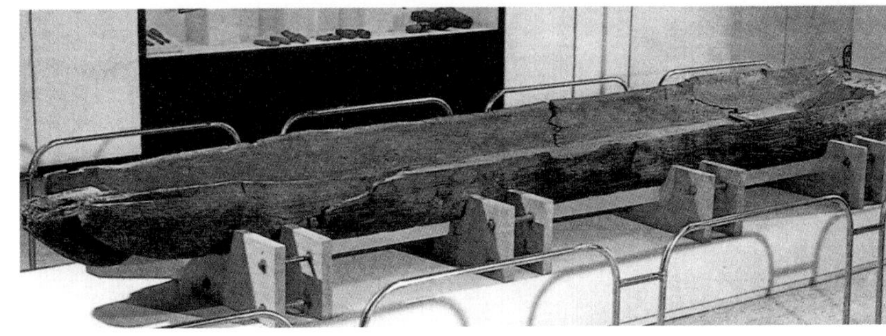

<사진 2> 안압지 통나무배

[유선遊船]였을 가능성이 크다.[25]

안압지 통나무배는 탄소연대측정 결과(766±B.P) 8세기경인 통일신라시대로 추정하였다. 이는 당시 역사적 배경과도 일치한다. 수종은 소나무이다.[26] 수중발굴에서 확인된 영흥도선에서도 비슷한 형태이다. 따라서 안압지 통나무배는 발굴유물 중에서 한선의 구조를 추론하는 가장 확실한 자료이다. 이는 통일신라시대의 선박 구조가 고려시대 초기까지 이어졌다는 가능성을 보여준다.

---

25 국립해양유물전시관, 1995, 『바다로 보는 우리역사』, p. 114.
문화재관리국, 1978, 『안압지』, pp. 409~412.

26 문화재관리국, 1978, 앞의 책, pp. 438~439.

2) 영흥도선

영흥도선은 바다에서 출수한 가장 이른 시기 통일신라시대 선박이다. 영흥도선은 한국 선박의 구조를 확인시키는 중요한 전환점이 되었다. 영흥도선은 철제솥과 다른 유물을 싣고 무역을 하기 위해 항해하다가 침몰한 선박이다. 또한 장보고가 한국은 물론 동북아시아 바다를 호령하던 교관선의 활동 시기와 비슷하다.[27]

<사진 3> 장보고 무역선 모형

인천광역시에 속한 영흥도선의 수중발굴은 2010년 신고 되어, 2012~2013년까지 조사를 하였다. 발굴 초기에는 주변에서 발굴한 다량의 고려청자를 기준으로 12세기 중후기로 추정하였다. 하지만 선체 내부에서 고려청자가 1점도 발굴되지 않았다. 또한 선체 내부에 적재된 도기·철제솥과 선체의 방사성탄소연대측정 결과 통일신라시대 선박일 가능성이 있었다. 이러한 자료를 종합한 결과 통일신라시대 선박으로 최종 확인되었다. 영흥도선은 통일신라시대의 선박이라는 특수성을 고려하여, 선박의 구조·방사성탄소연대측정·출수유물·의미 등을 자세하게 다루었다.

27 장보고시대의 선박은 각종 자료를 참고하여 모형을 복원하였지만, 정확한 형태는 확인되지 않았다. 당시 제작한 선박이 산동성 법화사 장보고기념관, 국립해양문화재연구소 등에 전시되었다.

(1) 영흥도선 구조

영흥도선의 수중발굴 해역 환경은 조수간만의 차이가 매우 심한 지역이다. 따라서 선박이 항해하는 데 많은 어려움이 있었을 것이다. 영흥도선은 평저형 한국의 선박구조와 비슷한 구조를 갖추었다. 하지만 일부 특징적인 요소가 발견되어 선박의 시대 편년에 중요하다.

영흥도선의 잔존규모는 길이 6m, 폭 1.4m, 깊이[형심型深] 0.3m이다. 선체는 서쪽으로 30°가량 기울어졌다. 중앙을 기준으로 한 장축 방향은 거의 남북에 가깝다. 선체는 3편으로 결구되었다. 이외에 적재 나무로 추정되는 원통목 1점이 확인되었다.

발굴 선체의 구조를 보면 아래와 같다.[28]

저판구조는 선체의 맨 아래쪽에 위치하여, 선형의 기본을 이룬다. 크기는 최대길이 5.9m, 최대폭 0.42m, 최대두께 0.31m이다. 전체적으로 부후腐朽가 심하고, 휨은 거의 없었다. 이 부재는 2개의 부재가 턱걸이 장부이음으로 연결되어 있다. 턱걸이(반턱) 장부이음[29]부에는 견고한 고정을 위해 측면에서 피삭을 관통시켰다. 턱걸이 장부이음의 양 측면 부분에는 움푹 파인 넓은 구간을 만들어 놓았다.[30] 이는 공간 확보를 위해서 만든 것으로 보인다. 피삭 구멍은 총 3곳인데, 모두 관통되어 있다. 다른 부재를 올리기 위한 'L'자형 홈이 있다.

이 홈이 양측에 대칭으로 시설하였던 것으로 추정된다. 하지만, 심한 부후로 인해 나머지 한쪽은 없어진 상태이다. 또한 용도를 알 수 없는 구멍이

---

28 영흥도선의 구조는 보고서를 요약·정리하였다.
강원춘 외, 2014, 「영흥도선의 선체」, 『영흥도선』, 국립해양문화재연구소, pp. 84~91.

29 턱걸이 장부이음은 반턱장부이음이라고도 한다. 본 글에서는 턱걸이 장부이음으로 통일하였다.

30 강원춘 외, 2014, 앞의 글, p. 84.

대칭하여 2개가 있다. 이 구멍은 특이하게 'U'자 형태로 만들어져 있다. 외부면은 불에 그슬린 흔적이 보인다.

외판구조는 만곡종통재[외판[31]] 2편을 인양하였다. 만곡종통재 1은 최대길이 5.74m, 최대폭 0.47m, 최대두께 0.40m이다. 전체적으로 부후가 심하고, 휨은 거의 없는 상태이다. 부재의 상면에는 화물들의 완충을 위한 초본류들이 다량 분포되어 있었다. 또한 철제부식물들도 넓은 구간에서 확인된다. 철제부식물은 적재된 철제솥 등 철제유물이 부식되면서 선체에 스며들어 부

<그림 2> 영흥도선 실측도

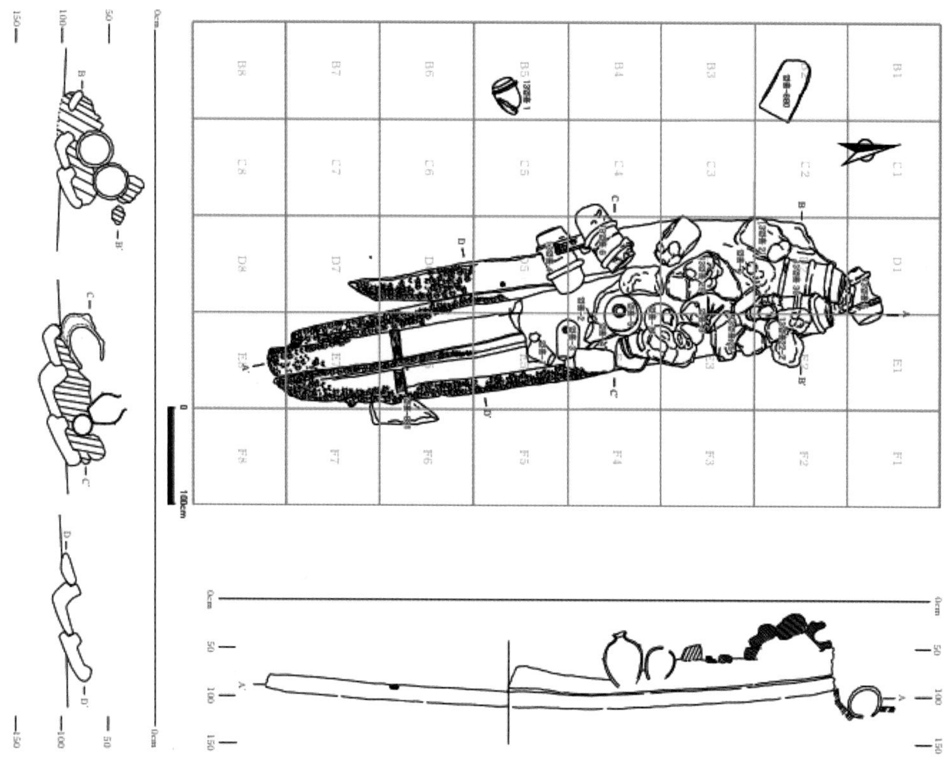

31 발굴보고서에는 외판으로 서술하였지만, 필자는 이를 만곡종통재로 수정하여 기술하였다.

식 화합물로 응고된 것이다. 이는 목제의 성분이 철제부식물과 함께 응고되어 치명적인 손상을 입은 것이다. 피삭은 총 2곳에 있으며, 모두 관통되어 있다. 다른 부재를 올리기 위한 'L'자형 홈이 일부 확인되며, 측면에서 관통된 구멍이 1곳 있다. 그리고 ')' 형태로 만들어진 용도 미상의 구멍도 있다. 외부면은 불에 그슬린 흔적이 보인다.

만곡종통재 2는 최대길이 1.64m, 최대폭 0.43m, 최대두께 0.22m이다. 전체적으로 부후가 심하고, 휨은 거의 없는 상태이다. 상면에는 개흙과 철제솥 화합물이 결합한 상태로 선체에 부착되어 있다. 이 부재도 홈붙이겹이음방식을 한 홈이 있었을 것으로 추정된다. 부후가 심해서 정확한 형태를 파악하기 어렵다. 그리고 발굴과정에서 부재 위에 고착된 철제유물들을 인양하기 위해 끌과 망치 등을 이용하였는데, 이 자국들이 남아있다. 용도를 알 수 없는 반관통구멍이 상면에 확인되며, 깊이는 약 1.7cm이다. 외부 면은 불에 그슬린 흔적이 보인다.

영흥도선은 기존에 발굴된 선박과 약간 다른 구조적 특징을 갖고 있다. 이를 3D 도면을 만들어 결구 상태를 확인하였다. 발굴 선박의 일부분으로 전체의 구조를 추정하기는 어렵다. 하지만 선체의 저판 부재는 턱걸이 장부이음으로 2개의 부재가 결구되어 있다. 이음부 양측면 상면에 용도를 알 수 없는 움푹 파인 부분이 확인된다. 또한 양 측면의 부재를 올리기 위해 만든 턱이 만들어져 있다. 그 턱 위에 올려진 부재의 상단 외측에는 홈붙이겹이음 홈이 있어서 다시 그 위에 부재를 올릴 수 있게 만들어져 있다. 또한 부재들의 상면에는 용도를 알 수 없는 구멍들도 확인하였다.

영흥도선은 최초 발굴 당시에는 선체 주변에 산포散布된 도자기의 편년을 근거로 12세기경으로 추정하였다. 하지만 선체는 저판의 측면 결구가 고려시대의 선박과는 구조적인 측면과 피삭의 결구가 다른 구조였다.

방사성탄소연대 분석 결과 7~9세기경의 선박으로 판명되었다. 분석 결과를 근거로 영흥도선은 통일신라시대로 판단하였다. 이 시기의 선박이 발굴된 사례는 경주 안압지에서 발굴된 안압지 통나무배가 유일하다. 영흥도선과 안압지 통나무배의 전체적인 구조는 만곡종통재를 갖추어 매우 흡사하다.

먼저, 저판의 남아있는 부재를 중심으로 양측의 결구 방식이 매우 비슷하다. 안압지 통나무배의 경우 중앙저판에 환형태의 구멍을 돌출되게 만들어서 양측의 부재를 결구하였다. 영흥도선은 장삭의 크기에 맞추어 홈을 만들고 양측의 부재를 결구하였다. 그리고 이렇게 결구한 장삭은 양측 부재의 외부로 돌출되면서 마감된다. 이러한 영흥도선의 방식은 현재까지 발굴된 고려시대 선박에서는 확인되지 않았다. 고려시대 선박은 저판 연결방식이 장삭으로 관통하는 방식이다. 이는 통일신라시대의 선박 제조 방법에서 한 단계 발전한 조선 기술로 보인다. 그렇지만 영흥도선과 이후 고려·조선까지 이어지는 저판의 결구 양상은 비슷하다.

둘째, 발굴보고서에는 저판과 양측 부재들이 하나의 장삭으로 연결된 높이가 비슷하여 실질적으로 저판의 역할을 한다고 서술하였다. 이는 저판 양측의 부재를 만곡종통재(혹은 외판)로 보지 않고 저판의 역할로 추정하였다.[32] 또한 보고서에는 저판을 중앙저판으로 보았다. 하지만 필자는 저판을 측면으로 보고, 중앙저판과 또 다른 측면 저판이 있었을 것으로 추정한다. 이에 대한 근거는 보고서에 복원한 3D 도면의 단면구조가 선형을 이루기에는 너무 기형적이다. 단면구조가 계단식의 형태로 항해에는 적절하지 않다. 또한, 저판의 장삭이 관통하기 위해서는 직선直線으로 박혀야 한다. 장삭이 휘어져

32 강원춘 외, 2014, 앞의 논문, p. 90.

곡선曲線을 이루는 영흥도선의 단면구조로는 장삭의 관통이 쉽지 않다. 장삭은 일반적으로 강도가 뛰어난 참나무 등을 사용한다. 참나무는 강도強度에 비해 유연성이 약해 곡선 형태로 박으면 부러질 가능성이 크다. 영흥도선의 장삭은 느티나무로 참나무처럼 강도가 소나무보다 강하다. 따라서 영흥도선의 발굴보고서에 보이는 단면구조로는 장삭의 관통이 어렵다.

이는 저판에 만곡종통재가 결구한 완도선과 십이동파도선의 단면구조를 참고하면 가능하다. 십이동파도선 3열[33], 완도선 5열[34]의 저판구조이다. 이는 서해안을 항해하는 한국 선박의 특징인 평저형의 형태이다. 따라서 영흥도선도 3열 혹은 5열의 저판을 갖추었을 가능성이 있다. 이러한 구조를 갖추고 외판의 역할을 한 만곡종통재를 결구한 선박이었을 것이다.

물론 안압지 통나무배는 중앙저판과 만곡종통재 형식의 세 개의 부재만을 접합하여 선박을 완성하였다. 하지만, 영흥도선은 현재 발굴된 부재 이외에 부재들이 더 있었고, 구조적으로도 발전된 양상을 띠고 있었을 것이다. 기본적인 구조형식은 같다고 볼 수 있다. 이는 안압지 통나무배와 영흥도선이 통일신라시대에 사용된 선박으로 볼 수 있다. 아울러 선체에서 출수한 도기의 분석 결과 영흥도선은 통일신라시대의 선박일 가능성은 충분하다.[35] 현재까지 이에 대한 이론異論은 제기되지 않고 있다.

따라서 안압지 통나무배와 영흥도선의 구조형식에서 통일신라시대의 일반적인 선형을 확인하였다. 이후 수중발굴에서 확인된 십이동파도선, 완도선, 대부도2호선 등 만곡종통재를 갖춘 선형이 통일신라시대부터 고려 초

---

33 김병근, 2010, 앞의 글, p. 136.
34 김병근, 2010, 앞의 글, p. 132.
35 이종민, 2014, 「영흥도선의 출수 도자의 양식적 특징과 편년」, 『영흥도선』, 국립해양문화재연구소, p. 386.

기까지 선형을 대표한다. 이후 만곡종통재가 쇠퇴하면서 저판에 외판을 바로 연결하는 선박으로 구조적인 변화를 한다.

따라서 영흥도선은 한국 선박 발달사에서 통일신라시대에서 고려시대로 넘어가는 조선 기술의 변화를 살피는 기준이 된다. 아울러 1,200여 년이 넘은 실물 선박으로 당시의 해양실크로드 시대상을 대변하는 살아 있는 역사이다.

영흥도선의 선체 수종분석 결과 저판과 외판은 소나무류로 밝혀졌다. 장삭은

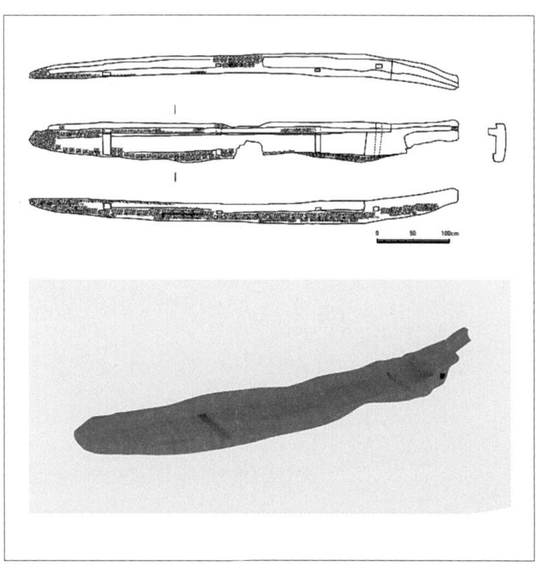

<그림 3> 영흥도선 중앙저판

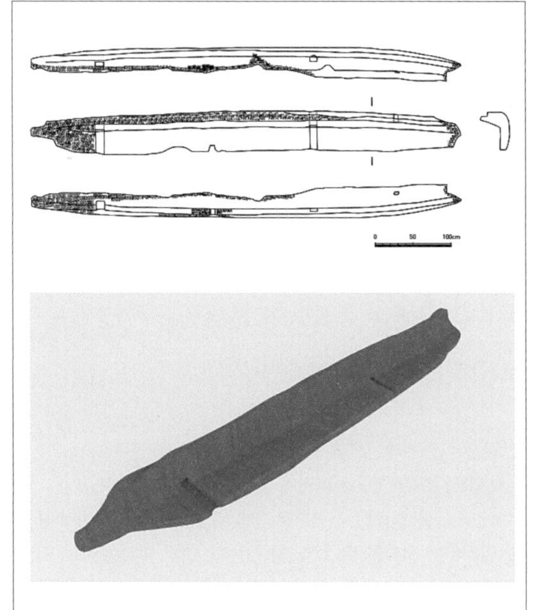

<그림 4> 영흥도선 만곡종통재1단(외판)

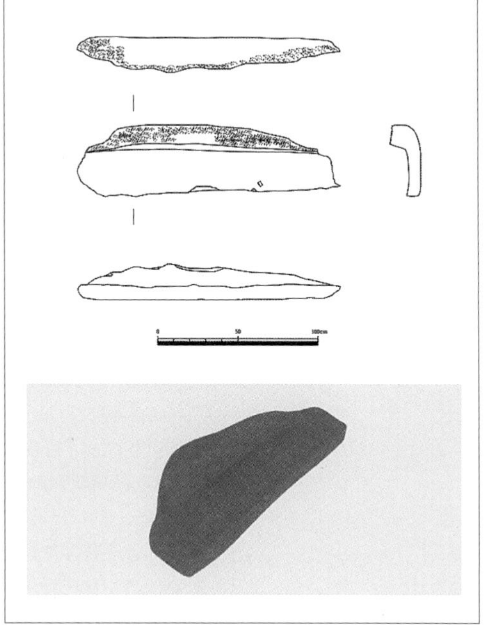

<그림 5> 영흥도선 만곡종통재2단(외판)

느티나무류이다.[36] 지금까지 발굴된 고려시대 선박은 외판이나 저판은 대부분이 소나무이고 일부 느티나무·굴피나무·졸참나무·밤나무이다. 기타 장삭이나 피삭은 느티나무·상수리나무·졸참나무· 굴피나무·뽕나무 등이다.

영흥도선은 방사성탄소연대측정을 실시하였다. 결과의 신뢰성과 교차점을 위해 복수기관에 동일한 시료를 측정 의뢰하였다.[37] 선체 부재의 측정결과 95.4% 신뢰구간에서 각각 A.D. 663~866년, A.D. 660~775년의 결과가 산출되었다. 아울러 초본류를 분석하였는데, 연대 구간이 A.D. 893~981년, A.D. 775~970년으로 선체 부재와는 차이가 있었다.

선체의 방사성탄소연대 측정 결과를 위글매치(Wiggle Match)법[38]으로 분석하였다. 결과는 A.D. 710~730년, A.D. 750~774년의 두 연대 구간으로 분석되었다.[39] 이러한 분석 결과는 영흥도선이 7세기에서 10세기의 무역선으로 추정할 수 있는 근거이다. 이는 서해안을 중심으로 해상활동이 활발하게 이루어졌음을 알 수 있다.

(2) 영흥도선 출수유물과 의의

영흥도선의 유물은 선체 내·외부에서 출수되었다. 영흥도선 출수유물은 내부 유물을 다루었다. 내부에서는 도기·철제솥·동제용기·골각과 목제유물이 출수되었다. 도기와 철제솥은 무거운 유물들이 선체를 누른 상태로 응결되어 영흥도 일대의 강한 조류에 견딜 수 있었다.

---

36 김응호·차미영, 2014, 「영흥도선 선체편 수종분석」, 『영흥도선』, 국립해양문화재연구소, p. 371.

37 분석의 신뢰성을 위해 Paleo Labo사(일본), BETA연구소(미국)에 동일한 시료를 의뢰하였다.

38 시료 분석 결과 하나의 대상에 나이테 시료를 일정한 간격으로 연속 측정하여, 한 점(point)이 아닌 짧은 곡선을 만들어 보정곡선과 일치하는 정확한 절대연대를 찾는다. 이후 방사성탄소연대의 오차(95.4% 신뢰구간)를 20~30년까지 줄이는 방법이다.

39 남태광, 2014, 「영흥도선의 방사성탄소연대 분석」, 『영흥도선』, 국립해양문화재연구소, pp. 342~347.

선체 내부에서 확인된 도기는 총 6점이다. 도기호 2점, 도기병 2점, 도기장군 2점이다. 대부분 철제응결물에 의한 오염이 심각하였다. 도기병 1점에 투명한 황갈색의 내용물이 확인되었다. 황갈색 내용물은 한국 남부지방에서 자생하는 황칠과 일부 성분이 일치한다. 또한 도기병 동체부에는 고려시대 이전에 주로 시문되는 파상집선문波狀集線文이 시문되어 있었다.

철제솥은 총 12점이 발굴되었다. 철제솥은 모두 다리가 없고 바닥이 넓은 솥 양식이다. 이는 양주 대모산성, 경주 황남동 376 유적 등에서 출토되었다. 이는 시대를 구분하는 중요한 비교자료이다. 기존에 발굴된 선박에서 확인된 철부鐵釜와 철정鐵鼎은 선원들이 대부분 취사용으로 사용하였다. 하지만 영흥도선의 철제솥은 겹겹이 쌓은 채로 출수한 화물이다. 이러한 철제솥을 어디에서 제작하여, 판매망이 어떻게 이루어졌는지는 정확하게 알 수 없다. 그렇지만 무역품이 확실하여, 영흥도선은 무역선으로 보는 것이 타당하다.

동제용기는 2점이 발굴되었다. 형태는 주구로 추정되는 곳이 가공되어 있고 동체부의 한쪽 측면에 고정못 3개가 남아있다. 전남 광양의 마노산성에서 비슷한 동기가 발굴되었다. 이 밖에도 녹각 3점이 발굴되었는데, 가공하지 않은 사슴의 두개골도 남아있었다.[40]

영흥도선의 출수유물 수량은 많지 않다. 하지만 철제솥은 상당량이 실려 있어 상업적인 성격, 황칠의 흔적은 한국 남부지방에서 자생하는 나무로 확인되었다. 이는 남해와 서해를 항해하였던 사실을 입증한다.

영흥도선은 한국 선박 중 가장 이른 시기의 구조선이다. 따라서 고려시대 선박과는 구조적인 측면에서 약간의 차이가 있다. 선체의 저판과 외판 역할을 하는 만곡종통재彎曲縱通材와 연결방식이다. 장삭의 크기에 맞추어 홈을

40 국립해양문화재연구소, 2014, 『영흥도선』, pp. 400~401.

만들고 양측의 부재를 결구하였다. 그리고 저판의 가장자리를 도드라지게 하여 장삭이 통과하는 구멍을 만들어 강도를 보강하였다. 이는 고려시대 선박이 저판을 관통한 것과 차이가 있다.

영흥도선의 시대는 선체와 초본류의 방사성탄소연대 측정 결과 7~10세기의 무역선으로 추정할 수 있다. 이외에도 선체에서 발굴한 철제솥, 도기의 제작기법 등이 통일신라시대의 특징이다. 따라서 영흥도선은 한국에서 발굴한 가장 이른 시기의 선박이다.

하지만 정확한 시대 편년과 선박의 구조, 무역관계, 생산지, 도착지, 항로 등 연구과제가 많이 남아있다.

2. 고려시대 선박

고려시대의 선박은 문헌에 명칭이 일부 보이지만 정확한 구조나 형태는 확인되지 않았다. 고려시대 선박 가운데 가장 잘 알려진 해양의 초마선哨嗎船, 강의 평저선平底船 등 기록이 『고려사高麗史』에 남아있다. 『고려사』에 보이는 선박은 약 20종류로 선박의 구조나 형태가 정확한 것은 전무한 실정이다. 문헌에 기록된 선박의 종류와 특성을 간략하게 정리하면 아래와 같다.

> "김재원 등을 태조의 부장으로 삼아 배 100여 척을 더 만들게 하니, 큰 배[大船] 10여 척은 각각 사방이 16보步로서 위에 망루를 세우고 말도 달릴 수 있을 정도였다."[41]

41 『고려사』, 권1, 세가 권제1, 태조 총서.

"군선軍船 40여 척을 거느리고 바닷길로 맞이하게 하였다."[42]

"동여진의 만투 등 60여 인이 와서 과선戈船 4척과 호시楛矢 117,600개를 바쳤다."[43]

"작년 10월에 해적이 진명鎭溟에서 병선兵船 2척을 빼앗아 갔다."[44]

"대선大船과 소선小船 합계 900척 건조를 완료하였다."[45]

"적은 약탈한 함선艦船에 모두 괴수를 그렸는데, 바다를 덮고 물에 비치어 움직이고 바뀌는 것이 나는 것 같아 기세를 당할 수가 없었다. (중략) 김방경이 홀로 군사를 거느리고 적을 공격하자 적은 전함戰艦으로 역으로 공격하였다."[46]

"만호 손광유는 날아오는 화살에 맞았으나 검선劒船을 타고 겨우 빠져나왔다."[47]

위의 내용은 수군과 관련된 선박들이다. 태조 왕건이 나주로 후백제와 전투를 위해 출정하던 시기로 16보의 크기의 대선大船으로 대형 군선이다. 16

---

42 『고려사』, 권2, 세가 권제2, 태조 18년 6월.
43 『고려사』, 권5, 세가 권제5, 현종 21년 4월.
44 『고려사』, 권7, 세가 권제7, 문종 4년 1월.
45 『고려사』, 권27, 세가 권제27, 원종 15년 6월.
46 『고려사』, 권104, 열전 권제17, 제신, 김방경.
47 『고려사』, 권113, 열전 권제26, 제신, 최영.

보(1보 1.82m 기준)는 약 30m의 크기이다. 현재까지 발굴한 수중발굴 선박의 크기는 여기에 미치지 못한다. 대개 15m 전후이다. 또한 견훤이 투항하자 군선을 보냈음을 알 수 있다. 또한 군선軍船, 과선戈船, 병선兵船, 소선小船, 함선艦船, 전함戰艦, 검선劍船 등은 군선의 종류로 보인다. 과선은 함경도 지역의 해적들을 소탕할 때 사용한 선박이다.

"태조께서 아직 신라와 백제를 평정하지 못하였을 때 먼저 수군水軍을 정비한 후 친히 누선樓船을 타고 금성錦城을 함락시켜 그곳을 차지하였습니다."[48]

"봄 3월 왕이 동쪽 연못에 있는 용선龍船에 나아가 앉아 친히 진사시를 주관하다."[49]

"대동강에 이르러 누선樓船을 타고 제왕과 재추를 위해 잔치를 베풀었다."[50]

"그 어선御船은 수놓은 비단으로 장식하고 임시로 비단을 써 돛을 만들었다."[51]

"우왕이 호곶壺串에 있으면서 기린선麒麟船·봉천선奉天船 등을 타고

---

48 『고려사』, 권118, 열전 권제31, 제신, 조준.
49 『고려사』, 권2, 세가 권제2, 경종 2년 3월.
50 『고려사』, 권7, 세가 권제7, 문종 7년 10월.
51 『고려사』, 권18, 세가 권제18, 의종 21년 4월.

마음대로 잡희雜戱를 벌였다."[52]

위의 내용은 당시 왕이 타던 선박들이다. 용선龍船, 누선樓船, 어선御船, 기린선麒麟船, 봉천선奉天船은 그 명칭에서 보이는 것처럼 왕을 상징하고, 화려하게 장식하였을 것이다. 태조 왕건이 누선에 승선하여, 금성을 정벌한 기사는 누선이 전함 용도로도 사용되었음을 알 수 있다.

누선은 중국 선박에서도 보이는 명칭으로 여러 층을 쌓아 만든 선박으로 왕의 권위를 나타냈을 것이다. 하지만 선박의 형태는 알 수 없다. 향후 중국의 누선과 비교하면 기본적인 추론은 가능할 것이다. 왕이 승선한 선박들은 대동강이나 연못, 호곳 등에 정박한 의례용으로 보인다.

"정종 때에 12창 조운선의 수를 정하였는데 (중략) 초마선哨馬船 1척에는 1000석을 실을 수 있었다. 덕흥창德興倉에는 20척, 흥원창興元倉에는 21척을 두었는데 아울러 평저선平底船 1척에 200석을 실을 수 있었다."[53]

"나라에서 정용군精勇軍·보승군保勝軍을 파견하여 관선官船을 건조하게 하다."[54]

"배[押船] 30척과 선원 3,000인을 데리고 용주포에서 출발하여 몽고

52 『고려사』, 권137, 열전 권제50, 우왕 14년 3월.
53 『고려사』, 권79, 지 권33, 식화2, 조운.
54 『고려사』, 권20, 세가 권제20, 명종 12년 3월.

까지 가게 하였다."[55]

"삼별초三別抄 잔당이 회령군에 침입하여 조운선漕運船 4척을 약탈해 갔다."[56]

관선과 압선·조운선(초마선, 평저선) 등은 관에서 운영하던 선박으로 기록으로만 전한다. 바다에서 운행한 초마선이 1000석을 적재할 크기면, 수중발굴 선박보다 대형일 가능성도 있다. 수중발굴 선박에서 화물선으로 확인된 마도1·2·3호선의 형태와 많은 차이점은 없겠지만, 선박의 정확한 형태나 구조는 확인이 불가하다.

"김희제는 본래 군산도群山島 사람이다. 그 선조가 상선商船을 따라 개성에 도착하여 머물러 살다가 결국 개성을 적籍으로 삼았다."[57]

"중국사람[華人]이 서쪽에서부터 먼 바다를 횡단하여 오는 데는 여러 날이 소요된다. 따라서 고려 사람들은 식수가 바닥났으리라 짐작하고서 큰 독에 물을 싣고 배[舟船][58]를 저어 와서 맞이한다."[59]

위의 기록은 상선과 주선의 내용이다. 고려시대에는 상선들이 활발하게 활동한 시기로 수중발굴 선박은 대부분 상선일 가능성이 있다.

55 『고려사』, 권23, 세가 권제23, 고종 19년 3월.
56 『고려사』, 권27, 세가 권제27, 원종 13년 3월.
57 『고려사』, 권103, 열전, 권제16, 제신, 김희제.
58 주선舟船은 배를 부르는 명칭으로 주로 규모 큰 배를 의미한다.
59 『高麗圖經』, 卷第33, 舟楫, 供水.

따라서 수중발굴 고려시대 선박이 실물 선박으로 고려시대 선박사를 이해하는 기준점이 될 수 있다. 현재까지 고려시대 수중발굴 선박은 10척이다. 10척 이외에 제부도 1·2호선은 발굴하지 않은 상태이다.[60] 제부도 1·2호선 2척을 포함하면 12척의 고려시대 선박이 확인되었다. 이외에도 나주선으로 신고된 선체 편이 있지만 본 고에서는 별도로 다루지 않았다.[61]

따라서 현재까지 수중발굴 선박의 기본적인 구조를 정리하면, 고려시대 선박의 발전과정과 양상이 어느 정도 드러날 것으로 생각된다. 이에 발굴 선박의 잔존상태를 중심으로 선박의 특징을 발굴 연도순으로 개설하였다.

1) 완도선

완도선은 전남 완도군 약산면 어두리 해역에서 발굴하였다. 완도선은 1984년 한국 최초로 수중발굴에서 확인된 고려 초기 선박이다. 완도선은 크기 10톤 정도의 평저선으로 도자기를 비롯해 30,701점의 유물이 실려있었다. 출수유물은 선체를 포함하여, 도자기·금속제품·목제품·석제품 등이다. 청자는 녹청자류로서 지방관청과 사찰 등에 납품하였을 것으로 보인다.

완도선의 선체는 심하게 부후되었다. 선수와 선미 구조는 확인되지 않았다. 저판과 외판 등은 잔존상태는 비교적 양호하였다. 완도선은 한국에서 처음 확인된 구조선의 형태를 갖춘 선박이다. 완도선의 수종은 주로 소나무와 상수리나무이며, 일부 남해안에서만 자생하는 나무도 포함되어 있어서 서·남해안에서 만들었음을 알 수 있다.

---

60 선박의 명칭은 제부도1·2호선으로 국립해양문화재연구소가 환경에 따른 선체의 변화과정을 모니터링하고, 보존을 위한 기본적인 조치를 진행하고 있다. 향후 선박 2척을 발굴하면, 고려시대 선박 연구에 중요한 역할을 할 것이다.

61 나주선은 만곡종통재 2편, 저판 1편, 외판 1편과 일부 선체 편이 수습되었다. 일부 학자들이 한 척의 선박으로 보았으나, 필자가 실견한 결과 만곡종통재와 저판은 다른 선체 편으로 추정된다.

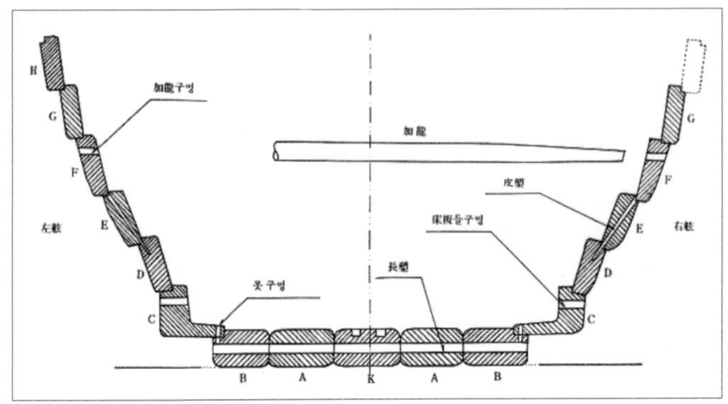

<그림 6> 완도선 중앙단면구조

완도선의 구조적 특징은 몇 가지로 요약할 수 있다.

완도선은 잔존 길이 약 7.5m, 깊이 약 1.7m, 저판 폭 약 1.65m이다. 출수 선체 편은 저판 5열, 만곡종통재 좌우현 각 1조, 좌현 외판 5단, 우현 외판 4단이다.

중앙단면구조는 선체의 중앙 단면이 마치 나무상자처럼 평평한 평저형 단면구조이다. 저판과 외판의 연결은 만곡종통재로 저판과 연결 후 만곡종통재에 외판을 연결하는 방식으로 제작하였다. 중앙저판에는 돛대구멍이 2개가 있다. 외판은 좌현 외판 5단, 우현 외판 4단이 저판, 만곡종통재와 중앙단면구조를 이룬다.

저판구조는 중앙저판 등 5열의 저판을 갖춘 평저형 선박이다. 저판은 모두 두께가 18~20cm 정도의 균일한 목재로 조립되어 있다. 잔존 길이는 대체로 6.5m 내외이다. 폭은 선체 중앙 부근에서 가장 넓은 데 1.65m 정도이다. 중앙저판의 이음은 중앙저판은 3개의 판재를 장부이음으로 연결하였다. 중앙저판의 좌우 2열은 반턱이음을 하였다. 저판의 횡단면은 선수와 선미 양쪽이 위로 솟은 만곡형태이다.[62] 중앙저판의 중간 부분에 세로 15cm, 가로 5cm, 깊이 4cm의 돛대구멍이 있어서 단범선單帆船으로 항해하였음을 알 수 있다.[63] 저판과 저판의 연결은 횡橫으로 장삭을 이용하여 연결하였다.

만곡종통재는 저판과 외판을 연결하는 중간매개체 역할을 하는데, 완도

62 문화재관리국, 1985, 앞의 책, pp. 110~113.

63 문화재관리국, 1985, 앞의 책, p. 109.

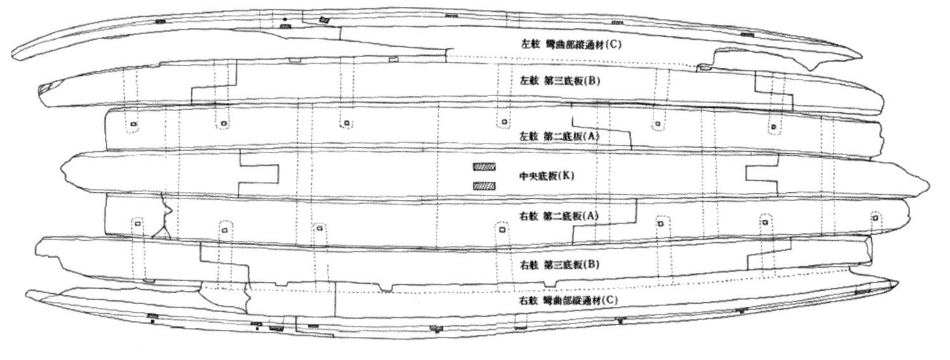

<그림 7> 완도선 저판구조

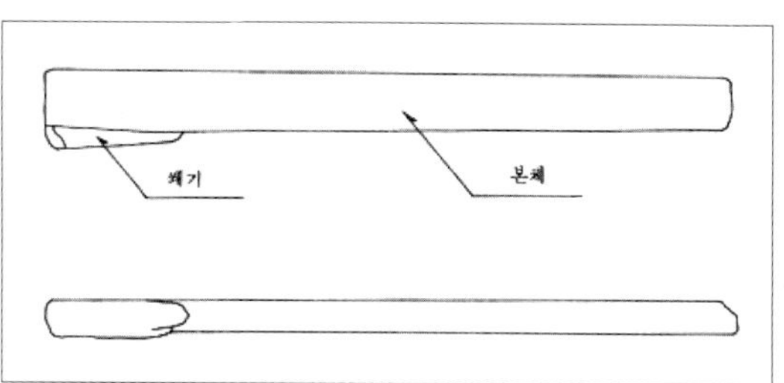

<그림 8> 완도선 장삭과 쐐기

선에서 처음 확인되었다. 만곡종통재는 'L' 자형으로 만들어진 만곡부재가 종통하는 형태이다. 만곡종통재의 이음은 반턱맞춤으로 너비 38cm, 높이 28~30cm 정도이다. 저판과 연결되는 부분은 두께 7cm, 최하층 외판에 접속되는 부분의 두께는 15cm 내외로 두껍다. 이는 선체가 부딪쳐도 충격을 흡수하는 완충 역할을 하였을 것이다. 그리고 만곡종통재와 외판이 연결되는 부분은 외판을 끼워

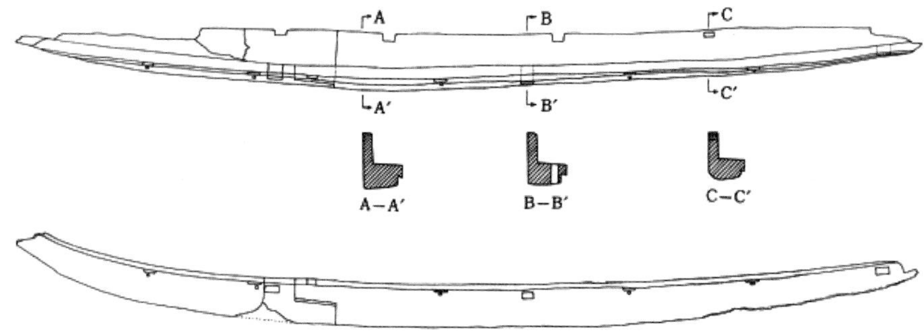

<그림 9> 완도선 우현 만곡종통재

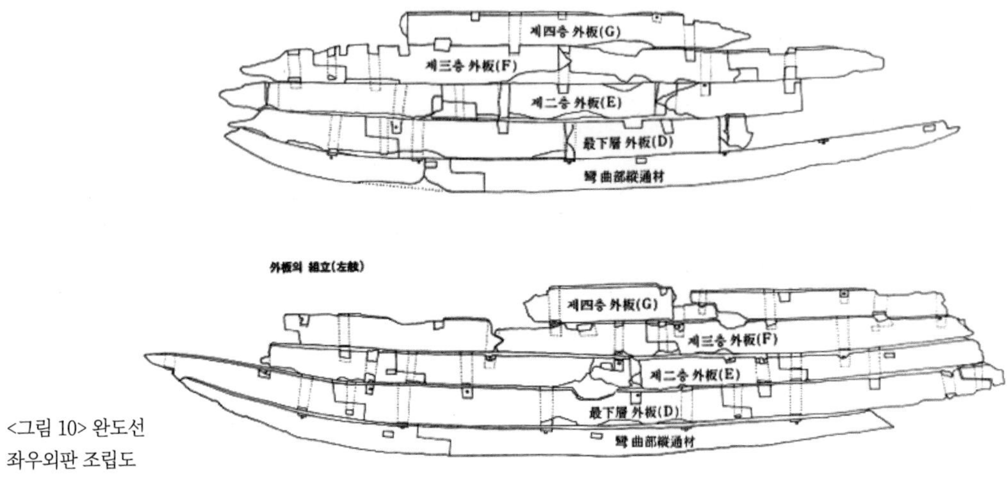

<그림 10> 완도선 좌우외판 조립도

맞출 수 있도록 너비 5cm, 깊이 3cm 정도의 홈이 있다.[64] 이 홈을 홈붙이겹이음방식으로 외판과 연결한다.

외판구조는 우현 외판 4단, 좌현 외판 5단이다. 외판의 상연외측上緣外側에 윗단의 판재를 받기 위한 홈이 있다. 홈은 너비 3~5cm, 깊이 3cm 내외로 홈붙이겹이음방식으로 결구하였다. 외판의 길이는 일정하지 않지만 가장 긴 외판 7.5m, 폭 28~33cm, 두께는 10cm 내외이다.[65] 외판과 외판의 이음은 반턱이음이다.

횡강력구조는 가룡으로 좌우 뱃전을 연결하여 유지하였다. 일반적으로 가룡은 선체의 구간을 구획하는 격벽을 역할을 한다. 현재까지 발굴한 선박들은 대부분 이러한 형태이다. 하지만, 완도선의 가룡은 선체의 구획이 설정되도록 한 곳에 집중되어 있지 않고, 그 수량도 많지 않다.[66] 이러한 가룡은

64 문화재관리국, 1985, 앞의 책, p. 115.
65 문화재관리국, 1985, 앞의 책, p. 116.
66 문화재관리국, 1985, 앞의 책, p. 126.

격벽의 역할을 하여 창고로 분리하기에는 적합하지 않다. 이는 한국 선박의 초기 형태라고 할 수 있다. 선체의 결구는 피삭으로 고정하였다. 횡강력의 유지와 돛대를 잡아주는 멍에형 가룡은 확인되지 않았지만, 외판에 멍에형 가룡을 결구한 흔적이 일부 남아있다.[67] 이는 멍에형 가룡이 사용되었을 것으로 보인다. 멍에형 가룡에 당아뿔을 만들어 돛대를 잡아주는 기능도 있었을 것이다.

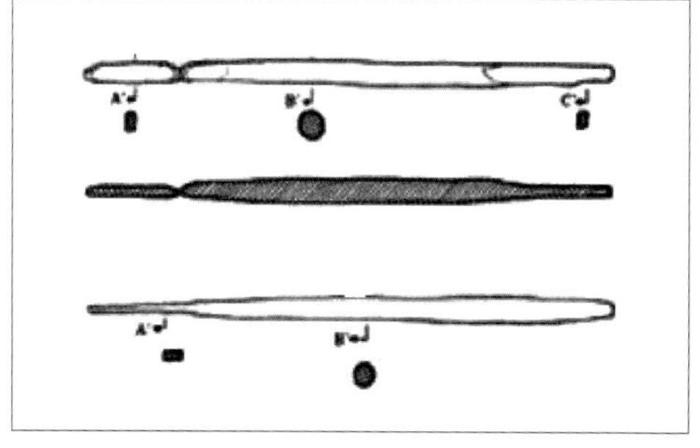

<그림 11> 완도선 가룡

이외에 완도선의 구조물은 대부분 유실되었다.

완도선에 적재된 도자기는 제작지가 전남 해남 진산리로 밝혀져 도자기 제작과 수요·공급 등을 밝혔다. 보고서에서는 도자기를 기준으로 완도선의 시대를 11세기 중·후반으로 보았다.[68] 하지만 이후 수중발굴 도자기와 선박의 비교 등을 통해 12세기 초로 연대를 수정하였다.

2) 달리도선

달리도선은 전남 목포시 달리도에서 발굴하였다. 달리도선은 선체의 형태가 날렵하고 매우 정교하게 만들어진 선박이다. 달리도선은 출수유물이 많지 않아 정확한 용도는 밝혀지지 않았다. 하지만, 선박 구조가 비교적 잘 남아있어, 고려시대 선박의 구조는 물론 한국의 전통 선박을 연구하는 데 중요한 역할을 하였다.

달리도선의 잔존 선체를 정리하면 아래와 같다.

잔존 크기는 길이 10.5m, 폭 2.72m, 깊이 1.80m이다.

---

67 문화재관리국, 1985, 앞의 책, p. 118.

68 문화재관리국, 1985, 앞의 책, pp. 70~72.

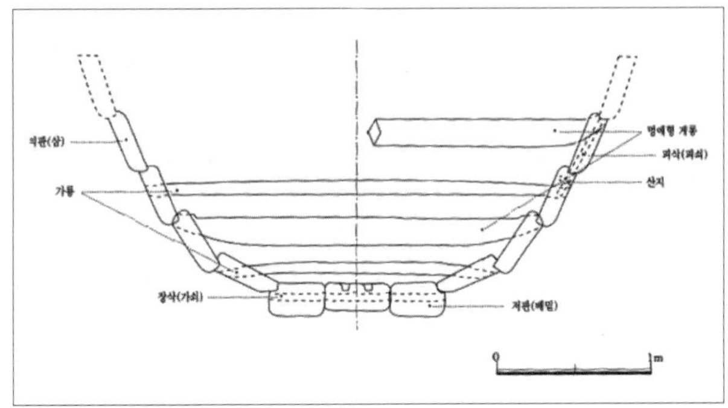

<그림 12> 달리도선 중앙단면구조

중앙단면구조는 중앙저판과 좌우저판 1열 등 3열 구조를 갖춘 평저형 선박이다. 중앙단면은 3열의 목재를 결합한 저판을 밑에 깔고, 좌우 양현에 외판을 4개씩 이어 붙이고, 가룡으로 좌우현을 연결하여 고착하였다. 저판의 너비는 1.24m 정도로 비교적 좁다. 각 단의 외판 이음은 4장의 판재를 반턱이음하였다. 각 외판 연결은 홈붙이겹이음방식으로 연결하였다. 선체의 높이는 1.1m 정도이다. 선체상부는 복원 시 폭 3.5m 정도이다.

중앙단면구조의 형태는 저판의 배열 수량에 따라 차이가 난다. 수중발굴 선박의 저판은 3·4·5·7열로 구분된다. 달리도선은 3열로 저판 폭 비율은 선수 57 : 선체중간 100 : 선미 45로 선수 쪽이 선미보다 약간 넓게 만들었다. 저판의 횡단면은 선수와 선미 양쪽이 위로 솟는 만곡형상이다. 이는 완도선과 같은 형태이다.

저판구조는 중앙저판재와 좌우 저판재 3열로 구성되어 있다. 각 저판재는 2~3재의 긴 저판재가 연결되어 있다. 중앙저판재를 구성하는 2재는 턱걸이 장부이음과 '「 」'형의 반턱이음의 방식이다. 그 연결부분은 서로 대칭을 이룬다. 저판의 너비는 일반적인 한선에 비해 좁은 편이다. 이는 선박이 날렵한 형태로 구조적인 변화를 보이는데, 조선 기술이 발달하였다. 이는 완도선의 단면 형상이 밑이 매우 넓고 평탄한 U자형을 이루는 데 반해, 달리도선의 단면 형상은 밑이 좁고 높이가 낮은 V자형에 가깝다.[69] 저판의 고착은 장

69 김재근, 1999, 「달리도 발굴 고선의 선박사적 의의」, 『목포 달리도배』, 국립해양유물전시관, pp. 128~129.

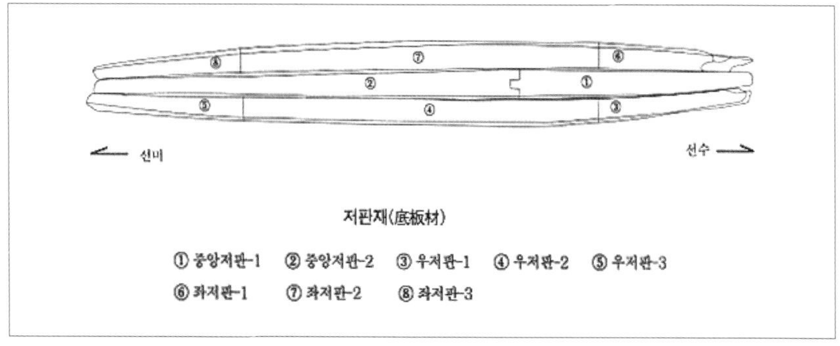

<그림 13> 달리도선 저판 평면도

삭으로 하였다. 장삭은 11열에 걸쳐 시설되고, 저판3재를 직접 관통하여 고정하였다.

횡강력구조는 가룡이 4곳에서 확인되었다. 선수 쪽의 1곳 유실을 포함하여 5구간으로 추정된다. 달리도선에서는 가룡과 멍에형 가룡의 혼용이 보인다. 가룡은 사각 단면의 각재 양 끝부분을 엷게 사각형으로 다듬어서 외판 가운데 부분을 관통하고 있다. 멍에형 가룡은 만듦새가 특이하다. 다른 가룡에 비해 대형 목재를 사용하였으며, 단면은 사각으로 가공하여 끼우는 방식이 다르다. 가룡은 양쪽 외판의 가운데 부분을 15cm×10cm 직사각으로 꿰뚫어 관통시킨 형식이다. 멍에형 가룡은 양현의 상단을 ‘요凹’형의 30cm×15cm 크기로 절삭하여, 이곳에 멍에형 가룡을 걸어 고정한 형태이다. 이전에 발굴한 완도선에 비해 가룡의 위치가 정형화되었다. 이는 격벽의 역할을 하여 화물을 적재하는 창고의 역할이 고려 후기의 선박에서 나타난다.

외판구조는 좌우현 외판 4단까지 남아있지만 4단의 상부에도 ‘L’자형의 홈이 가공되어 있어, 외판 5단 이상으로 만들었을

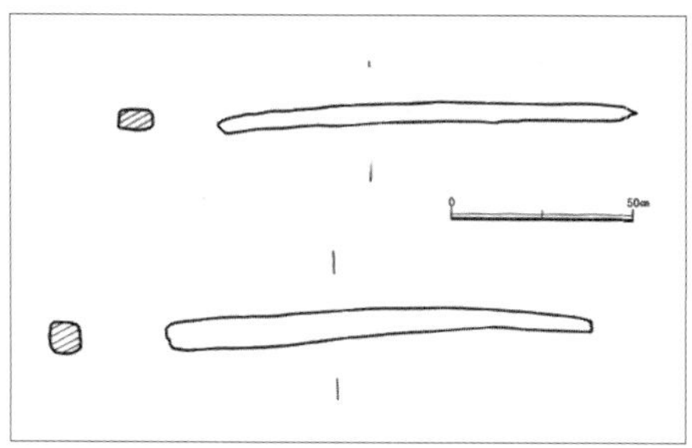

<그림 14> 달리도선 가룡(3단 등)

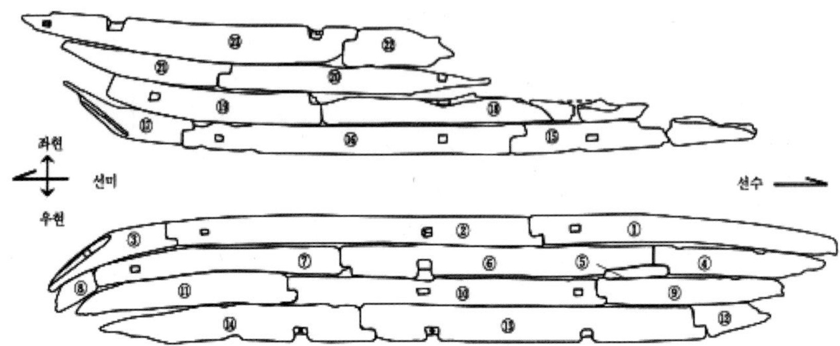

<그림 15> 달리도선 외판 조립도

것이다. 저판과 외판의 결합은 외판이 저판의 측면에 연결할 수 있는 홈을 만들어 직접 결착하는 구조이다. 저판과 외판의 고착은 피삭으로 하였다. 외판과 외판의 고착은 구형矩形의 피삭을 사용하였다. 피삭은 결구의 견고성을 위해 산지로 고정하였다.

이는 영흥도선, 완도선, 십이동파도선, 대부도2호선 등 통일신라시대부터 고려 초기까지 만곡종통재를 중간매개체로 사용하여 연결한 방식과는 차이가 있다. 즉 달리도선은 저판과 외판을 직접 연결하는 홈붙이겹이음방식을 채용하였다.

선수구조는 완전히 유실되어 정확한 구조를 밝힐 수 없지만, 세로형 선수구조로 추정된다. 예비조사 시 선수부의 형태를 일부 고찰하였다.

<그림 16> 달리도선 선미판재 및 복원도

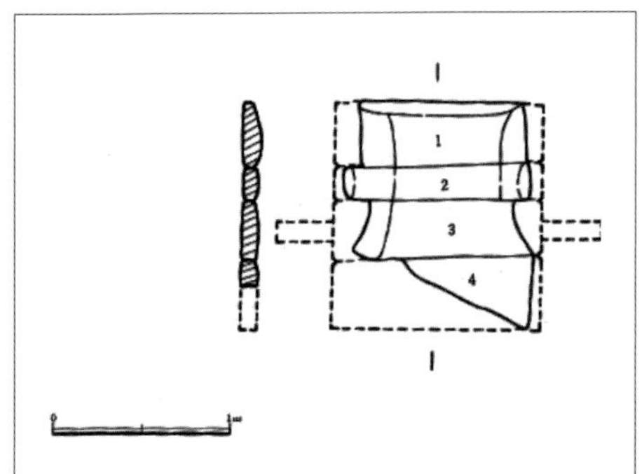

선미구조는 선미쪽 외판 안쪽에 'ㄷ'형의 홈을 시설하고 선미 판재를 끼워 넣어 조립하는 구조이다. 잔존 선미 판재는 두께 5cm 정도로 12cm 내외의 외판과 비교할 때 상대적으로 취약해 보인다. 선미판(비우판)과 직결되는 저판재에는 얕은 홈

만이 관찰될 뿐 별도의 구조물 흔적이 없어 결착과 수밀水密 등에는 취약한 구조이다.[70]

추진구는 돛대구멍이 중앙 저판재 중심부에 있는 것으로 보아 단범선單帆船으로 추정된다. 돛대의 고정을 위해 가룡에 부착된 당아뿔[71]도 확인되었다.

기타 키, 닻, 노 등 부속구는 발견되지 않았다.

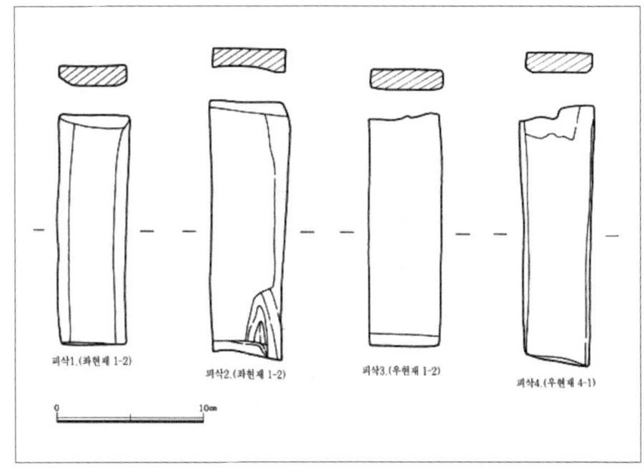

<그림 17> 달리도선 피삭

이와 같이 달리도선은 평저형 횡단면 구조, 턱따기 외판구조, 평평한 선

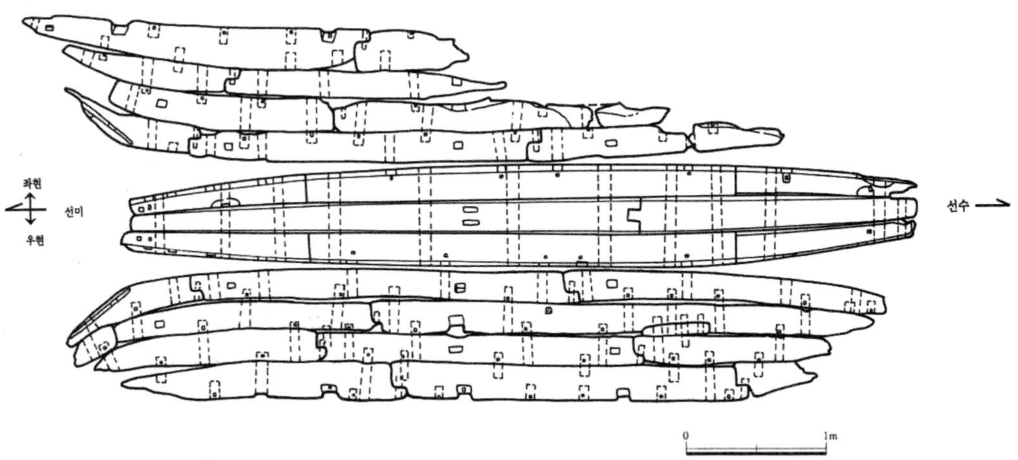

<그림 18> 달리도선 조립 평면도

70 국립해양유물전시관, 1999, 『목포 달리도배』, pp. 54~55.

71 멍에형 가룡에 박혀서 돛대를 잡아주는 갈고리 역할을 한다. 돛대 양옆 멍에형 가룡 가운데에 네모난 구멍을 뚫고 참나무 막대기를 꽂아 돛대가 뒤와 옆으로 넘어지지 않게 한다.

<사진 4> 달리도선 복원 전시

수와 선미, 황강력재로 채용된 가룡, 선체의 고착에 쇠붙이를 쓰지 않은 장삭, 피삭을 사용하였다.[72]

발굴 선체에 대한 연대 추정은 유물이 없어 정확인 추정이 어렵기 때문에 방사성탄소연대측정 등 과학적 분석을 하였다. 방사성탄소연대측정 결과 달리도선의 연대 범위는 BP 730±57로 보정연대는 1210~1400년간(확률 95%)인 것으로 밝혀졌다.

이외에 수종 분석 결과 등을 종합해 보면 13~14세기경의 선박으로 보인다.[73]

3) 십이동파도선

십이동파도는 전라북도 군산시 옥도면에 속한 섬이다. 1960년대 초까지 사람이 살았다. 십이동파도는 군산항에서 서쪽으로 약 30km 떨어져 있다. 고군산군도의 여러 섬 중에서 서쪽 끝에 위치하는 말도에서 26km 정도 북서쪽에 위치한다. 십이동파도의 북서쪽에는 어청도가 위치한다. 서·남서쪽으로는 서해가 펼쳐져 있다. 십이동파도라는 지명은 12개의 섬으로 이루어져서 붙여진 지명이다.

발굴지역은 십이동파도에서 가장 큰 장자도(등대섬)에서 북동쪽으로 200m, 쌍섬에서 북서쪽 150m 정도에 위치한다. 유물매장 지점은 섬과 섬 사이의 중간에 위치하여 조류에 영향을 많이 받지 않은 지점이다. 조류의 방

---

72 국립해양유물전시관, 1999, 앞의 책, pp. 48~59.

73 국립해양유물전시관, 1999, 앞의 책, p. 57.

향은 북동쪽에서 남서쪽으로 흐르는 왕복성往復性 조류이다. 또한 조금을 전후하여 수중 시계가 2~4m 정도 확보되어 발굴 여건이 양호하였다. 하지만, 먼 바다라는 취약성 때문에 북서풍이나 북동풍이 불면 현장에 파도가 심하게 발생하여 위험에 노출되었다.[74]

십이동파도선은 고려시대 선박으로 완도선과 함께 고려시대 초기 선박을 연구하는 귀중한 자료이다. 십이동파도선과 완도선은 만곡종통재가 있어 고려시대는 물론 한국 선박사 시대구분에 결정적인 역할을 하였다.

(1) 십이동파도선의 구조와 연대

가. 『고려도경』에 기록된 고려시대 선박 특징

고려시대 선박의 구체적인 구조가 발굴자료 외에 흔적이 보이는 것은 중국 사신이 남긴 『고려도경高麗圖經』이다. 『고려도경』에는 고군산군도에서 보고 느낀 고려시대 선박의 종류와 구조가 기록되어 있다. 따라서 고군산군도와 십이동파도선의 관련성을 고려하여, 선박의 구조와 용도 등을 소개한다.

이는 십이동파도선을 이해하는 데 의미가 있다. 특히 십이동파도선에 실린 청자의 제작 시기가 12세기 초기라는 시대적 배경과도 일치한다. 『고려사』에도 선박의 종류는 기록되어 있지만 정확한 구조나 형태는 찾아보기 힘들다. 『고려도경』에 기록된 선박은 순선, 관선, 송방, 막선이다.

74 국립해양유물전시관, 2005, 『군산 십이동파도 해저유적』, pp. 22~27.

순선巡船[75] "고려는 땅이 동해[76]에 접해 있는데도, 선박 건조 기술이 간략하여 그렇게 정교하지 않다. 중간에 돛대 하나를 세워놓고 위에는 다락방이 없으며, 다만 노와 키를 마련하였을 따름이다. 사자使者가 군산群山으로 들어가면 문門에 이러한 순선이 10여 척이 있는데, 다 정기旌旗를 꽂았고, 뱃사공과 나졸邏卒은 다 청의靑衣를 착용하고 호각을 울리고 징을 치고 온다. 각각 돛대 끝에 작은 깃발 하나씩을 세우고 거기에, 홍주도순洪州都巡·영신도순永新都巡·공주순검公州巡檢·보령保寧·회인懷仁·안흥安興·기천暨川·양성陽城·경원慶源 등의 글씨를 썼다. 그리고 위사尉司라는 글자가 있으나 실은 포도관리捕盜官吏들이다. 입경入境해서부터 회정回程할 때까지 고군산군도에서 영접하고 전송하고 하는데, 신주神舟[77]가 큰 바다로 들어가는 것을 바라보고서야 자기 나라로 돌아간다."[78]

위의 내용은 순선이 돛대가 하나임을 알 수 있다. 또한 노와 키를 사용하고 있다. 하지만 중국 선박에 일반적으로 보이는 다락방을 만들지 않았다. 다락방은 사람이 거주하는 공간이다. 서긍은 고려가 바다에 접하여 생활하면서도 선박 제조 기술이 간략하고 정교하지 않은 것으로 서술하였다. 수중발굴 선박도 갑판 부분의 구조물이 대부분 유실되어 알 수 없지만, 큰 차이는 없었을 것이다. 순선은 관선으로 바다를 순찰하고, 서긍 일행의 왕래에 모두 동원되었다. 이는 순찰선도 규모가 크지 않은 단범선이었다. 이는 십이

75 해상을 순찰하는 선박이다.
76 여기에 표기된 동해는 중국 측에서 본 입장으로 한국 서해안이다.
77 신주神舟는 중국 사절의 선박으로 사절단의 대표가 탄다.
78 『高麗圖經』, 卷第33, 舟楫, 巡船.

동파도선이 침몰한 12세기 초와 시대적 배경을 같이 한다. 따라서 십이동파도선의 돛대 하나도 순선과 같다. 순선에 대한 기록은 너무 간략하여 다른 부속구는 알 수 없다.

> 관선官船 "만듦새는, 위는 띠로 이었고 아래는 문을 냈으며, 주위에는 난간을 둘렀고, 가로지른 나무를 꿰어 치켜올려서 다락을 만들었는데, 윗면이 배의 바닥보다 넓다. 전체가 판책板簀은 쓰지 않았고, 다만 통나무를 휘어서 굽혀 나란히 놓고 못을 박았을 뿐이다. 앞에 정륜矴輪[79]이 있고, 위에는 큰 돛대를 세웠고, 포범布帆 20여 폭이 드리워져 있는데, 그 중 5분의 1은 꿰매지 않고 펼쳐진 채로 두었다. 이것은 풍세風勢에 거스를까 두려워서 그렇게 하는 것이다. 사자使者가 경내로 들어가면 동쪽에서부터 오는데, 접반接伴[80]·선배先排[81]·관구管勾[82]·공주公廚[83] 등 모두 10여 척의 배가 크기가 같고, 다만 접반의 배에만 시설과 장막이 있을 뿐이다."[84]

위에 기록은 관선 구조이다. 관선은 갑판에 띠를 이었고, 아래는 문을 냈다. 갑판 주위에는 난간을 둘러 보호하고, 나무를 이용하여 다락을 만들었다. 다락에는 사신을 맞이하는 관원이 머무르는 공간이었을 것이다. 다락은 가로지른 나무를 꿰어 치켜올린 다음 띠를 엮어서 지붕을 만들었다. 윗

79 정륜은 닻줄을 감는 역할을 하는 것으로 물레, 호롱이라고도 부른다.
80 외국사신을 맞이하는 선박이다.
81 안내하는 역할 선박이다.
82 관리를 담당하는 선박이다.
83 주방을 관장하는 선박이다.
84 『高麗圖經』, 卷第33, 舟楫, 官船.

면이 배의 바닥보다 넓다. 목재를 윗면이 배의 바닥보다 넓게 하여 활동공간을 확보하였다. 전체가 판책板簀은 쓰지 않고, 통나무를 굽혀 나란히 놓고 못을 박았다. 이는 일부 갑판은 판재를 이용하여 마감하고, 일부는 통나무를 선형에 맞추어 만들었다. 이는 갑판의 시설이 간단하였음을 보여준다. 선수에 닻줄을 감는 호롱, 돛대, 포범布帆 등 구조를 알 수 있다. 포범은 일부를 꿰매지 않았다고 하였는데, 이는 돛을 바람에 따라 조절하기 편리하게 한 것이다.

관선 10여 척은 크기가 같고, 돛의 크기가 20여 폭[85]이면 선박의 크기는 작지 않다. 따라서 관선 가운데 접반接伴에는 시설과 장막이 설치된 것으로 보아 사자 중에서 가장 높은 관직을 가진 사람이 승선하였을 것이다. 이는 외교 사신을 맞이하는 역할을 담당하였다.

> 송방松舫 "고군산군도의 배이다. 선수船首와 선미船尾가 다 곧고 가운데에 선실 5칸이 있고 위는 띠로 덮었다. 앞뒤에 작은 방 둘이 마련되어 있는데, 평상이 놓이고 발이 드리워져 있다. 중간에 트여 있는 두 칸에는 비단 보료가 깔려 있는데 가장 찬란하다. 오직 정사·부사 및 상절上節만이 거기에 탄다."[86]

송방은 고군산군도의 배로 기술되어 있다. 이는 당시 해안방어를 담당하던 지역 선박이다. 정사·부사 및 상절上節이 사절단을 맞이하던 선박이다.

---

85 1폭의 길이가 정확하지는 않지만, 현대 옷감 등을 인치로 계산하여 44인치로 약 110cm이다. 따라서 20여 폭이면 포범布帆이 길이 20m가 넘는다. 따라서 돛과 선박의 길이는 어느 정도 비슷하기 때문에 관선의 크기는 20m가 내외로 보인다.

86 『高麗圖經』, 卷第33, 舟楫, 松舫.

선수와 선미가 모두 곧다고 하였다. 이는 장방형 형태의 고려시대 선박의 모양이다. 또한 선실 5칸은 가룡으로 칸이 구분된 것을 말한다. 윗부분의 띠는 갑판을 덮었다고 볼 수 있다. 앞부분과 뒷부분의 방은 정사·부사 등이 머무르는 공간이다. 평상과 발이 드리워진 것도 거주 공간 활용을 위함이다. 중간에 트여 있는 두 칸에 비단 보료를 깔아 놓은 것은 외국 사절을 맞이하는 위용을 모여주기 위한 수단으로 파악된다. 이는 외국 사신을 맞이하기 위해 가장 화려하게 치장하여 외국 사신을 접대하였다. 고군산군도의 선박인 송방이 가장 화려하고 정사와 부사가 승선하였다는 것은 가장 큰 선박일 가능성이 있다. 선실이 5칸이라는 것은 가룡을 4곳에 설치하고, 선실로 5곳을 활용하였다는 의미이다. 하지만, 송방의 정확한 크기는 알 수 없다.

> 막선幕船 "막선의 설비는 세 섬에 다 되어 있어, 그것으로 중하절中下節의 사절들을 태운다. 위는 푸른 천으로 방을 만들고 아래는 장대로 기둥을 대신하고 네 귀퉁이는 각각 채색 끈으로 매었다."[87]

막선은 사절을 맞이하기 위해 임시방편으로 천을 이용하여, 방을 만들기 위해 장대를 네 군데에 세워서 방을 만들었다. 따라서 이는 현지의 선박을 차출하였을 가능성이 있다. 이는 구조가 간단한 선박으로 하급 관리를 영접하였다.

위의 내용은 고군산군도에 정박하거나 영접을 위해 온 4종류의 선박을 기술한 것이다. 바다를 배경으로 살아온 고려가 선박의 제조는 뛰어나지 않

---

87 『高麗圖經』, 卷第33, 舟楫, 幕船.

았음을 보여준다. 그렇지만 관선은 선박의 크기가 작지 않았다. 지금까지 발견된 고려시대 선박도 비슷한 구조이다. 아울러 고군산군도가 여러 지역에서 사신의 영접을 위해 선박들이 모여드는 항로의 중심임을 알 수 있다.

나. 십이동파도선의 구조

십이동파도선은 선수를 동서 방향으로 두고, 15° 정도 좌측으로 기울어진 채 매몰되었다. 선체는 적재 유물들과 함께 해저에 묻혀 있었다. 발굴 결과, 선체는 저판 3열, 만곡종통재 2단으로 결구한 채 확인되었다. 이외에 선체 외곽에서 외판 1편이 발견되었는데 정확한 위치는 확인되지 않았다. 선체 내부에는 횡강력재인 가룡이 만곡종통재에 결구되어 남아있었다. 십이동파도선은 남아있는 선체 편은 몇 편에 불과하지만 고려시대 초기 선박의 구조 연구의 중요한 기준이다.

잔존 선박의 구조별 특징을 정리하면 아래와 같다.

십이동파고선은 잔존 길이 7m, 깊이 약 0.6m, 폭 약 2.5m이다.

중앙단면구조는 두꺼운 3열의 목재를 평탄하게 결합한 저판을 밑에 깔았다. 좌우 양현에 만곡종통재를 이어 붙였다. 중앙 부분의 저판은 너비 1.79m로 만곡종통재를 채용한 완도선의 저판 너비 1.65m, 만곡종통재를 채용하지 않은 달리도선의 저판 너비 1.15m 보다 폭이 넓다. 만곡종통재는 좌현 2층 구조로 4편의 부재가 결구되었다. 윗단 만곡종통재에 남아있던 피삭이 삽입된 각도나 규모로 보아 외판과 결구한 것으로 보인다. 또한 선체의 너비와 깊이는 외판의 판재 수에 따라 달라진다. 하부구조를 이루는 저판이 일부만 남아있어, 선체의 정확한 규모의 판단은 할 수 없었다. 이외에도 중앙단면구조의 특징은 상단의 만곡종통재에서 외판이 결구되도록 홈과 피삭구멍이 있다. 가룡은 양 외판을 연결하여 횡강력과 격창隔倉 역할을 한다. 가룡에 의한 구간 구분은 명확하지 않다. 이는 고려 초기에는 가룡의 격벽(칸막이)의 역할이 확실하지 않았다.

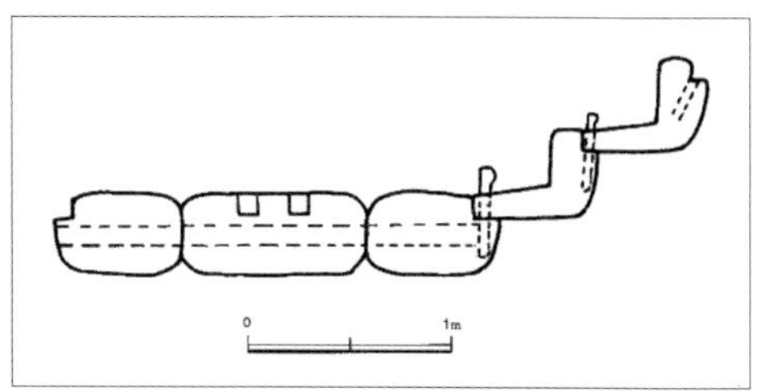

<그림 19> 십이동파도선 중앙단면구조

저판구조는 중앙저판과 좌우측 저판1열씩 3열로 결구되었다. 각 저판 모두 2재로 연결되었다. 중앙 저판을 구성하는 2재는 '요철凹凸'의 장부이음 결구 형태이다. 좌우 저판은 각각 '「 」'형의 반턱이음 방식으로 연결되어 대칭을 이룬다. 저판의 선수와 선미 부분은 유실되거나 훼손이 심하였다. 저판과 선수·선미재의 연결 방법은 확인하지 못하였다. 하지만, 선수판이 분리되어 인양되어 선수의 고찰은 가능하였다.

중앙저판은 너비가 73cm인 직사각형 단면 대형판재를 중앙에 배치하고, 좌측 너비 47cm, 우측 너비 53cm의 저판을 연결하였다. 완도선 등 고대 선박의 저판 부재는 대부분 일정한 규모로 깎아 결합한다. 하지만 십이동파도선의 저판재는 좌우에 배치된 저판부재 보다 중앙저판의 폭이 훨씬 넓다. 저판의 측면 형태를 보면, 저판 앞부분에서 선수 쪽으로 치솟아 오르는 형태이다. 선미 쪽은 훼손되어 형태를 알 수 없다. 단면 형태를 보면 상면 즉 선체 내부 바닥은 저판 3재를 평직平直하게 연결하였다. 저판의 결착은 저판 3재를 장삭을 관통시켜 고정하였다. 장삭의 연결부분은 6곳이다. 장삭구멍의 간격은 1.1~1.3m 범위로 일정한 간격이다. 장삭의 길이는 저판의 폭과 같은 1.71m 정도이고, 9.5~7.5cm 정도의 직사각형 단면 모양이다. 이처럼 십이동파도선은 3열의 대형 선재船材를 결합한 평저형이다. 중앙재의 단면은 가공된 직사각형이다. 좌우의 부재는 판재라기보다는 타원형에 가까운 통나무재에 더 가까운 형태이다. 저판을 횡으로 관통하여 장삭으로 고착한 밑판의 수밀水密 재료는 확인하지 못했다. 저판의 횡단면은 선수 쪽이 위로 솟는 만

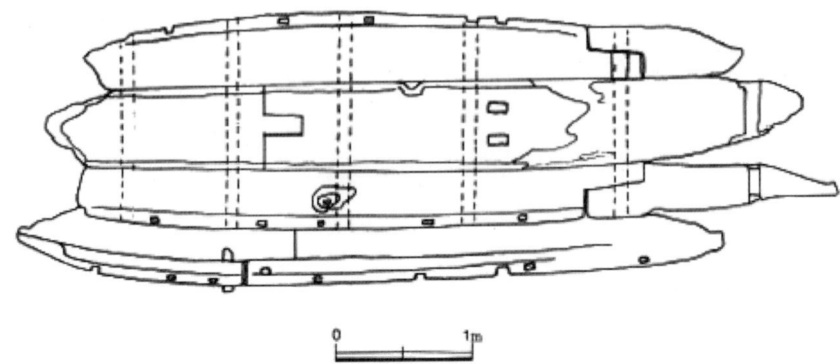

<그림 20> 십이동파 도선 저판 평면도

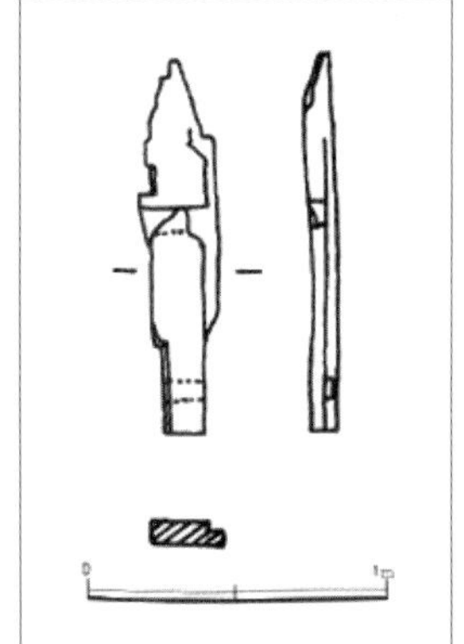

<그림 21> 십이동파 도선 외판재

곡된 형상이다. 그러나 선미 쪽 부분 선재의 유실이 너무 심하여 선박의 전체적인 구조는 확인이 어려웠다.

외판구조는 만곡종통재 상단의 홈에 홈붙이겹이음방식으로 연결하였을 것이다. 이는 만곡종통재 상단의 홈이 잘 남아있어 확인하였다. 십이동파도선에서는 외판 1편이 출수되었다. 크기는 길이 138cm, 너비 29cm, 두께 12.5cm이다. 선체에서 유실되어 심하게 훼손된 상태로 정확한 위치는 알 수 없다. 외판과 연결되는 다른 부재와 연결되는 반턱이음 형태로 접합되는 위치에 피삭구멍이 있으며, 상하단 외판의 연결을 위한 피삭구멍이 관통되어 있다. 이는 고려시대 선박에서 보이는 전형적인 구조이다. 하지만 외판 1편으로 전체적인 선형의 확인은 불가능하였다.[88]

선수구조는 발굴과정에서는 확인하지 못하였다. 하지만 선박의 외곽에서 선수판이 인양되어 선수의 결구 방법을 최초로 밝혔다. 이후 수중발굴 결과 확인된 고려시대 선박의 선수구조는 십이동파도선의 선수판과 비슷한

88 국립해양유물전시관, 2005, 앞의 책, p. 60.

구조였다. 선수판은 가로 110cm, 세로 165cm, 두께 11cm로 3개의 판재를 세로로 평직하게 결구하였다. 선수재의 위쪽 끝 단면은 반듯하게 마무리되어 있어, 덕판 등을 붙일 수 있도록 가공한 것으로 보인다. 아래쪽은 저판의 연결 홈에 부착되도록 직각면을 깎아 '∨' 형태로 가공하였다. 선수판 3개 판재는 측면에 80cm 간격으로 구멍을 뚫어 장삭으로 연결하였다. 하단에서부터 좌우 측 외면을 따라 좌우 각각 4개의 톱니바퀴형 모양 홈이 있다. 이는 2층 구조인 만곡종통재나 외판을 부착하는 홈이다. 톱니바퀴형 모양 선수판의 아랫부분이 2단의 만곡종통재와 먼저 연결되고, 3단 이후는 외판과 연결되어 선수 부분의 형태를 갖추었다.

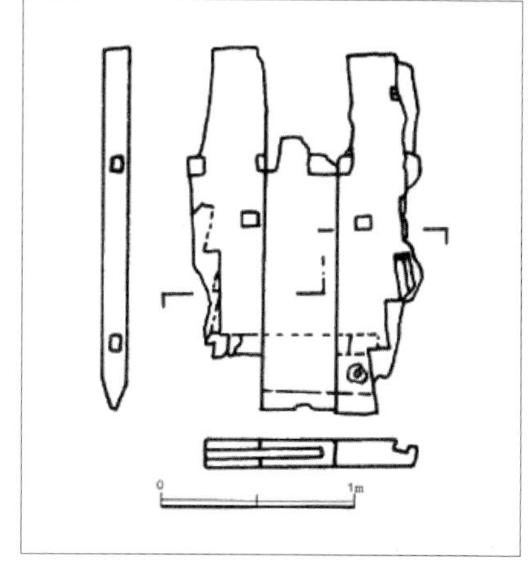

<그림 22> 십이동파도선 선수재

선미구조는 선미 부분이 완전히 유실되어 정확한 구조를 밝힐 수 없었다. 수중발굴조사로 확인된 다른 선박과 비교하면, 외판에 'ㄷ'자형 홈을 파서 선미판을 삽입하는 방식을 채택하였을 가능성이 있다.

횡강력구조는 가룡이 3구간에 걸쳐있다. 가룡 3개는 모두 만곡종통재에 결구한 것이다. 가룡은 피삭으로 저판에 직립하여 고정하였다. 상단 만곡종통재에 보이는 피삭 형태로 보아 완도선과 같이 외판을 관통한 구형矩形 피삭으로 고정하였다. 가룡은 완도선이 자연목을 그대로 사용하고 다만 양단 끝을 사각으로 가공하여 가룡 구멍에 삽입하였다. 십이동파도선은 가룡은 전체를 사각 단면 형태로 가공하였다.

<그림 23> 십이동파도선 가룡

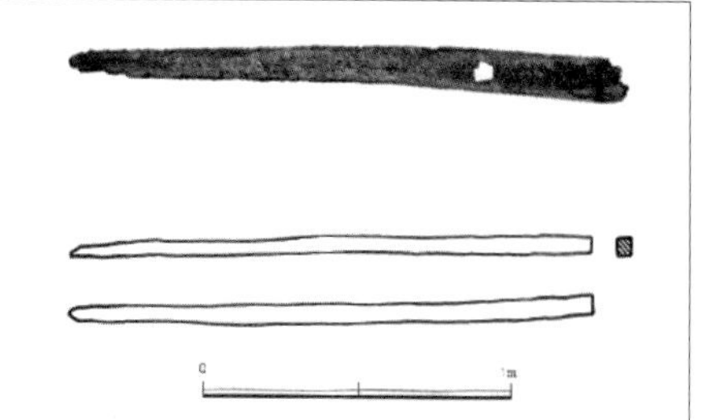

십이동파도선에 보이는 특이한 구조물은 호롱으로 닻줄을 감는 물레와 같은 형태로 선수 쪽 부근

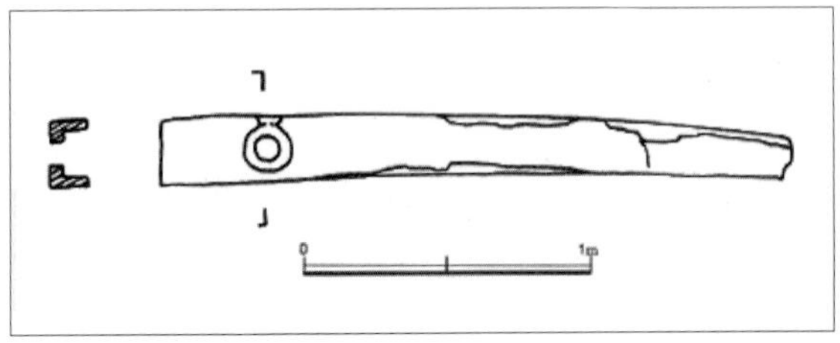
<그림 24> 십이동파 도선 호롱받침대

에 설치되었다. 호롱대는 갑판 위로 치솟아 있거나 갑판과 동일한 면에 설치되기도 한다. 근대목선 구조에서도 볼 수 있는 호롱은 닻줄을 감거나 그물을 끌어 올리는 용도이다. 십이동파도선에서는 닻줄을 감는 도구로 사용한 것이다. 호롱받침대는 완전한 구조 형태를 갖추고 있지는 않지만, 원형구멍이 있어 닻줄을 감는 호롱대를 끼운 것으로 보인다.

추진구는 돛대구멍이 중앙 저판재의 중심부에 뚫려있다. 이는 돛대를 하나 장착한 단범선으로 돛대구멍 뒤쪽과 일치하게 가룡이 시설되어 있다. 키·노 등 부속 도구는 발견되지 않았다.[89]

이외에 닻에 부착되거나 닻의 용도로 사용된 석제닻돌이 최초로 발견되었다. 십이동파도선에서 닻돌이 발견된 이후 명량대첩로, 마도해역에서 다량의 닻돌이 출수되었다.

<그림 25> 십이동파 도선 닻돌

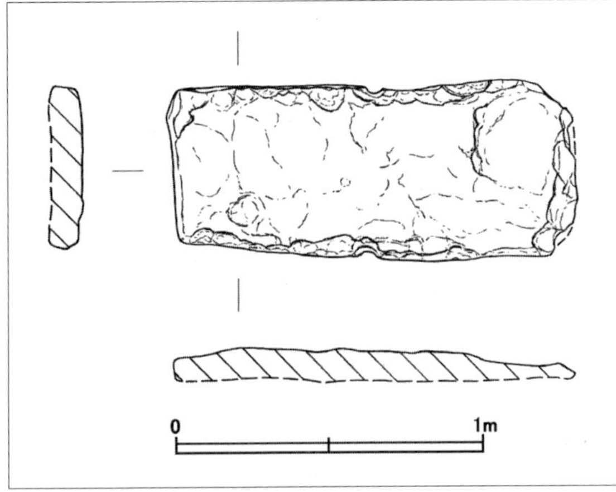

위와 같이 십이동파선의 구조적 특징은 만곡종통재를 채용한 평저형 횡단면 구조, 턱따기가 된 외판구조, 평판형 선수, 횡강력 유지를 위한 가룡, 선체 고착은 장삭과 피삭을 사용하였다. 수종 분석 결과 선체는 소나무가 주종을 이룬다. 만곡종통재 1편은 느티나무로 판명되었다. 이외에 가룡·피삭·장삭 등은

89 국립해양유물전시관, 2005, 앞의 책, pp. 229~235.
김병근, 2010, 앞의 글, pp. 136~139.

굴피나무·상수리나무이다.[90]

십이동파도선의 연대는 선체의 구조와 출수유물로 판단하였다. 발굴된 도자기 8,100여 점은 전남 해남 신덕리 일대에서 제작된 것이다. 도자기의 제작 시기는 기형, 형태 등을 종합하여 11세기 말~12세기 초로 추정하였다. 선박의 항로는 해남을 출발하여 개경으로 향하던 도중 침몰한 것으로 볼 수 있다.

<사진 5> 십이동파도선

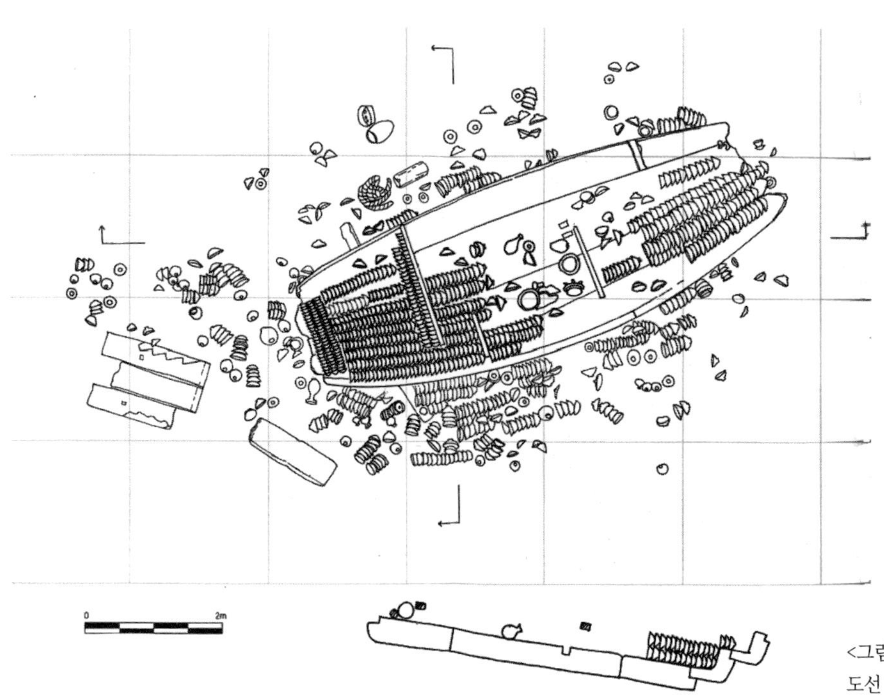

<그림 26> 십이동파도선 매몰 평면도, 측면도

90 국립해양유물전시관, 2005, 앞의 책, p. 225.

또한 도자기의 생산지, 적재 방법, 유물의 종류, 제작 시기 등도 완도선과 매우 밀접한 관계가 있다. 선박의 최하층 저판부터 완충재를 두껍게 깔고 청자를 일정하게 포개어 빈틈없이 적재한 것과 기타 유물을 종합하여, 고려시대 전기인 11세기 말~12세기 초의 청자 운반선으로 판단된다.[91]

십이동파도선은 완도선에 보이는 만곡종통재 1단[92]에 비해 만곡종통재 2단이다. 이는 통일신라시대 영흥도선의 만곡종통재 2단[93]을 이어받았다고 볼 수 있다. 영흥도선은 선체와 초본류의 방사성탄소연대 측정결과는 7~10세기의 무역선으로 추정하였다.[94] 이는 선체와 선적유물을 비교 분석한 결과이다.

<사진 6> 십이동파도 원형추정 모양 (국립해양문화재연구소, 2022)

십이동파도선은 보존처리 과정 중에 좀 더 정확한 연대측정을 위해서 방사성탄소연대측정과 연륜연대를 실시하였다. 중앙저판 2의 방사성탄소연대 측정결과 930±20AD~1115±20AD로 측정되었다. 연륜연대의 분석을 위해 4개의 부재(중앙저판 1·2, 좌저판, 만곡종통재 1)의 연륜연대 측정을 시도하였지만 연륜연대의 도출은 어려웠다. 각각의 개체연대기만 작성되었다. 개체연대기는 좌저판 48~중앙저판 151년 결과가 도출되었다. 연륜연대에는 실패하였지만 중앙저판 2는 10년 간격으로 채취한 9점에 대한 위글매치 결과 최외각 시료의 보정연대가 A.D.

91 국립해양유물전시관, 2005, 앞의 책, p. 241.
92 김병근, 2010, 앞의 글, pp. 132~133.
93 국립해양문화재연구소, 2014, 앞의 책, pp. 86~89.
94 국립해양문화재연구소, 2014, 앞의 책, p. 347.

1035~1056(95.4%, 신뢰구간 22년)으로 나왔다.[95] 이는 출수 도자기로 추정한 연대와 차이는 있지만 위글매치의 수종은 이전부터 자란 나무로 차이는 가능하다. 이러한 사실을 종합하면 십이동파도선은 고려시대 전기인 11세기 말~12세기 초이다.[96]

<사진 7> 십이동파도 출수유물

십이동파도선의 발굴과 의미는 몇 가지로 요약된다.

첫째, 십이동파도 해저에서 발굴된 유물의 총 수량은 8,700여 점 선체편이 10여 편이다. 도자기는 모두 순청자 계통에 속하는 상감청자 이전 시기이다. 기종은 대접·접시·소접시·뚜껑·호·완·유병·광구병·편병·시저받침대 등 다양하다. 주종은 대접과 접시였다. 문양은 대접에 음각연판문, 뚜껑에 당초문, 접시에 양음각화문접시 등이 보이지만, 나머지 대부분은 무문이었다. 이외에 철제솥·청동숟가락·닻돌 등이다. 발굴유물은 고려 초기 도자기 발전과정·산지추청·유통항로·선원생활사 등을 연구하는 귀중한 자료이다.

둘째, 도자기를 포장한 완충 재료가 수습되어 포장방법을 밝힐 수 있었다. 완충 재료는 주변에서 쉽게 이용할 수 있는 소나무, 짚, 갈대를 사용하였다. 도자기 적재는 종횡으로 선박의 공간을 적절히 활용하여 켜켜이 쌓았다.

셋째, 십이동파도선은 현재까지 발굴된 고려시대 선박 가운데 가장 이른 시기의 선박이다. 선체는 갑판 등 상부가 남아있지 않으나, 평저형의 저판과 만곡종통재를 비롯한 저판 연결용 장삭, 횡강력 유지에 필수적인 가룡을 갖춘 구조선이었다. 연대는 11세기 말~12세기 초로 추정된다.

95 국립해양문화재연구소, 2021, 「수중발굴 고선박 원형복원 연구 Ⅲ」, 『십이동파도선』, pp. 41~44.

96 국립해양유물전시관, 2005, 앞의 책, p. 241.

넷째, 십이동파도 발굴은 수중고고학이 체계적으로 이루어진 최초의 발굴이다. 이전의 발굴이 해군의 도움을 받았지만, 비로소 독자적인 발굴체계를 구축하였다.

마지막으로 선체의 중간 부분에서 철제솥이 발견되고, 주변에 있던 돌이 불에 그슬린 흔적이 있었다. 이는 선상에서의 식생활 공간을 확인한 것이다.

4) 안좌선

안좌선은 전남 신안군 안좌도에서 발굴하였다. 안좌선은 선수를 동북 방향으로 두고, 우현쪽으로 약 18° 정도 기울어진 채 매몰되어 있었다.

안좌선의 잔존 부분은 저판과 좌현 외판 2단, 우현 외판 7단이 결구한 상태로 묻혀 있었다. 저판 3열이 갯벌에 고스란히 묻혀 있어 선수판을 삽입했던 홈과 선미재의 존재가 확인되었다. 선체 내부에는 횡강력재 가룡이 결착되어 있었다. 특히, 선박의 대들보와 같은 역할과 돛대를 지지하기 위해 설치된 것으로 보이는 멍에형 가룡 1개가 당아뿔과 함께 조립되어 출수되었다. 안좌선의 구조적인 특징을 개설하면 아래와 같다.

안좌선의 잔존 크기는 길이 14.70m, 너비 4.53m, 깊이 1.40m 정도이다.

중앙단면구조는 평저형으로 저판 3열을 장삭으로 연결하여 평탄하게 만들었다. 선박의 좌우 양현에 외판재를 홈붙이겹이음 방식으로 붙여 올렸다. 각 단의 외판과 외판 연결은 피삭으로 고정하였다. 좌우현의 외판재는 각각 가룡을 꿰거나 걸어서 선박의 횡강력을 유지하였다. 가룡은 격벽과 같은 구실을 하는 횡강력 부재로서 선박 내부를 구획하여 창고 역할을 한다. 안좌선의 가룡은 고려 초기 완도선에 비해서 정형화되었다.

<그림 27> 안좌선 중앙단면구조

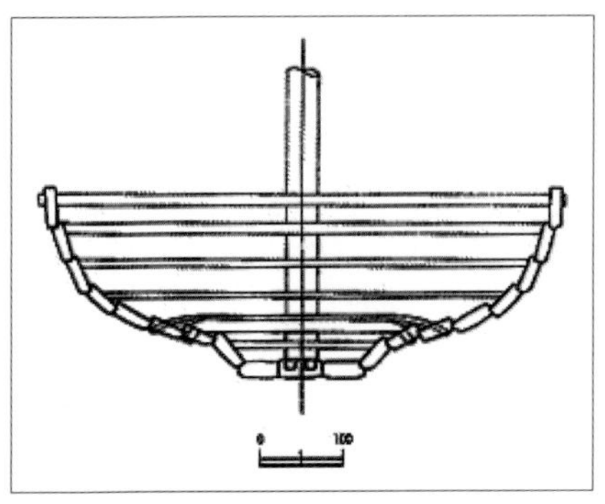

잔존 저판의 중앙 너비는 1.63m로 1.15m의 폭을 지닌 달리도선보다 폭이 넓다. 또한 안좌선의 우현 외판 7단이 잔존하고, 7단 윗면에 또 다른 외판을 결구하기 위한 'L'자형 흔적이 있어 8단 이상의 외판으로 만들었다. 외판은 대개 홀수로 이루어지기 때문에 외판 9단 혹은 11단 정도까지 유추할 수 있다.

저판구조는 선수 쪽의 저판 부분 일부가 갯벌 위에 노출되어, 선수 판재가 유실된 상태였다. 저판의 선수 부분에 저판과 선수를 결합한 '요凹'자형 홈이 남아있었다. 이는 외판 1단 선수 끝단에 선수 판재의 결착 면이 어느 정도 확인되어, 선수재 결구 방법을 알 수 있다. 안좌선의 저판은 각각 2개의 긴 저판재를 이어 1열을 이루고, 3열의 저판구조를 갖추었다.

중앙저판재는 'L' 자형 반턱 위에 '요철凹凸'의 복합된 턱걸이 장부이음의 결구 형태이다. 좌우 저판은 반턱이음 방식으로 연결하였다. 연결부분은 서로 대칭을 이루며 좌우에 위치한다. 저판은 길이 13.33m이고, 너비는 이물너비 0.89m, 허리너비 1.55m, 고물너비 0.91m이다. 저판재의 두께는 20~39cm 정도이다. 선수 저판의 폭이 선미 저판 보다 좁다.

저판은 평면상으로 선미 쪽은 3열이 모두 가지런히 마무리된 상태이다.

<그림 28> 안좌선 매몰 평면도

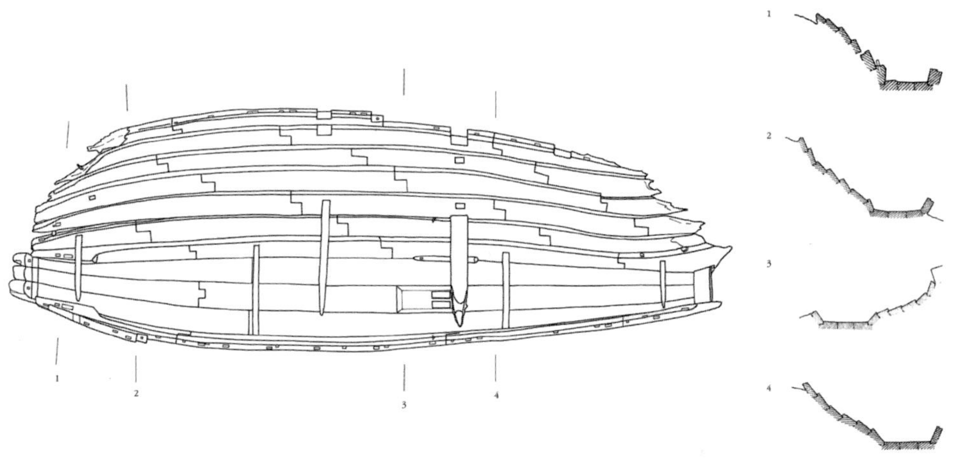

선수 쪽은 선수판재 삽입 홈보다 약 30cm가량 앞으로 돌출되어 있다. 저판 측면 형태는 선수와 선미 쪽이 치솟았다. 각도는 선수와 선미가 모두 10° 정도로 완만한 경사를 이룬다. 단면 형태는 내부 바닥 3열이 평탄한 면으로 가공하여 연결하였다. 선수의 배면 쪽은 반원형의 형태로 가공되어 있다. 좌우 저판재의 상면 가장자리에는 외판을 결구하기 위한 'L'자형 홈이 있다. 선미에는 선미판을 받기 위한 '∨'홈이 형식적으로 얕게 만들었다.

중앙저판에는 돛대를 세우기 위한 1쌍의 돛대구멍이 있다. 선수 쪽 저판의 3/5위치에 시설되어, 중앙에서 선미 쪽으로 약간 치우쳐 있다. 돛대구멍을 중심으로 저판재 상면에 100×50×10cm의 직사각형판을 가공하였다. 중앙저판 부재에 따로 부착하지 않고 직접 가공하여 저판재의 평탄한 면보다 볼록하게 튀어나온 형태이다. 이는 돛대 뿌리가 박히는 홈의 깊이를 더 깊게 하여 돛대를 보다 안정적으로 지지하기 위해 보강한 것이다. 이러한 돛대구멍은 안좌선에서 처음 보이는 독특한 구조다. 현재까지 발굴한 수중발굴 선박에서는 안좌선과 같은 구조는 확인되지 않았다.

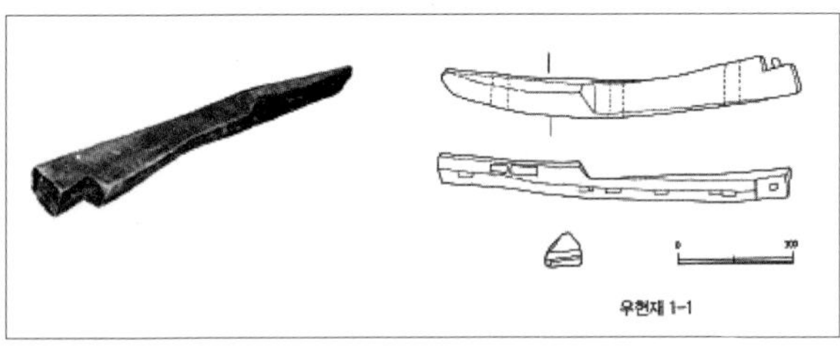

<그림 29> 안좌선 우현 1단 호롱고정받침대 외판

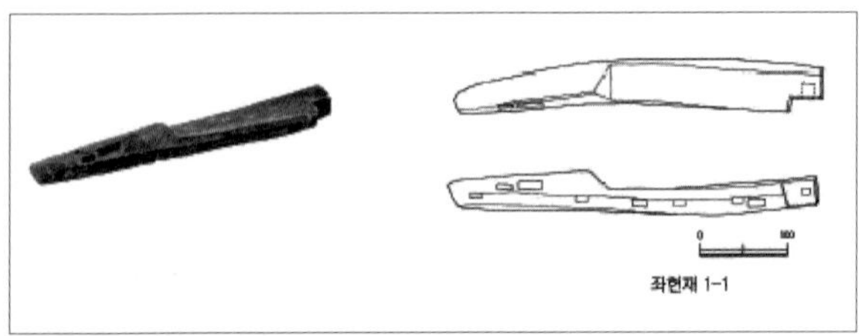

<그림 30> 안좌선 좌현 1단 호롱고정받침대 외판

외판구조는 좌현 외판 2단, 우현 외판 7단이 저판과 결구한 채 발굴되었다. 좌우현 외판 1단은 양현 모두 갯벌에 묻혀 보존상태가 양호하다. 좌현 외판 2단은 훼손이 심한 파편 1개를 제외하고 모두 유실되었다.

안좌선의 외판과 저판 연결 방법은 저판의 측면에 외판이 직접 연결되어 있다. 외판재의 크기는 일정치 않으며, 각단마다 약간의 두께와 너비 등에 차이가 있다. 선수와 선미 쪽으로 향하면서 외판 폭이 서서히 좁아진다. 선미에서 중앙부에 이르는 외판은 선형 유지를 위해 완만한 곡선 형태를 갖추고 있다. 선수 쪽은 선수재의 마감을 위해 급격한 변화를 주고 있다. 선수 외판의 급격한 휨 현상과 더불어 뒤틀림 현상이 한편의 부재에서 보인다. 이와 같은 뒤틀림 현상은 선수의 폭을 최대한 좁혀 물의 저항 줄이기 위한 것이다. 또한, 선형의 유연성과 선수 판재 결착을 고려하여 두꺼운 부재를 정교하게 가공하였다. 이는 매우 독창적이고 뛰어난 선박 건조기술이다.

특히, 안좌선은 좌우 선수 부분 외판에 호롱받침대를 세우기 위해 외판의 상단을 삼각형으로 만들어 구멍을 뚫어서 고정한 흔적이 남아있다. 이러한 호롱받침대 고정판은 안좌선이 유일하다. 이는 고려 후기로 가면서 조선 기술의 변화를 나타내는 양상으로 볼 수 있다.

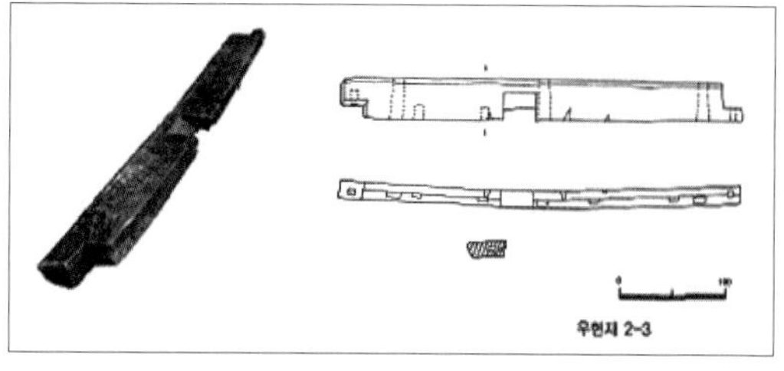

<그림 31> 안좌선 멍에형 가룡을 걸기 위한 외판

외판은 대부분 4개의 판재로 연결하여 한 단을 이루고 있다. 현재까지 발굴한 고려시대 선박의 외판 연결은 3개 판재가 많다. 안좌선의 외판은 각단을 올리는 방법은 한선의 특징인 홈붙이겹이음방식이다. 외판의 각 상연 외측에 상단의 외판을 받기 위해 'L'자형으로 턱따기를 하였다. 그 크기는 평균 너비 5~9cm, 깊이 3~4cm 내외이다. 저판재와 마찬가지로 좌우현 외판의 연결은 서로 대칭을 이루도록 만들었다. 안좌선은 최상층 우현 외판 7단이 잔존하였다. 외판 7단의 상단에

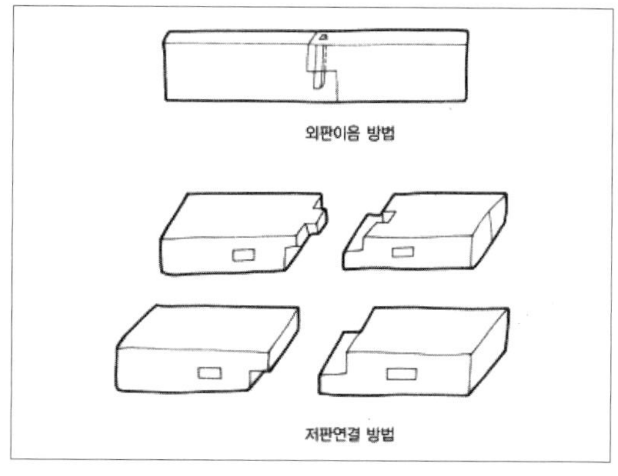

<그림 32> 안좌선 저판과 외판 연결 방법

도 외판을 받기 위한 'L'자형 홈이 있다. 이는 상단 외판으로부터 내려진 피삭구멍이 있어 8단 이상의 외판구조임을 알 수 있다. 이외에 각 단의 외판 결착은 단면에 'L'자형 반턱이음과 직사각형 단면의 피삭으로 고착하였다.

선수구조는 선수판이 유실되어 정확한 구조를 파악할 수는 없었다. 다만 저판에 선수판을 삽입했던 홈이 잘 남아있다. 이물비우로 추정되는 부재가 수습되어, 선수구조의 부분적인 추정이 가능하였다. 선수 부재가 결착되는 선수 외판 끝단 마감 부분의 경사도는 선수재가 삽입된 각도 추정이 가능하다. 이를 홈의 각과 연결하면 안좌선의 선수 경사각을 대략 가늠할 수 있다. 도상작업을 통해 살펴본 복원 각도는 약 110° 정도로 매우 급한 경사각을 보이는 직립 상태이다.

선미구조는 선미 판재 일부와 제1단 선미부 외판재가 조립상태로 남아있어, 구조를 확인하였다. 선미재에 연결되는 좌우 외판 1단은 각각 다른 외판에 비해 만듦새가 독특하다. 이는 외판 두께 20cm, 폭 45cm 정도의 판재로 앞 선재와 이어지지만, 끝부분은 두꺼운 각형재로 변형되어 마감하였다. 그리고 그 안쪽에 각각 'ㄷ'자형의 홈이 깊이 4cm×폭 4.5cm 크기의 대칭으로 설치되어 선미판을 삽입한다. 근대 한선의 경우 고물비우를 삽입하기 위해 좌우 삼의 안쪽으로 'ㄷ'자형 홈이 있는 '주목'이라는 부재를 덧대는 경우가 있다. 안좌선의 경우는 선미쪽 외판이 주목과 같은 기능이다.

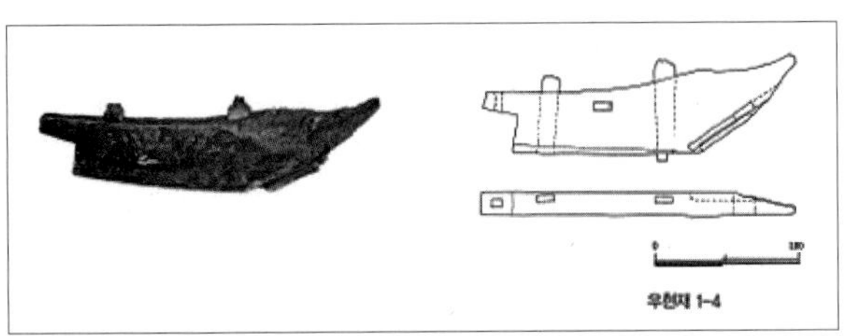

<그림 33> 안좌선 우현 선미 외판 1단 선미판재 연결

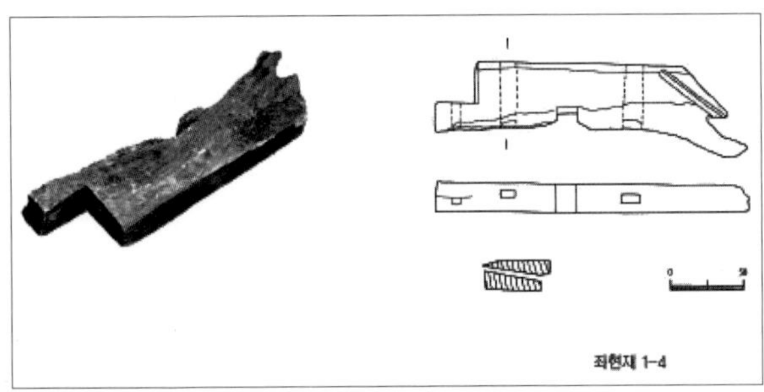

<그림 34> 안좌선 좌현 선미 외판1단 선미판재 연결

또한 선미판을 삽입하는 'ㄷ'자형 홈 내측內側에는 양쪽 외판을 지지하는 피삭을 박았다. 삽입된 피삭은 선미 판재를 움직이지 않도록 누른다. 선미판과 연결된 외판이 벌어지지 않도록 좌우현 외판을 관통하여, 피삭 끝이 외판 밖으로 튀어나와 있다. 튀어나온 피삭는 방두형산지로 고정하였다. 선미판은 상부로 향하면서 점차 넓어지는 제형梯形의 형태를 취하고, 설치 각도는 뒤쪽으로 약 120° 정도일 것으로 보인다. 또한 잔존 선미 판재는 두께 6.5cm 정도로서 15~20cm 내외의 외판과 비교할 때 상대적으로 취약하다. 이는 외판 안쪽에 있어 충격을 많이 받지 않기 때문이다. 고물비우판과 직결되는 저판재에는 얕은 'V'자 홈만 있고, 별도의 구조물이나 수밀 등 보강 흔적은 없다. 이는 결착과 수밀 등에는 취약한 구조이다.

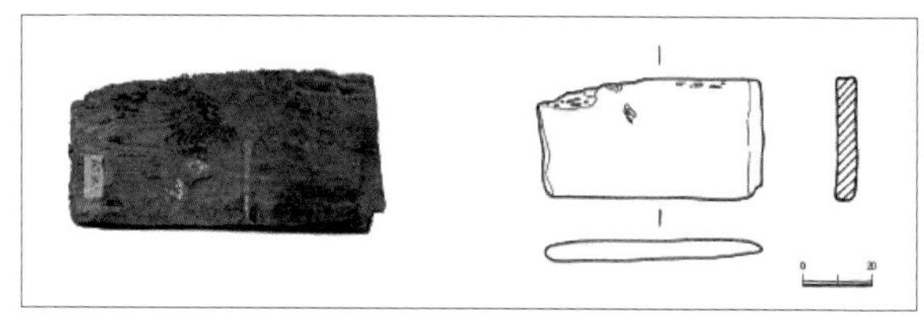

<그림 35> 안좌선 선미판재

횡강력구조는 최상단 외판이 출수되지 않았다. 따라서 갑판에 해당하는 상부 멍에 역시 모두 확인되지 않았다. 선체의 몇 구간에 걸쳐 가룡과 가룡구멍이 남아있어, 선체 좌우현을 지탱하는 구조적인 방법을 확인하였다. 가룡은 외판재의 각을 따라 사선 방향으로 외판 전 구간에 걸쳐있다. 가룡은 모두 6개가 조립상태로 남아있었다. 가룡구멍을 포함하면 잔존부의 선체에는 15개가 확인되었다. 설치 위치

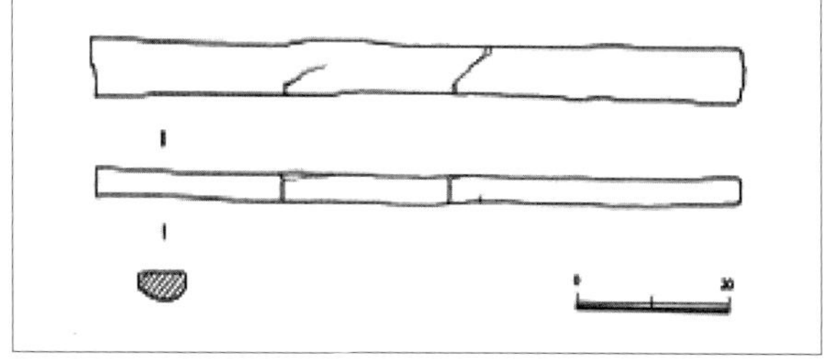

<그림 36> 안좌선 가룡

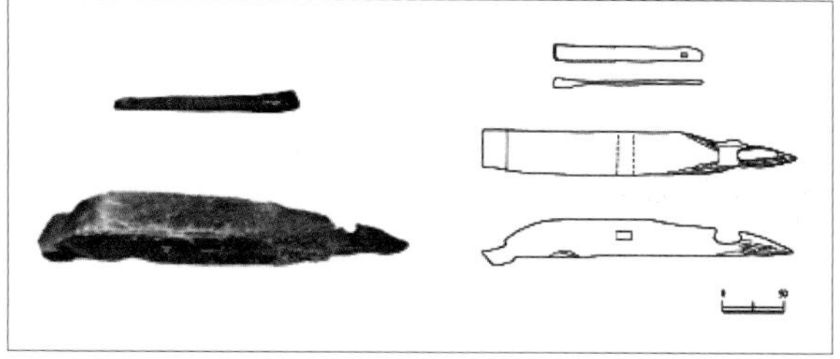

<그림 37> 안좌선 멍에형 가룡

를 살펴보면, 1단 3곳, 2단 2곳, 3단 3곳, 4단 1곳, 5단 2곳, 6단 3곳, 7단 1곳이다. 특히 선체 중앙부에 위치하면서 저판에 시설된 돛대구멍의 수직 선상에는 가룡구멍 2곳과 멍에형 가룡구멍이 외판 2단과 외판 6단에 각각 위치한다. 횡강력의 기능과 함께 돛대를 지지해주는 역할을 하는 부재이다. 멍에형 가룡은 외판 2단에 설치된 1개를 포함하여 모두 5개이다. 그중 외판 6단에 2~2.5m 간격으로 3개가 있고, 우현 외판 7단에 1개의 멍에형 가룡이 집중되어 있다. 이는 상부의 횡강력을 유지하기 위한 보강으로 보인다.

기타 구조물로 각종 부재의 결착은 장삭과 피삭으로 하였다. 저판재를 연결하는 장삭, 외판을 고정하는 피삭 그리고 고정 핀(Pin)으로 사용된 산지 등이 있다. 저판재의 고착은 3열의 저판재 측면에 장삭구멍을 내고, 저판의 폭과 같은 길이 0.54~1.15m의 사각 단면의 장삭으로 14구간에 걸쳐 삽입하여 결구하였다. 또한 여러 개의 쐐기를 박아 장삭의 결착을 견고하게 하였다. 외판재는 구형단면矩

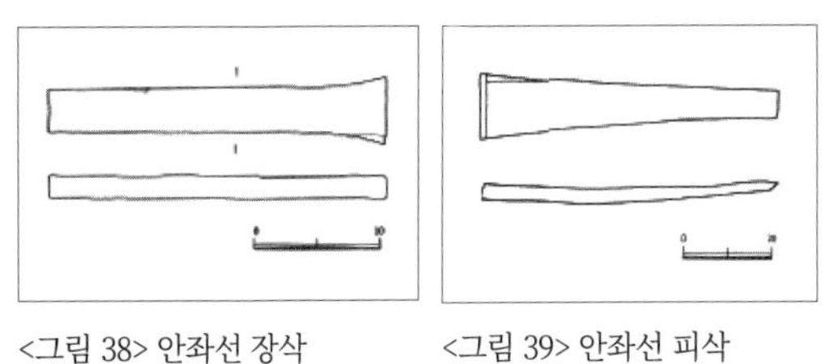

<그림 38> 안좌선 장삭 <그림 39> 안좌선 피삭

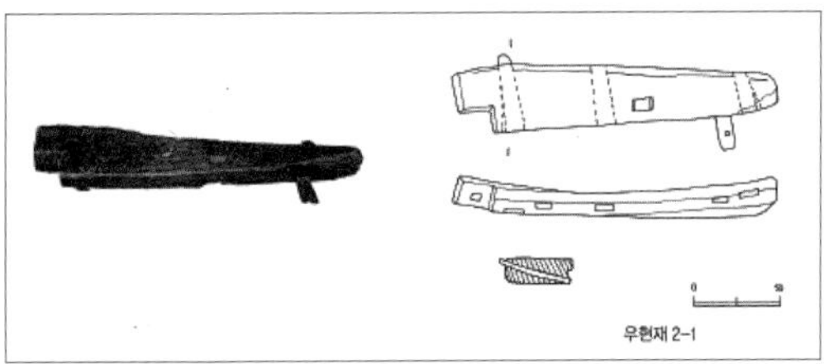

<그림 40> 안좌선 피삭이 박힌 외판

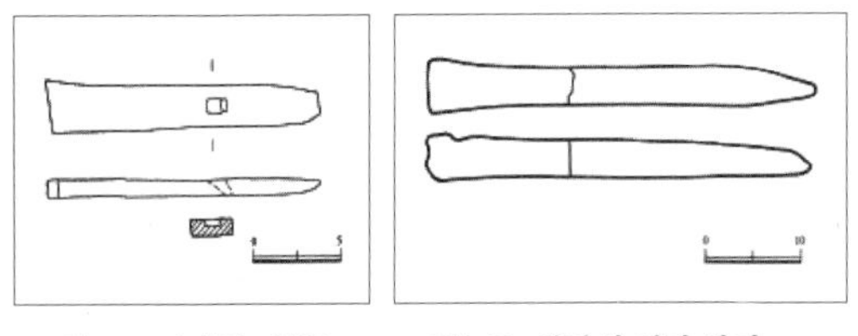

<그림 41> 안좌선 피삭1 <그림 42> 안좌선 저판 산지

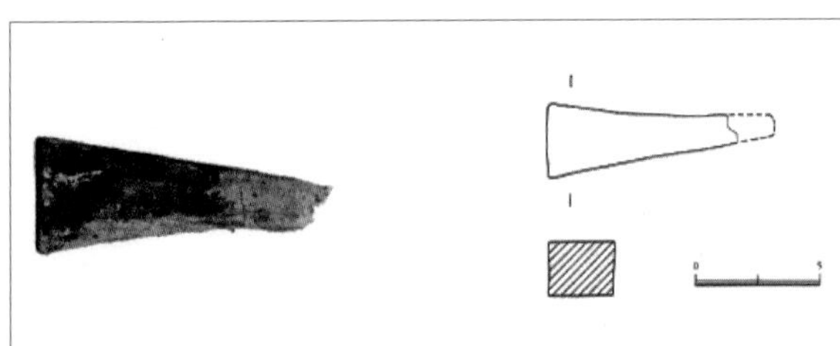

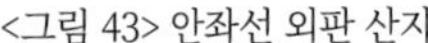

<그림 43> 안좌선 외판 산지

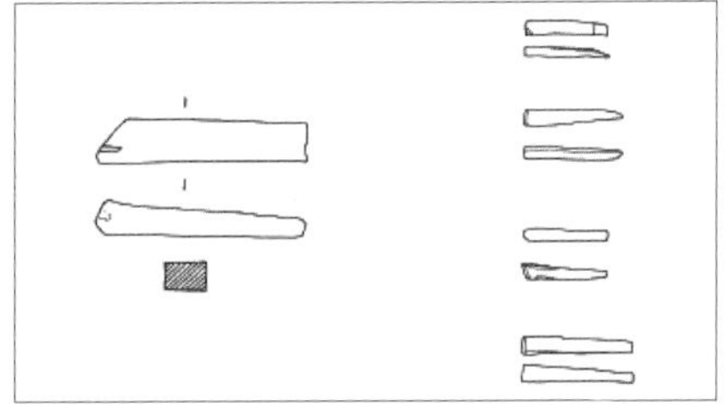

<그림 44> 안좌선 각종 쐐기

形斷面의 피삭으로 상단 외판 측면을 세로로 관통하여 하단 외판재의 일정 부분까지 구멍을 뚫었다. 그 자리까지 피삭을 꽂은 후 하단 판재의 외측부에서 각형 단면의 산지를 박아 나무못이 움직이지 않도록 고정하였다. 피삭은 대개 너비 11cm, 두께 4cm이다. 피삭 길이는 판재의 너비와 하단 외판에 삽입될 부분을 감안하여 55~70cm 내외 크기로 만들었다.

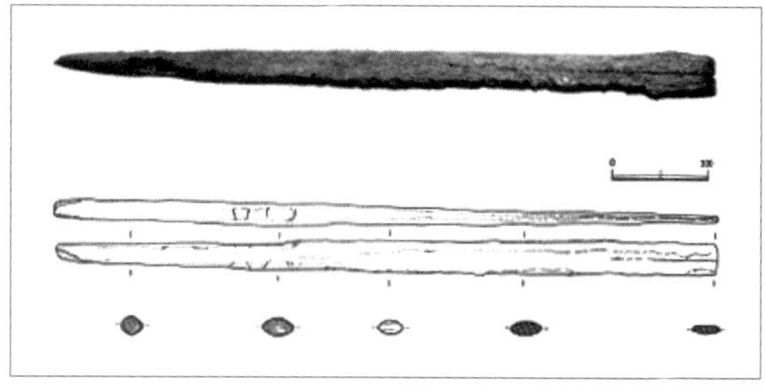

<그림 45> 안좌선 키

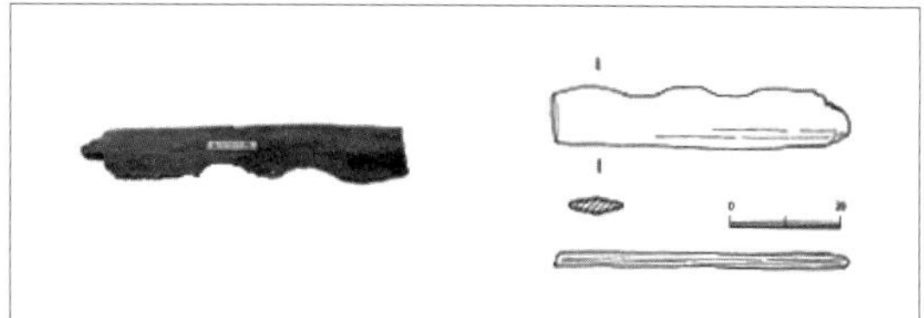

<그림 46> 안좌선 노

추진구는 돛대구멍 홈이 중앙저판재의 중심부에 위치한다. 이는 돛대가 하나인 단범선으로 추정된다. 선체 주변에서는 키[치鴟]로 추정되는 길고 엷은 대형 부재와 노櫓로 보이는 작은 목제 편이 발견되었다.[97]

위에 서술한 것처럼 안좌선은 수중발굴 고려시대 선박 중에서 가장 발달된 구조를 갖추었다. 이는 이전의 선박들에 비해, 목재의 가공이나 조선 기술 측면에서 많은 발전을 보여준다. 또한 멍에형 가룡이 여러 곳에 보여 횡강력 유지를 위한 조치를 엿볼 수 있다.

안좌선의 시대 편년은 쉽지 않았지만, 청자상감접시 2점이 시대 판단에 중요한 구실을 하였다. 선박의 구조적인 측면이 13~14세기의 달리도선과 유사한 형태지만 좀 더 발달된 구조이다. 이는 선수 부근에

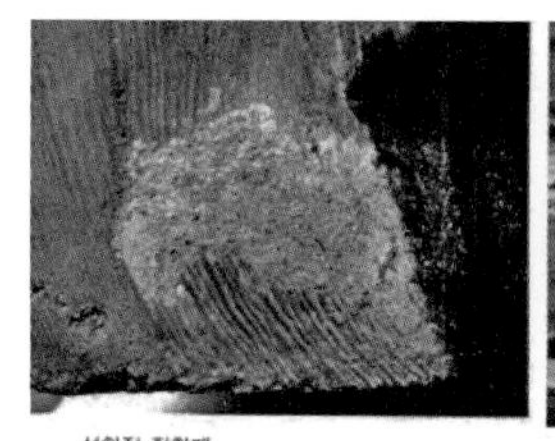

석회질 접착제

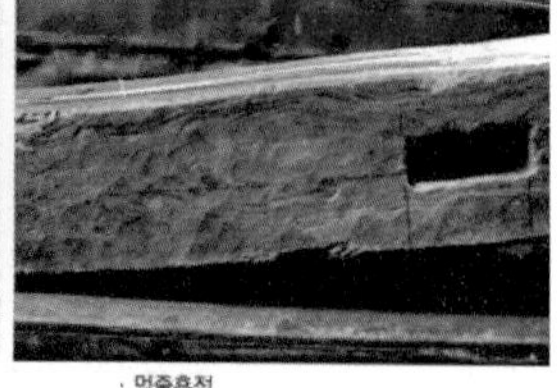

· 먹줄흔적

<사진 8> 안좌선 먹줄 흔적 선체편

97 국립해양유물전시관, 2006, 『안좌선』, pp. 74~87.

설치된 삼각 형태의 외판 부재 가공방식, 돛대 자리의 보강 기술, 수밀구조를 위해 부재 간의 결착 면에 충진재를 삽입한 흔적 등이다. 이외에도 외판 이음부에 석회 성분의 접착제 사용, 장삭구멍을 뚫기 전 목재 면에 먹줄을 그려 넣은 흔적 등이 나타나 있다. 이는 이전에 발굴한 선박에서는 확인되지 않았다. 이는 선박 건조기술이 보다 발전되고, 선박구조 역시 진보하였다.

안좌선의 구조적 특징은 평저형의 횡단면구조, 외판구조, 선수와 선미 형태, 횡강력재 가룡, 장삭, 피삭을 사용한 점 등과 선체 내부에서 발견된 도자기의 분석 등 여러 특성을 종합하면, 14세기 후반으로 추정된다.[98]

5) 대부도1호선

대부도1호선[99]은 경기도 안산시 대부도에서 발굴하였다. 대부도1호선은 발굴 선체 편의 수량이 적어서 정확한 선박의 형태 파악이 어려웠다. 대부도1호선의 잔존 선체는 선수 북서·선미 남동 방향으로 좌현 쪽이 약 20° 정도 기울었다. 대부도1호선의 구조는 아래와 같다.

대부도1호선의 잔존 선체는 길이 6.62m, 폭 1.40m, 저판 두께 24cm이다.

중앙단면구조는 확인이 불가하였다. 잔존 저판은 3열이지만, 돛대구멍을 기준으로 추정하면 5열로 판단된다. 따라서 중앙단면구조는 정확하게 확인되지 않았다. 잔존 저판 3열과 외판 1단을 종합하면, 다른 고려시대 선박과 비슷한 구조로 추정된다. 즉 평저형 구조로 저판과 외판을 직접 연결하는 방법이다. 또한 선체의 구조를 밝혀주는 저판·외판 그리고 멍에형 가룡 자리

98 국립해양유물전시관, 2006, 앞의 책, p. 92.

99 발굴보고서는 안산 대부도선이다. 이 글에서는 대부도2호선과 구별하기 위해 대부도선을 대부도1호선으로 수정하였다. 대부도1호선의 조사방법, 조사내용, 선체구조, 발굴 성과와 의의 등은 발굴보고서를 요약 정리하였다.
국립해양유물전시관, 2008, 『안산 대부도선』, pp. 25~35.

가 확인되었다.

선체는 저판 3열, 우현 외판 1단이 남아있었다. 선체는 노출로 인하여 부후가 심하였다. 저판 3열 가운데 중앙저판으로 보이는 곳에 돛대구멍 2개가 있다. 돛대구멍은 선수 쪽으로 치우쳐 있었다. 저판의 이음은 맞댄이음과 'L'자형 반턱이음이다. 한선에서 흔히 보이는 중앙저판의 이음방식은 부후로 확인하지 못하였다. 일반적인 고려시대 13세기 특징인 턱걸이 장부이음을 하였을 것이다. 다만 맞댄이음과 반턱이음 형태가 좌현 저판에서 확인되었다. 맞댄이음은 고려초기 12세기 십이동파도선에서는 보이지 않는다. 이후 고려시대 중기 13세기를 전후한 저판 연결 방식에서 보인다. 따라서 시기적으로 12세기 중후반에 나타나는 형식이다. 저판은 장삭으로 연결하였다.

저판구조는 중앙저판과 우측면에 맞대어 3열을 연결하였다. 하지만 유실된 좌측 저판을 조합하면 저판은 총 5열로 추정된다. 선수·선미 연결부위 흔적이 없다. 대부도1호선은 잔존 저판 3열 중 가장 왼쪽 저판에 돛대구멍이 있다. 이 저판부재가 중앙저판이다. 중앙저판에 돛대받침용 돛대구멍이 있어, 대부도1호선은 단범선임을 알 수 있다. 돛대받침은 선체 저판 중앙에 사각 돛대구멍을 만든 구조로서 2개의 직사각형구멍은 각각 가로 25cm, 세로 7cm, 깊이 7cm이다.

대부도1호선은 중앙저판 우측으로 2열의 저판이 더 남아있었다. 좌측 저판은 유실되었지만 좌측에도 동일하게 2열의 저판이 연결된 구조였을 것이다. 저판재를 가로로 이어주는 장삭과 장삭을 끼우기 위해 저판 측면에 뚫는 장삭구멍을 살펴보면, 저판연결 방법을 알 수 있다. 먼저 잔존한 중앙저판과 우저판 1열이 5개의 장삭으로 연결되어 있다. 우저판 1열과 연결된 중앙저판의 5개 장삭구멍은 좌측으로도 모두 뚫려있었다. 우저판 1열과 2열은 7개의 장삭으로 연결되었다. 중앙저판과 우저판 1열을 연결한 장삭과는 위치가

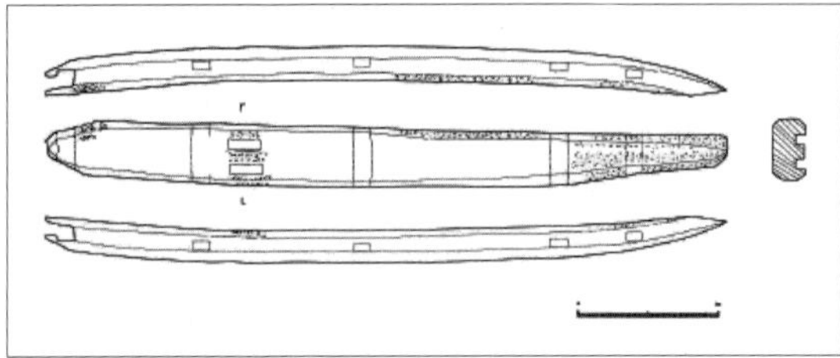

<그림 47> 대부도1호선 중앙저판

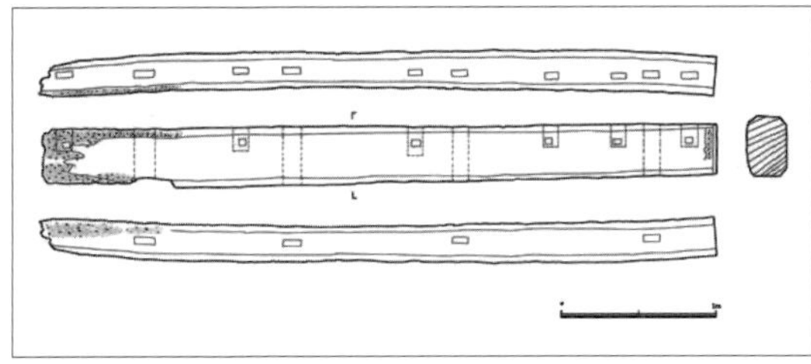

<그림 48> 대부도1호선 우저판1

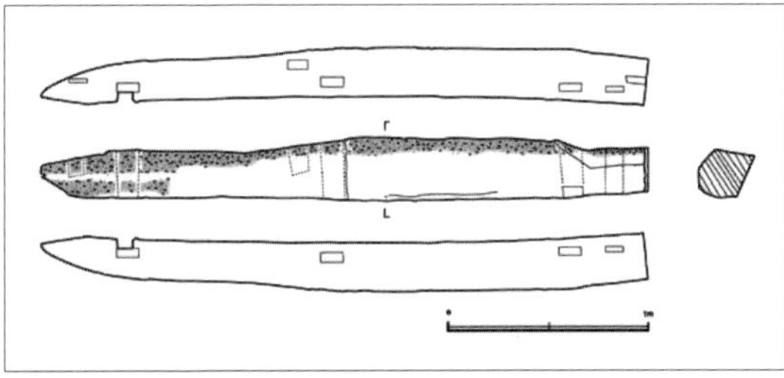

<그림 49> 대부도1호선 우외판1

달랐다. 이런 구조로 보아 대부도1호선은 중앙저판과 좌저판 1열, 우저판1열을 먼저 연결하였다. 이후 좌우측에 좌저판 2열과 우저판 2열을 연결한 것으로 추정할 수 있다.[100] 이러한 연결구조는 저판 5열 완도선에서 확인된다.[101] 우저판 2열에는 외판을 올리기 위한 턱이 따져있으며, 이 턱 위로 외판 1단이 결구되었다.

이는 저판 5열을 장삭으로 한 번에 연결하는 것보다는 3열을 먼저 연결하여, 저판의 중심을 잡고 튼튼한 결구를 하였다. 이후에 좌우에 저판 1열을 덧대어 저판의 너비를 넓히고, 다른 장삭을 연결하였다. 이는 한 번에 연결한 장삭에 비해서 유동성은 물론 저판이 암초 등과 부딪쳐도 위험이 분산될 수 있다. 저판 측면에 남아있는 장삭 구멍은 모두 7개이다.

외판구조는 외판이 저판과 결구한 우현 외판 1단이 남아있었다. 2개의 판재를 연결하여 상면 외측에 'L' 자형 턱을 따고 상단 외판을 받아 붙이는 홈붙이겹이음방식이다. 크기는 길이 5.7m, 너비 33cm, 두께 15~20cm 이다.

---

100 안산 대부도1호선 수중발굴조사보고서에 실린 대부도1호선 평면도는 오류가 있어 정확한 저판 연결구조를 파악할 수 없었다. 이에 이 글에서 저판의 장삭 위치를 간략하게 수정하였다.

101 지금까지 수중발굴조사된 고려시대 선박은 10척이며, 5열의 저판은 완도선, 대부도1호선, 마도3호선이다. 마도3호선은 선체를 인양하지 않아 정확한 저판 연결 방법을 알 수 없다.

외판의 중간 지점에 멍에형 가룡을 연결하였던 흔적이 남아있다. 외판의 전후에 가룡 구멍이 있다. 저판과 결착은 피삭을 사용하였다.[102]

대부도1호선은 선체 잔존 수량이 적어 선체의 정확한 규모는 알 수 없었다. 외판 접합방식, 부재 등은 달리도선, 안좌선과 유사한 구조이다.[103] 위에서 언급한 것처럼 3열의 저판 가운데 중앙에 있어야 할 돛대구멍이 있는 저판재가 한쪽으로 치우쳐 있다. 이는 1984년도에 발굴한 완도선과 같이 5열의 저판재를 채용한 선박으로 볼 수 있다.[104] 또 선박의 내부 바닥에 해당하는 저판재 상면은 대체적으로 평평한 상태이다. 배면背面은 통나무를 반으로 잘라놓은 것과 같이 반원형에 가까운 모양이다. 저판재 측면에 나타나 있는 장삭 결구는 저판을 한 번에 관통하지 않았다. 중간 3열의 저판을 장삭으로 고착한 다음 좌우의 저판재를 고착하는 방식이다. 그러나 저판과 외판의 결착은 중간역할을 하는 만곡종통재 구조는 보이지 않았다. 달리도선과 같이 저판재에 직접 결착하는 방법으로 완도선보다 발달된 형태이다. 이는 완도

<사진 9> 대부도1호선 만조 시 상태

<사진 10> 대부도1호선 노출선체

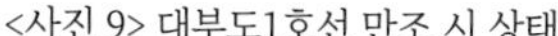

102 국립해양유물전시관, 2008, 앞의 책, pp. 25~35.

103 달리도선과 안좌도선은 선체와 유물의 고찰로 13~14세기 고려시대 선박으로 추정된다. 김병근, 2010, 앞의 글, pp. 135, 144.

104 문화재관리국, 1985, 앞의 책, p. 110.

선보다 늦은 시기임을 알 수 있다. 따라서 대부도1호선의 연대는 13세기 이후로 추정할 수 있다. 대부도1호선의 시대구분은 다음 장에 대부도2호선과 선후 관계를 새롭게 다루었다.

대부도1호선의 수중분석 결과 선체는 소나무, 구조재인 장삭과 피삭은 상수리나무를 사용하였다.[105] 선수와 선미, 외판, 호롱[碇輪], 멍에, 가룡, 돛대, 키 등은 모두 유실되었다.

현재까지 발굴한 십이동파도선과 완도선은 만곡종통재가 보이는 11세기 후반에서 12세기 초기의 특징을 나타내는 고려 선박으로 중앙저판 부재에 '장부이음[凹凸]'형태의 연결부를 취하고 있다.[106] 마도2호선도 장부이음구조이다.

이후 시기적으로 장부이음보다 늦은 시기에 해당하는 턱걸이 장부이음은 대부도2호선에서 확인되었다. 이외에도 턱걸이 장부이음은 마도1호선, 달리도선, 안좌선에서 보인다.

대부도1호선은 장부이음 형태가 확인되지는 않았다. 만곡종통재가 없다는 것은 13세기 이후 고려 선박의 특징을 보인다. 아울러 만곡종통재가 시설되지 않아 선박 제조 방법에 변화가 나타났음을 알 수 있다. 이는 대부도1호선이 대부도2호선 보다는 시기적으로 늦은 시기에 만들어졌을 가능성을 제시한다. 선체의 크기는 12세기 초 완도선[107] 보다 큰 규모의 선박으로 추정된다.

---

105 윤용희, 2008, 「대부도선 수종분석」, 『안산 대부도선』, 국립해양유물전시관, p. 66.

106 국립해양유물전시관, 2005, 앞의 책, p. 231.
문화재관리국, 1985, 앞의 책, p. 112.

107 기존 완도선의 시대 편년은 만곡종통재 1단 구조와 도자기의 특징을 중심으로 11세 중후기로 편년을 하였다. 하지만 십이동파도선이 만곡종통재 2단 구조를 갖추고, 도자기의 시대 편년이 11세기말에서 12세기 초기로 추정되었다. 또한 완도 출토 도자기를 분류하여 정리한 보고서 작성한 필자가 도자기를 12세기 초기로 수정하여, 이후 완도선의 편년을 기존의 11세기에서 12세기로 수정하였다. 현재는 이에 대한 별다른 이견 없이 수용하고 있다.

이를 종합하면, 대부도1호선은 저판구조와 저판과 외판 연결은 만곡종통재를 시설하지 않았다. 선수, 선미, 호롱[정륜碇輪], 멍에, 가룡, 돛대, 키, 등은 모두 유실되고 남아있는 선체편은 저판 3열구조의 저판 5편과 외판 2편 등 7편이다.

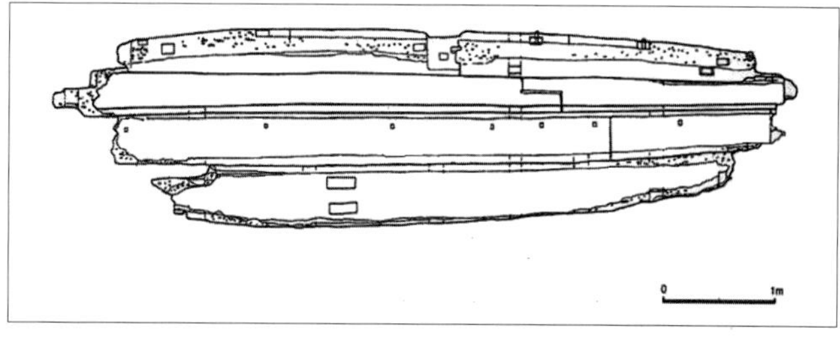

<그림 50> 대부도1호선 평면도

이외에 선체 외곽에서는 시대 편년을 밝힐 수 있는 청자 편과 옹기 편이 확인되었다. 대부도1호선의 연대는 보고서에 연대를 주변에서 수습된 도자기 등을 비교하여 12~13세기로 넓게 추정하였다.[108]

대부도1호선의 출수유물은 선체의 외곽에서 고려시대 선체 잔해와 도자기 편이 수습되었다. 도자기는 편이 수습되어, 선체의 상대연대를 파악하였다. 주민들에 의하면 오래 전부터 선체 주변에 많은 도자기가 흩어져 있었다고 한다. 또한 도기·기와 편도 일부 확인하였다.[109]

도자기는 자기와 도기로 분류되며, 자기는 청자 5점 백자 1점, 도기는 호·옹·동이·시루 편으로 분류된다.

도자기는 굽의 형태나 번조燔造 시 받침, 태토와 시유상태 등을 볼 때 양질의 자기들은 아니며, 생활자기로 보인다. 또한 음각청자류가 공반되고, 내화토받침과 비색청자류에 규석받침이 보이는 등 경기도 용인 서리의 백자Ⅱ기 유형에 속하는 유물의 양상과 유사하다. 용인 서리의 백자요지의 Ⅱ기 유

108 국립해양유물전시관, 2008, 앞의 책, p. 52.

109 안산 대부도1호선 발굴조사를 통해 수습된 도자기 및 도기 등은 선체와 직접적인 연관성이 확인되지는 못하였지만, 주변에서 수습되어 선체와 연관 및 시대 편년을 설정하는데, 참고하기 위하여 정리하였다.

<사진 11> 대부도1호선 주변 수습 도자기 편

물의 제작연대는 상한이 10세기 말 이후이고, 하한은 13세기 무렵으로 보고 있다.

대부도1호선 주변에서 수습된 청자 편 중 청자음각연판문접시편과 청자음각앵무문접시편은 부안과 강진에서 많이 제작된 기형으로 군산 비안도 해저에서 출수된 청자와 문양, 기형 등 조형적인 특징이 유사한 양상을 보인다. 또한 대부도 수습 청자 편은 내화토비짐받침과 규석 받침이 확인되는 것으로 보아 고려 12세기 중후반에서 13세기 전반에 해당하는 유물로 보인다.

수습된 도기는 회청색, 흑갈색의 경질도기와 회갈색, 흑색의 연질도기로 분류된다. 문양은 대부분 타날문과 돌대문이다. 기형은 옹과 항아리 등으로 추정되는 기형이 주를 이룬다. 바닥은 평저이고 몸체는 물레 흔적이 보이는 등 고려 중기에 제작된 양상을 보인다. 고려 중기의 도기들은 기벽이 초기보다 두꺼워지고, 드물게 쇳소리가 날 정도의 경질도기도 제작되었다.

기와 편은 어골문이 주류를 이루며 무문과 변형어골문도 확인된다. 고려시대 기와는 어골문과 여기에 다른 문양이 복합되는 것이 주류를 이룬다. 어골문은 고려 초기부터 발전되어 11세기경 문양으로 전성기를 맞으며, 13세기 말까지 정제된 형태를 하고 있다.

이를 종합하면, 유물의 제작연대는 자기, 도기, 기와의 양상으로 보았을 때 고려 중기인 12세기 후반 또는 13세기 초반에 제작된 것으로 추정된다. 아울러 선체 내부에서 수습되지는 않았지만 제작지나 제작 시기로 보아 선체와 관련성도 유추할 수 있다.[110]

110 국립해양유물전시관, 2008, 앞의 책, pp. 50~51.

6) 태안선

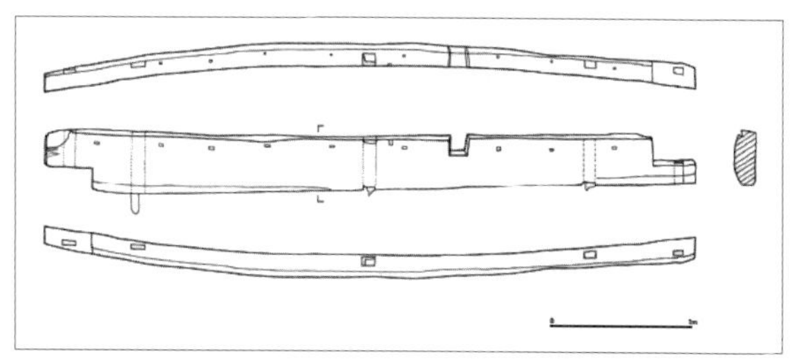

<그림 51> 태안선 외판 1단 피삭 연결

태안선泰安船은 2007~2008년 충청남도 태안군 근흥면 대섬 해역에서 발굴하였다. 태안선은 출수유물을 인양한 후 맨 아래에서 선체가 확인되었다.

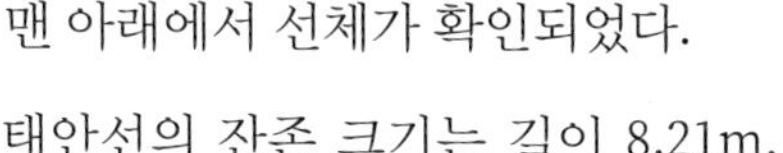

태안선의 잔존 크기는 길이 8.21m, 폭 1.5m이다. 노출된 선체는 외판 4단이 남아있었다. 저판 등 나머지 부분은 유실되었다.

따라서 태안선의 구조는 외판을 중심으로 정리하였다.

외판구조는 외판 4단 6편이 출수되었다. 잔존 선체의 외판 2편은 길이 약 8m이다. 이를 근거로 양쪽에 1편씩 외판이 연결되면, 외판 길이 20m 내외로 안좌선과 비슷한 크기로 추정된다. 외판 1단의 결구 방식은 피삭을 사용하여 상단 외판에서 수직으로 관통, 하단의 외판 중간까지 연결한 다음 하단 외판에서 산지로 고정하였다.

하지만, 외판 2·3·4단은 상단 외판의 하단 부분에서 하단 외판의 상단 부분으로 45° 관통하여 산지로 결구하는 새로운 형식이 나타난다. 그리고 다른 선박에 비하여 외판의 두께가 얇다.[111] 외판 연결 방식은 외판의 두께가 얇아 연결방식을 달리하였을 가능성이 있다.

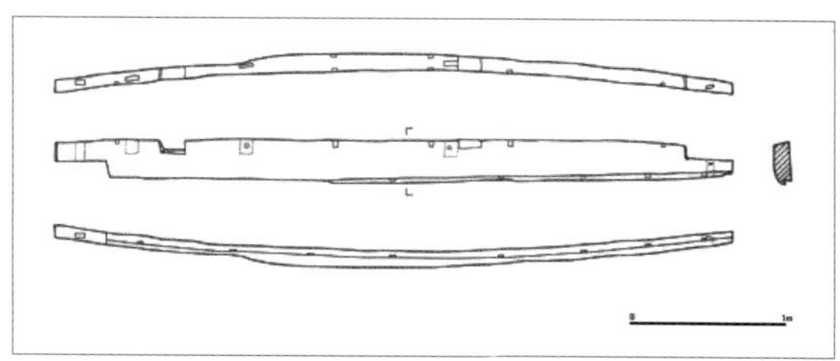

<그림 52> 태안선 외판 4단 피삭연결

외판 외에 닻돌과 호롱부재, 밧줄이

111 태안선은 구조적인 측면에서 발굴 선체가 외판에 한정되어 있고, 외판의 피삭 결구 방법도 달라 시대구분을 위한 자료의 활용은 목간의 절대연대와 도자기 편년을 중심 서술하였다. 국립해양문화재연구소, 2009, 『고려청자보물선』, pp. 350~365.

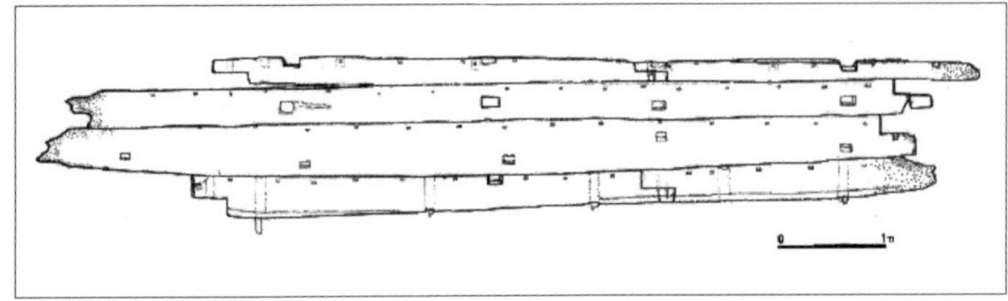

<그림 53> 태안선 외판 평면도

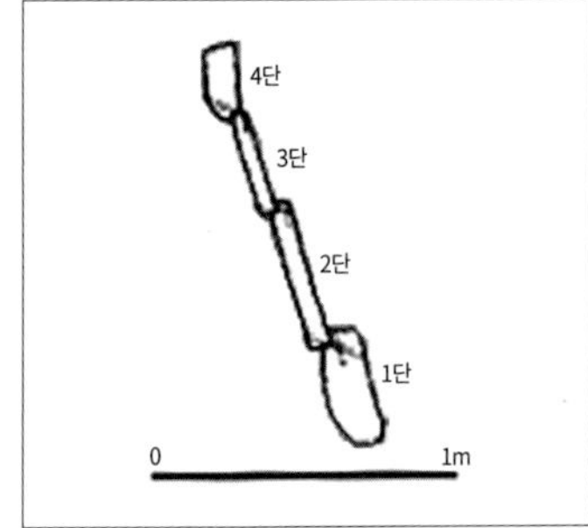

<그림 54> 태안선 외판 단면과 피삭연결

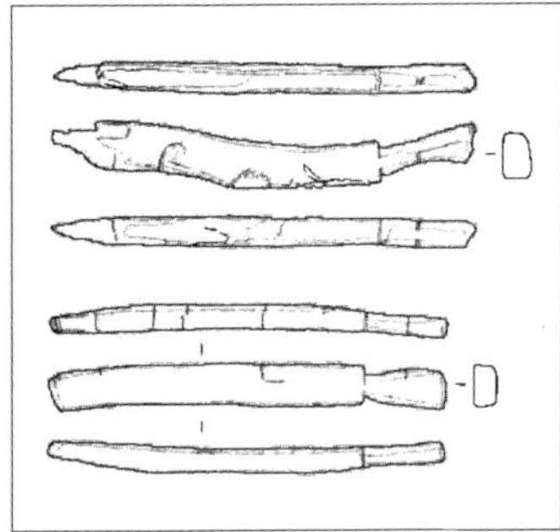

<그림 55> 태안선 호롱부재(가지)

출수되었다.

호롱부재는 호롱가지 부분이 출수되었다. 현재까지 호롱 관련 출수 유물은 호롱 받침대가 십이동파도선, 호롱몸체와 몸체에 부착된 가지와 밧줄이 대부도2호선에서 확인되었다. 태안선의 호롱 부재는 회전체로 사용되는 호롱가지로 보인다. 보고서에는 호롱 회전체 구조로 닻을 인양하거나 정박하는 도구로 추정하였다. 호롱가지는 총 5점으로 수종은 상수리나무였다. 호롱가지 길이는 69cm 내외, 폭은 6.5cm 내외이다. 호롱가지를 상수리나무로 만든 것은 선체를 만드는 소나무에 비해 강도가 좋다. 이는 닻을 올리고 내리는 데 힘을 많이 받기 때문에 강도가 좋은 나무를 사용하였다.

닻돌은 고려시대 선박을 발굴하면 대부분 출수된다. 이는 정박이나 항해 중에 문제가 생기는 선박을 제어하기 위한 중요한 도구이다.

밧줄은 칡으로 만들었다. 두께는 대형 지름 7cm, 소형 지름 4cm이다. 닻줄이나 정박용으로 사용된 것으로 보인다.[112]

태안선의 정확한 연대는 출수 목간으로 판독하였다. 이는 고려시대 청자 25,000여 점과 함께 태안선에는 선박에 실린 화물의 물표로 쓰인 목간 20점이 발굴되었다. 목간 판독과 연구를 통해 최근 2점의 목간에서 '신해辛亥'라

112 국립해양문화재연구소, 2009, 앞의 책, pp. 366~369.

는 간지를 판독했다. 이는 태안선이 1131년에 난파되었다는 사실을 가리킨다.[113]

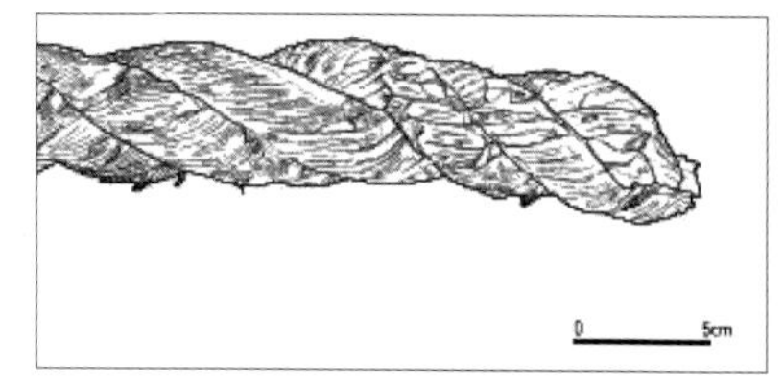

<그림 56> 태안선 밧줄

태안선에서 발견된 고려시대 목간의 판독 결과 도자기의 제작은 전남 강진 용운리로 밝혀졌다. 도자기 특징을 고찰하여 제작 시기가 12세기로 당시의 도자기 수요·공급 등을 밝혔다. 선체는 외판으로 시대 편년은 어렵고, 목간과 유물을 통하여 12세기 중반으로 추정된다.

또한, 선체의 나무의 나이테로 연륜을 측정하는 연륜 연대분석과 방사성탄소연대측정 중 방사성탄소연대의 오차를 30년까지 줄일 수 있는 위글매치법을 적용하여 태안선 선체 편의 연대를 측정하였다. 그 결과 태안선은 1126~1150년(신뢰구간 95.4%)에 벌채된 나무로 제작된 것으로 밝혀졌다. 태안선에 실린 도자기가 12세기 중반에 생산된 것이라는 연구 결과와 일치하는 결과이다. 이는 도자사 연구에도 획기적인 시대 편년의 기준을 제시하였다.

목간 판독과 선체에 대한 자연과학적 분석, 도자기 연구 결과를 종합하면 태안선은 신해년辛亥年에 탐진耽津(현재 강진)에서 만들어진 도자기를 싣고 개경으로 향하던 중 태안 대섬 해역에서 침몰하였다는 역사적인 사실을 확인하였다.[114] 이는 고려시대는 초기부터 후기까지 도자기를 가득 적재한 운송선박이 수시로 왕래한 사실을 명확하게 증명한다. 수중발굴에서 확인된 도자기 운송 선박은 완도선, 십이동파도선, 태안선 등이다. 도자기 운반선이 독립적으로 운영되었다는 것은 고려시대 도자기가 주요 화물로 국가기관은

113 신해로 판독된 글자를 신미辛未로 보는 견해도 있다. 하지만 태안선의 연대는 12세를 벗어나지는 않는다.

114 문화재청, 2011. 12. 29보도자료, 「태안선(泰安船), 1131년에 난파되다 -인문·자연과학 공동 연구로 밝혀진 태안선의 연대-」.

물론 민간 영역까지 널리 유통되었음을 증명한다.

7) 마도1호선

마도1호선은 충남 태안군 마도해역에서 발굴하였다. 마도1호선은 절대연대가 확인된 최초의 고려시대 선박이다. 선체 내부의 출수 목간에 정묘丁卯·무진戊辰의 간지가 기록되어 있었다. '김순영金純永'이라는 죽찰 6점도 출수되었다. 김순영의 활동 시기와 연결하여 정묘·무진이 1207년과 1208년이라는 사실이 밝혀졌다.[115] 이는 마도1호선과 출수유물이 문헌에서 밝히지 못한 고려시대의 선박사, 도자사, 생활사, 화물 유통 등 다양한 고려시대사 연구에 획을 그었다.

마도1호선은 선체가 서-남동쪽으로 향하고 있었다. 선체는 거의 기울어짐 없이 매몰되어 있었다. 선체가 바로 가라앉은 다음 형체를 그대로 유지한 채 매몰되었다. 마도1호선의 잔존구조와 특징을 정리하면 아래와 같다.

마도1호선의 선체는 잔존 길이 10.8m, 너비 3.7m로 총 40편의 부재가 남아있었다. 잔존구조는 저판, 외판, 가룡, 멍에형 가룡, 선수, 기타 구조물 등이다. 구조별 편수는 저판 7열 23편, 선수 7열 7편, 좌현 외판 2단 6편, 우현 외판 3단 9편, 가룡목 2편, 멍에형 가룡 2편, 받침 구조물 11편 등 선체 편이 출수되었다.

중앙단면구조는 저판 7열, 좌현 외판 2단, 우현 외판 3단이 남아있었다. 마도1호선의 특징은 중앙저판을 제외한 나머지 부재들이 기존의 부재들과 다르다. 기존 발굴 선박 부재의 단면 형태는 장방형長方形인 데, 마도1호선은 거의 원통형의 형태에 가깝다는 것이다. 이는 선박이 전체적으로 육중하고

115 임경희, 2010, 「마도1호선 목간의 분류와 주요내용」, 『마도1호선』, 국립해양문화재연구소, p. 618.

튼튼한 느낌을 준다. 저판구조는 고려선박 가운데 처음으로 7열을 갖춘 평저형 선박이었다. 중앙저판의 연결은 턱걸이 장부이음방식이다. 이외에 좌현 외판 2단, 우현 외판 3단이 저판과 연결되어 중앙단면구조를 이룬다.

저판구조는 저판 7열 구조를 갖추었다. 하지만 선박의 구조를 확인한 결과, 마도1호선은 저판 7열로 보기에는 고려할 점이 있다. 저판 좌우의 끝부분은 중간 부분 5열의 저판 보다는 위치가 상대적으로 높다. 특히 선수와 선미 쪽에서는 더욱 심하게 위로 치솟아 있다. 저판의 고정에 사용되는 장삭으로 마감하는 모습을 측면에서 확인하였다.

그리고 저판의 부재에 홈이 없이 바로 외판에 연결되는 구조일뿐만 아니라, 저판 부재들이 가룡으로 연결되어 횡강력 역할을 한다. 이러한 저판 연결 방법은 저판으로만 보기는 어렵다. 일반적인 만곡종통재로 보기에도 문제점이 있다. 따라서, 이 부재는 저판 형태지만, 만곡종통재가 완전히 사라지기 전 과도기적인 형태로 보는 것이 타당하다.

저판의 형태는 선수·선미가 위로 휘어 올라가는 형상이다. 선수가 선미

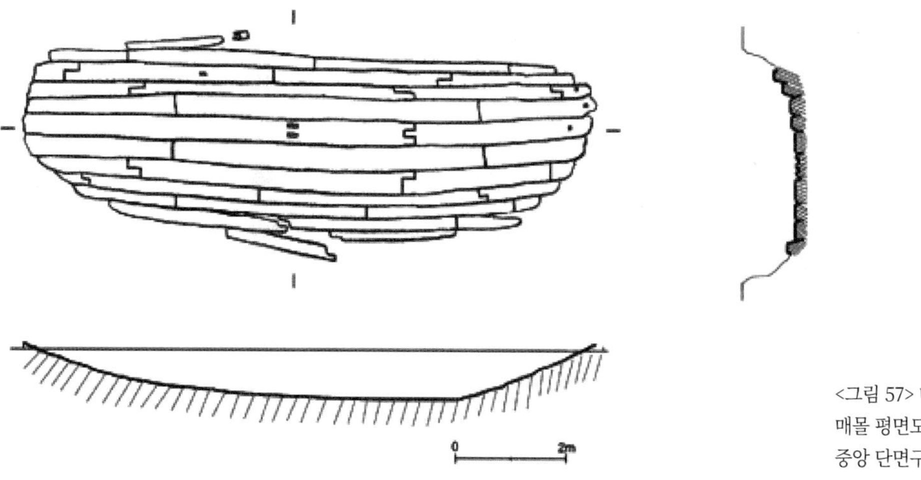

<그림 57> 마도1호선 매몰 평면도, 중앙 단면구조

보다 넓고, 선수의 1/3지점이 가장 넓다.[116] 마도1호선의 선체를 구성하는 편들은 휨이 있는 원통형 나무를 좌우 측면과 윗면을 깎아 연결하였다. 또한 윗면 좌우 현의 모서리는 일률적으로 따낸 형태이다.

저판의 이음구조는 중앙저판은 턱걸이 장부이음, 좌우 저판은 세로형 반턱이음, 세로형 맞댄이음방식을 사용하였다. 선수와 선미는 맞댄이음이다.

턱걸이
장부이음
세로형
반턱이음
맞댄이음

저판의 연결구조는 두 가지 방법이다. 첫째, 중앙저판과 좌우현에 붙는 3

116 국립해양문화재연구소, 2015, 「고려시대 조운선(마도1호선) 복원 보고서」, 『전통선박 조선기술 V』, pp. 93~97.

열을 먼저 연결한다. 둘째, 중앙저판과 연결된 3열에 좌우 2열을 다시 연결하는 방식이다. 이는 중앙저판의 좌우 저판을 양 측면에 직사각형의 구멍을 뚫어 장삭을 박고, 산지를 박아 장삭을 고정한다. 이후 3열에 속한 부재를 좌우로 관통되게 사각형 홈을 뚫고 2열에 박히는 쪽 외부에 위치한 측면에 사각형 홈을 파는데, 좌우로 홈이 관통되게 뚫는 것이 아니라 중간 정도까지 홈을 뚫어 장삭 촉이 박힐 수 있도록 하여 장삭을 박아 연결한다. 이후 위에서 산지를 박아 장삭을 고정한다.

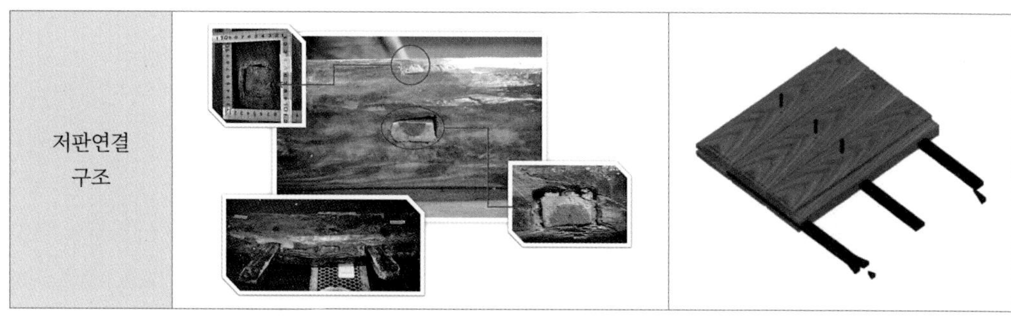

돛대가 설치되는 중앙 부재의 경우 돛대를 잡아주는 두 개의 돛대구멍이 있어 단범선임을 알 수 있다.

외판구조는 외판의 상하 부재 연결 또한 홈붙이겹이음방식을 사용하였다. 저판과 외판의 장삭과 피삭은 산지를 이용하여 고정하였다. 외판의 이음방식은 수중발굴 고려시대 선박에서 보이는 반턱이음이다. 외판의 모양은 대부분 반원형 단면을 띠고 있다.[117] 외판은 곡曲이 있는 원통형의 통나무를 그대로 사용하였다. 저판의 선형에 맞추기 위해 휨, 뒤틀림 형태의 3면을 깎아 다듬고 상부에 'L'자형 턱을 만들어 상단과 연결하였다.

117 국립해양문화재연구소, 2010, 『마도1호선』, pp. 292~345.

외판은 좌현 외판 2단까지 확인되었다. 선체 편은 길이 10.02m이다. 우현은 3단까지 확인되었다. 선체편은 길이 9.79m이다.

저판과 외판 연결 방법은 수중출수 선박 중 처음으로 쪽매방식[118]이 확인되었다. 저판과 외판 연결이 마도1호선을 통해 홈으로 연결하는 방법과 턱을 따서 연결하는 두 가지 유형이 사용되었음을 알 수 있다.

선수구조는 십이동파도선과 비슷한 형태가 마도1호선에서 출수되었다. 최대길이 2.89m, 최대폭 2.25m, 최대두께 20cm로 7개의 부재를 장삭으로 연결하였다. 선수판의 양쪽 끝은 톱니바퀴형 모양으로 양쪽 끝을 외판에 결구하는 홈이 있다. 선수 부재 밑 부분은 'V'자형으로 가공하여 저판과 연결하였다.[119]

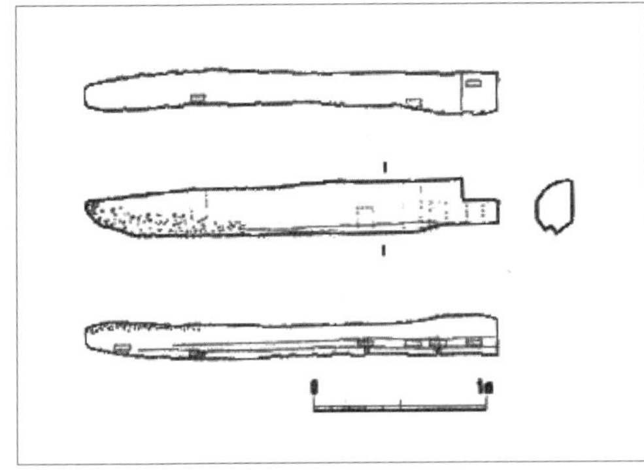

<그림 58> 마도1호선 우외판(3-2)

선수재 연결구조는 좌우 측면에 위쪽과 아래쪽에 직사각형 홈을 뚫고 장삭으로 연결한다. 판재는 사면을 깎아 직사각형의 형태를 갖추고, 좌우 끝 부재에 톱니바퀴형 모양으로 홈턱을 만들어 외판과 연결한다. 톱니바퀴형 홈턱을 통해 선

118 쪽매는 얇은 나무쪽이나 널조각 따위를 붙여 대는 일. 또는 그 나무쪽이나 널조각이다.

119 국립해양문화재연구소, 2010, 앞의 책, p. 343.

수와 연결하는 구조 및 기술, 각 단의 외판 두께와 너비를 확인하였다. 홈턱의 수량을 통해 외판이 8~9단으로 추정하였다. 또한 중앙부재가 좌·우 부재보다 길이가 짧다. 이는 이물멍에와 간격을 두어 닻줄과 닻채가 홈을 통해 움직일 수 있게 하는 구조로 추정된다. 중앙 부재의 상부 단면에 닻줄을 올리고 내릴 때, 닻줄에 의해 마모磨耗된 흔적이 있다. 하부의 형태는 삼각형의 촉 형태를 갖추어 저판과 연결되는 구조이다. 이를 통해 선수가 세워지는 각도와 연결구조를 알 수 있다.

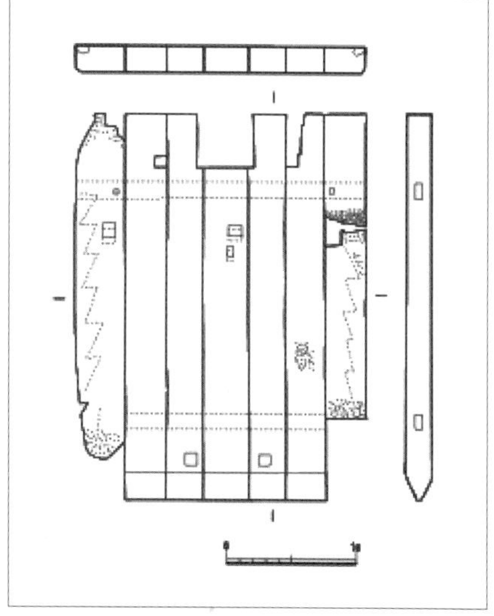

<그림 59> 마도1호선 선수재

선수부재 구조		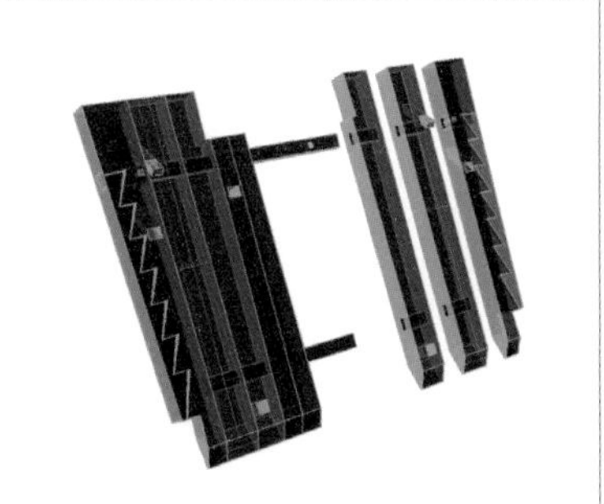

황강력구조는 가룡과 멍에형 가룡을 만들어 유지하였다. 가룡은 구획을 설정하여 일정한 간격으로 외판과 외판을 연결하였다. 멍에형 가룡은 중앙 돛대에서 총 3편이 확인되었다. 멍에형 가룡 중 가장 긴 것은 길이 2.47m, 폭 31cm, 두께 26cm이다. 멍에형 가룡 중앙에 구레짝[120]과 돛대를 고정하기 위

120 돛대를 세우기 위해 배밑에서 갑판 위까지 세워 놓은 기둥이다.

한 2개의 사각홈을 갖추고 있다. 이 홈은 구레짝을 잡아주기 위한 잠금 방치를 하는 당아뿔이 박히는 홈이다. 멍에형 가룡에서 확인되는 두 개의 사각홈을 통해 외판의 너비를 추정할 수 있다. 또한 외판과 연결되는 멍에형 가룡 끝을 통해 홈턱에 걸쳐지는 구조와 기술이 확인된다.

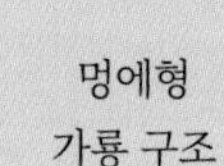

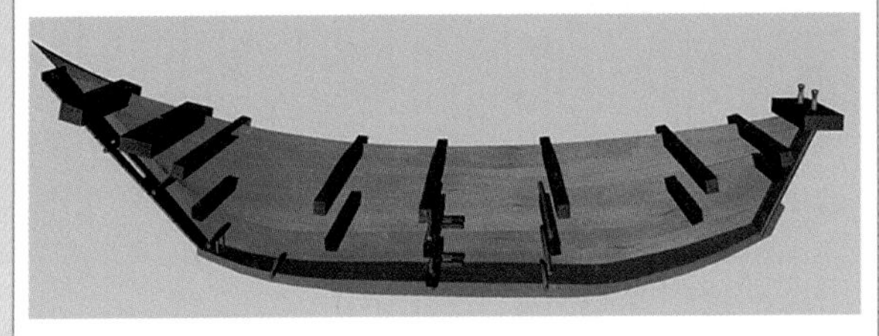

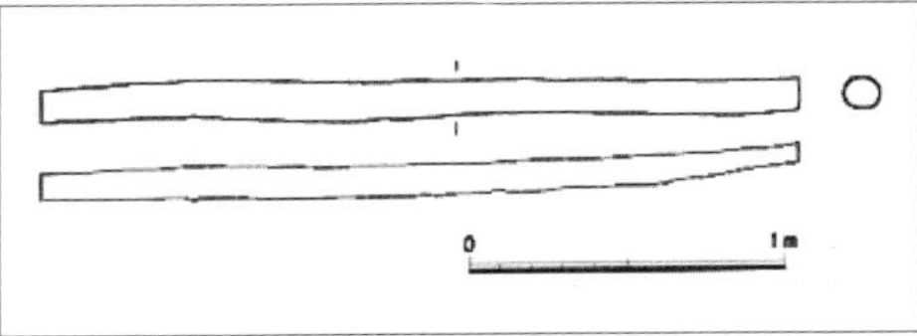

<그림 60> 마도1호선 가룡

기타 구조물은 가룡으로 추정되는 부재들이 기존의 형태와는 다른 모습으로 다수 확인되었다. 이외에 정확한 용도를 알 수 없는 구조물들도 인양되어 선체 구조물의 연구자료를 제공하였다. 각 부재 간의 접착 면과 나무못 구멍 사이는 석회로 보이는 일종의 접착제를 사용한 흔적이 있고 수밀을 위한 박실[121] 흔적도 확인되었다.

출수된 기타 구조물의 연결구조 및 맞춤구조를 형식 분류하여 분석한 결과 연결구조의 형태는 'O'형[122], '□'형[123], '凸'형[124], 'X'형[125], 'L'형[126]으로 구

121 물이 배 안으로 스며들지 않도록 부재와 부재 사이의 틈을 메우는 재료이다.

122 박피만 된 원통형 나무에 기능을 추가한 구조로서 중앙에 사각홈을 파고 수평재와 연결하는 구조이다.

123 사각형으로 다듬어진 틀에 수직재를 끼우기 위해 상부에 사각홈을 파고 수직재의 장부와 연결되는 구조이다.

124 사각형으로 다듬어진 상태에서 양쪽 'L'자형 턱을 따서 너장을 얹히는 구조이다.

125 상·하·좌·우 면을 'V'자형 턱을 깎아 수직재와 수평재를 연결하기 위한 구조이다.

126 긴 원통형 통나무 끝에 반턱 딴 형태이다.

'X'형구조
'凸'형구조
'L'형구조
반턱맞춤
구조물
통장부맞춤
구조물
제비촉맞춤
구조물

분된다. 맞춤구조는 '반턱맞춤'[127], '제비촉맞춤'[128], '통장부맞춤'[129], '장부맞춤'[130] 구조를 갖추고 있는 것을 알 수 있다.

이와 같은 구조는 전통 건축구조인 마루·평상平床과 매우 유사하다. 구조는 모두 평평한 구조이다. 사람이 위에서 활동하기 위한 공간과 물품을 적재하는 받침대 기능으로 추정된다.

특히, 'X'자형 구조물은 선박에서 처음 확인된 구조물이다. 그 기능은 칸막이 구조와 받침 구조물을 동시에 연결할 수 있는 중간매개체 역할을 한다. 이 구조는 목조건축에서도 찾아보기 힘든 구조이다. 또한 칸막이 구조와 받침구조에서 판재로 연결되는 것이 아니라 두께(직경) 10cm정도 굵기 통나무를 'V'자형 홈턱에 맞추어 촉을 삼각형으로 깎아 끼우는 구조를 처음으로 확인하였다. 그리고 제비촉맞춤구조 또한 고려시대 선박구조 중에서 처음 확인된 구조이다. 이와 같은 구조는 목조건축과 밀접한 연관성을 알 수 있다. 길이 방향의 선재(부재)를 서로 연결하는 이음 방식과 수직·수평, 서로 반대방향 선재를 연결하는 맞춤방식 등 결구법이 건축의 기본적인 구조와 유사하다. 이처럼 선내구조가 용도별, 종류별 등 역할과 기능에 맞게 만들었다. 따라서, 마도1호선에서 발굴된 내부구조 선체편들은 지금까지 알려지지 않은 고려시대 선박의 선내구조를 밝히는 데 매우 중요하다.[131]

마도1호선의 죽간에 '대장군김순영댁상전출고일석大將軍金純永宅上田出租

---

127 두 구조물을 서로 높이의 반 만큼 따내어 맞추는 연결방식이다.

128 사각으로 다듬어진 나무의 마무리 부분에 중심에서 좌우로 45° 연귀내어 다른 수직·수평재에 물리는 구조이다.

129 수직재와 수평재의 맞춤에서 대부분 수직재에 장부 홈을 파고 수평재 크기 그대로 통으로 끼워 넣는 구조이다.

130 수직재와 수평재의 맞춤에서 대부분 수직재에 장부 홈을 파고 수평재에 장부를 두어 끼워 넣는 구조이다.

131 국립해양문화재연구소, 2015, 앞의 책, pp. 105~113.

壹石'이 적혀 있었다. 이는 '대장군 김순영 댁에 전출 벼 1섬을 올린다'는 내용이다. 이외에도 김순영이 적힌 죽간 6점의 함께 출수되었다. 『고려사』와 『고려사절요』에 김순영은 1199년 장군으로 승진한 사실이 적혀 있다. 1242년에 만들어진 「김중구묘지명金仲龜墓誌銘」에서도 신종(1198~1203)대에 장군을 지낸 것이 확인되었다. 이처럼 김순영은 당시 집권자인 최충헌의 밑에서 1199년 이후 대장군으로 승진하였다. 그가 장군에 오른 1199년 이후의 무진戊辰년은 1208년이다.[132] 이는 수중출수 목간에서 절대연대를 확인하여, 고려사를 재조명하는 획기적인 계기가 되었다.

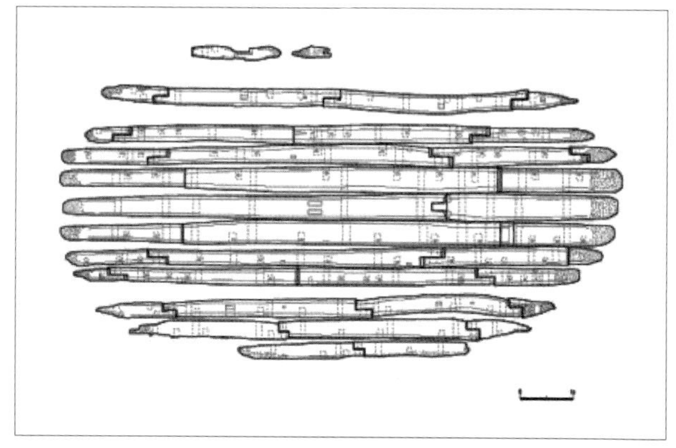

<그림 61> 마도1호선 평면도

이를 종합하면, 마도1호선은 평저형 횡단면 구조, 홈붙이겹이음방식을 채용한 외판구조, 평평한 선수의 형태, 가룡을 사용하여 횡강력을 유지 등의 구조적 특징을 갖춘 13세기 초 선박이다. 또한 만곡종통재가 사라지는 과도기적인 단계이다. 따라서 만곡종통재는 13세기 초를 전후하여 사라진 것으로 추정된다.

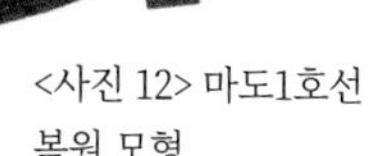

<사진 12> 마도1호선 복원 모형

132 국립해양문화재연구소, 2010, 앞의 책, pp. 597~598.

8) 마도2호선

마도2호선은 충남 태안군 마도해역에서 발굴되었다. 마도1호선에서 동쪽으로 약 900m 정도 떨어져 있다. 마도2호선의 잔존구조는 저판, 외판, 가룡 등이다. 잔존 선체 편은 저판 7열 21편, 좌현 외판 2단 4편, 우현 외판 5단 16편, 가룡 5편, 받침 구조물 6편, 닻돌 등이다.[133]

마도2호선의 구조를 개설하면, 잔존 크기는 길이 12.6m, 너비 4.4m, 깊이 1.16m 가량으로 마도1호선보다 약간 큰 편이다.[134]

중앙단면구조는 저판 7열, 좌현 외판 2단, 우현 외판 5단이 남아있었다. 저판구조는 고려 선박 가운데 마도1호선과 같이 저판 7열을 갖춘 평저형 선박이다. 중앙저판의 이음은 장부이음방식이다. 이는 마도1호선과 대부도2호선의 턱걸이 장부이음과는 차이가 있다. 따라서 13세기 초를 전후하여, 장부이음과 턱걸이 장부이음이 혼용되고 있음을 알 수 있다. 13세기 중기에 접어들면 대부분 선박이 중앙저판 이음은 턱걸이 장부이음 방식으로 변화한다.

<그림 62> 마도2호선 중앙단면구조

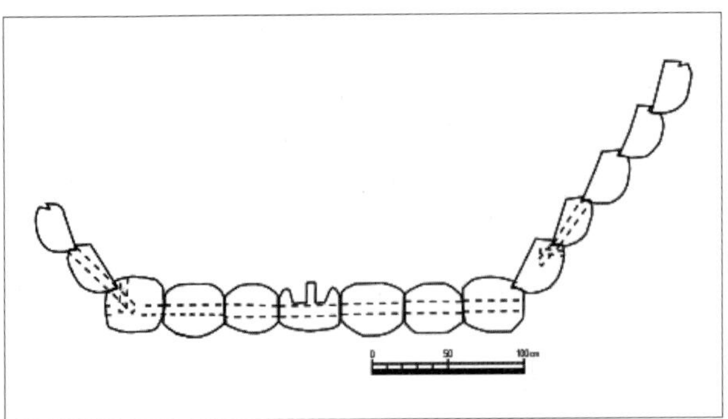

저판구조는 마도1호선과 같이 고려시대의 전형적인 특징을 보여주는 평평한 형태의 평저형이다. 선수와 선미는 약간 위로 휘어 올라가는 선형을 갖추었다. 선체는 원통형 목재를 가공하지 않고 박피剝皮와 일부 기능이 더해지는 부분을 다듬어 사용하였다. 이는 마도1·2호선에서 보이는 특징적인 사항이다. 선체 편은 다른

133 국립해양문화재연구소, 2011, 『태안 마도2호선』, p. 96.

134 국립해양문화재연구소, 2011, 앞의 책, p. 89.

부재와 연결되는 상부 모서리 부분은 모를 다듬어 기타 구조물과 연결하는 구조이다.

저판 이음구조는 중앙저판은 장부이음방식을 사용하였다. 중앙저판 좌우 1~2열 이음방식은 맞댄이음과 세로형반턱이음을 사용하였다. 선수는 세로형 반턱이음을 사용하고, 선미는 맞댄이음방식이다. 중앙저판 좌우 3열은 선수·선미는 반턱이음과 일부 맞댄이음을 채용하였다.[135]

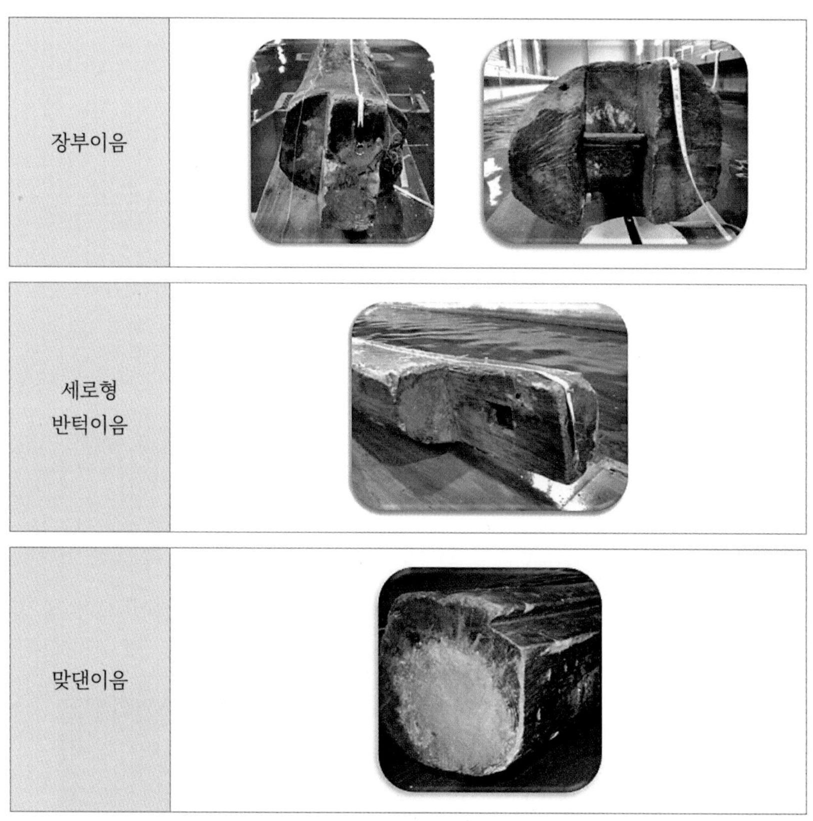

135 국립해양문화재연구소, 2011, 앞의 책, p. 98.

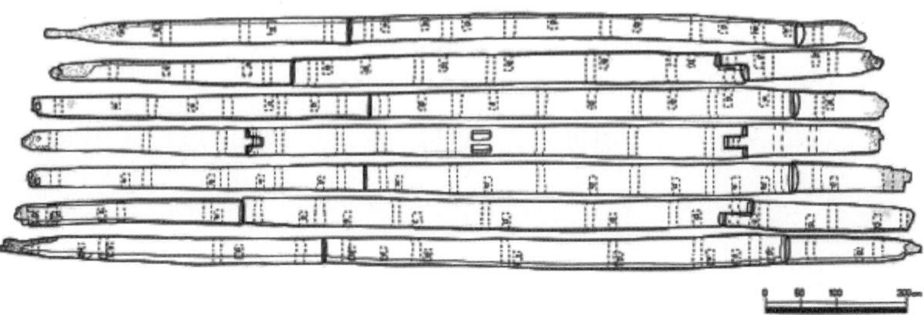

<그림 63> 마도2호선 저판 평면도

저판의 연결은 맞댄쪽매방식이다. 저판의 연결은 마도1호선처럼 2가지 방법을 사용하였다. 먼저 중앙저판과 좌우판 1열씩 3열을 먼저 연결하였다. 이후 좌우 2~3열을 따로 연결시켰다. 이렇게 7열의 저판을 3번에 나누어 붙였다. 이를 구체적으로 살펴보면, 첫째, 중앙저판과 좌우현에 붙는 1열 부재 양현 측면에 관통되게 사각형의 홈을 뚫어 장삭을 박아 연결하였다. 연결 장삭이 빠지지 않도록 위에서 산지를 박아 고정하였다. 둘째, 중앙저판 좌우 2열을 직사각형 홈을 뚫고 1열에 박히는 쪽 외부 측면에 사각형 홈을 팠다. 홈은 좌우 관통이 아닌 중간 정도까지 홈을 뚫어 장삭을 박았다. 장삭은 위쪽에서 산지를 박아 고정하였다. 중앙저판에 돛대를 세우기 위해 돛대구멍 2개를 만들었다.

외판구조는 좌현 외판 2단, 우현 외판 5단이 남아있었다. 외판의 이음방식은 맞댄이음과 반턱이음 방식이다. 마도2호선의 외판 이음은 대부분 반

턱이음을 하고, 선미 일부분이 맞댄이음이다. 수중발굴 선박에서도 일부 맞댄이음이 적용되는데 달리도선, 마도3호선 등 선미에서 보인다. 외판의 상하 부재 연결 방법은 홈붙이겹이음방식으로 피삭과 산지로 연결하였다. 외판은 곡이 큰 원통형의 통나무를 그대로 사용하였다. 저판의 선형에 맞추기 위해 휨, 뒤틀림 형태를 3면으로 다듬고 상부에 'L'자형 홈턱을 만들어 상단과 연결하였다.

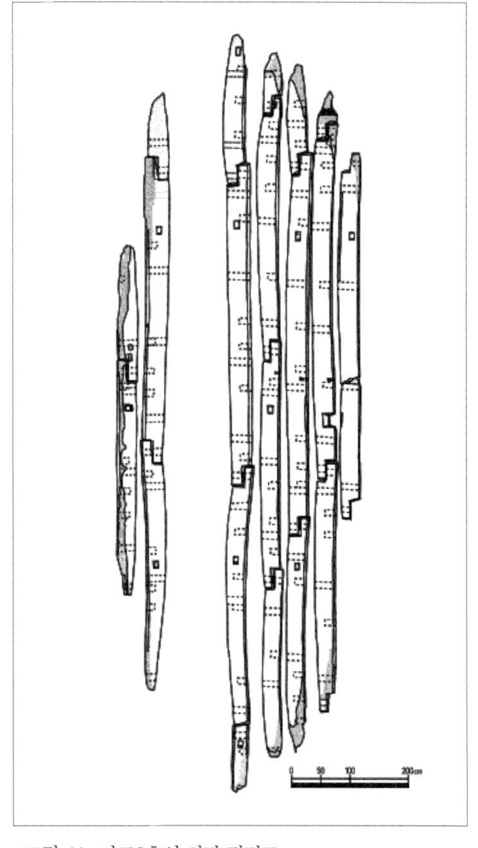
<그림 64> 마도2호선 외판 평면도

횡강력구조는 가룡과 멍에형 가룡을 사용하였다. 중앙돛대가 위치한 중간 부분의 가룡은 1·3·5단, 중앙부 2·4단은 멍에형 가룡을 횡으로 연결하였다. 이외에도 선수·선미 부분에도 일정하게 가룡을 연결하여 구획을 획정하고, 횡강력을 유지하였다. 가룡과 멍에형 가룡의 구조는 마도1호선과 동일하다.

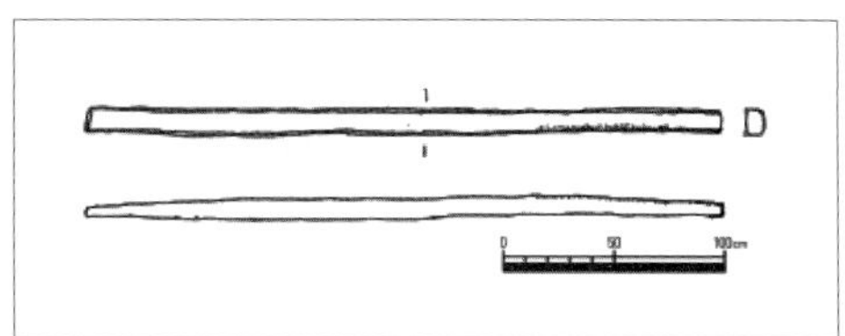
<그림 65> 마도2호선 가룡

마도2호선의 내부는 마도1호선과 유사하게 대형 원통목이 균일하게 배치되어 있다. 이는 화물의 받침용도 구조물이다. 고려 선박 가운데 화물을 운반하는 선박은 대형 원통목과 소형 원통목이 공통적으로 발견된다. 예외적으로 완도선, 십이동파도선, 태안선 등 청자운반선은 원통목이 드물다. 이는 곡물이나 물에 젖을 우려가 있는 화물은 원통목으로 공간을 만들어 물과의 접촉을 방지하였다.

마도2호선에서는 청자매병을 비롯한 각종 도자기·곡물·목제품·죽제품·화물의 종류와 수신자 등을 기록한 목간 등 유물이 출수되었다. 특히 청자매병 2점은 제작기법과 형태가 정교할 뿐만 아니라 죽찰이 매달려 있었다. 죽찰의 판독 결과 매병의 고려시대 이름이 준樽 또는 성준盛樽으로 불렸으며, 꿀[밀蜜]과 참기름[진眞]이 담겼던 것으로 확인되었다.

청자매병은 선수 우현부에 2점이 상하로 겹쳐있었다. 위쪽 상감매병은 세로의 굵은 골 여섯 개로 참외모양처럼 몸통을 만들고, 마름꽃 모양[능화형菱花窓]의 틀 안에 버드나무, 갈대, 대나무, 모란, 국화, 닥꽃(황촉규꽃)으로 정교하게 상감했는데 꽃 위에는 나비, 아래에는 오리를 새겼다. 음각매병은 어깨에 구름문양, 몸통에 연꽃문양[청자음각연화문절지문靑磁陰刻蓮花折枝文]을 매우 정교하게 장식했는데 유색이 맑고 짙다. 두 개의 매병 모두 높이 39cm이며 풍만한 어깨에서 굽까지 S자형으로 유려하고 당당한 모습이다.

한편, 두 점의 매병 주둥이 가까이에 죽찰이 매달려 있었다. 화물표에는 "중방도장교오문부/택상정밀성준봉重房都將校吳文富/宅上精蜜盛樽封"이라고 적혀 있다. 즉, 이 매병들은 개경의 중방重房(고려시대 무인의 최고 의결기관) 소속 도장교(정8품 이하의 하급 무관) 오문부에게 올린 꿀단지였다. 매병이 일반적으로 술이나 물을 담는 그릇이었다는 기존 연구 결과에서 한 걸음 더 나아가 꿀과 같은 귀한 식재료食材料를 보관·운반했다는 것을 알려주는 첫 사례로 귀중한 자료다. 위의 매병과 목간은 이후 역사적인 가치는 물론 중요성이 인정되어 보물로 지정되었다.

이외에도 10개씩 2개의 묶음으로 포장된 양질의 청자유개연판문통형잔靑磁有蓋蓮瓣文筒形盞이 발견되었다. 선체 중앙부 부엌으로 추정되는 지점에서는 청동숟가락·도기 항아리·대바구니·쇠솥 등 선박에 탄 사람들이 사용하던 물건도 있었다.

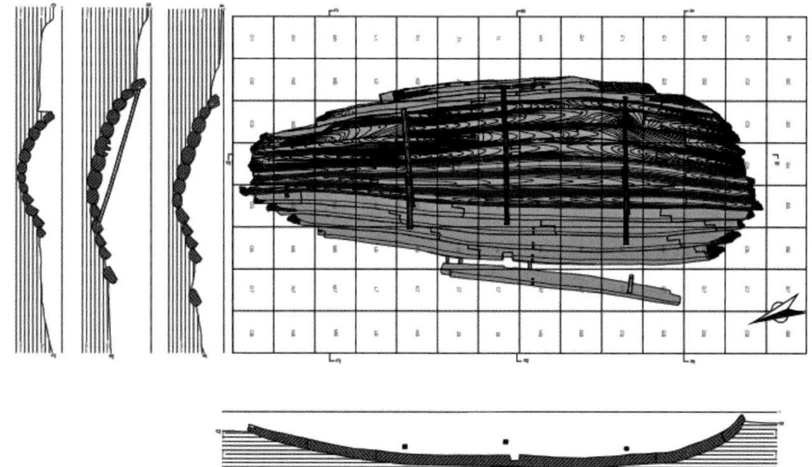

<그림 66> 마도2호선 노출면 평, 단면도

마도2호선에는 쌀[중미中米], 콩[태太], 알젓 등의 화물 종류와 그 수량, 발신자, 발송지가 적혀 있는 목간이 30여 점 발견되었다. 이는 마도1호선과 같이 화물선이다. 현재까지의 판독으로는 고부군古阜郡, 장사현長沙縣이 보이고 대경大卿 벼슬의 유庾씨 본관이 무송茂松이라는 점에서 고창, 정읍, 영광 일대의 산물을 운송하다 난행량에서 침몰한 것으로 추정된다. 따라서 출항지는 법성포의 부용창과 줄포의 안흥창 중 하나로 보인다.

목간 가운데 『대경유택상고부군전출중미일석입십오두/차지 외우大卿庾宅上古阜郡田出中米壹石入拾伍斗/次知 畏祐』의 대경 유씨가 주목된다. 무송 유씨 중 대경(정·종 3품: 하급관청의 장관 또는 대부경)을 역임한 사람으로는 유자량(1150~1229)이 있다. 유자량은 1213년 관직에서 물러났다. 이로 보아 유자량이 대경의 자리에 있을 때는 1213년 이전으로 마도2호선의 침몰 시기는 1213년 이전으로 볼 수 있다.[136]

136 국립해양문화재연구소, 2016, 『한국의 보물선 타임캡슐을 열다』, pp. 180~181.

9) 마도3호선

마도3호선은 충남 태안군 마도해역에서 발굴되었다. 마도1·2호선의 발굴 우측 해역으로 멀리 떨어지지 않은 지점이다. 선체는 좌현(동쪽)이 8~12° 가량 기울어졌다. 장축 방향은 중앙 저판을 기준으로 북동 방향으로 45°이다. 선형은 중앙부가 가장 넓고, 선수가 선미보다 넓은 구조이다. 마도3호선의 선박의 형태가 비교적 잘 남아있었다. 선박의 돛대구조를 확인할 수 있는 구레짝과 돛대 부재도 함께 출수되었다. 이전의 수중발굴에서는 돛대구멍만 확인되었다. 마도3호선에서 처음으로 돛대를 잡아주는 구레짝과 실제 돛대가 결합된 상태로 인양되어, 한국의 선박사 연구의 중요한 전환점이 되었다.

마도3호선의 구조를 개설하면, 잔존 크기는 길이 12m, 폭 8m, 선심 2.5m이다. 마도3호선의 잔존 선체는 저판, 외판, 선수, 선미, 가룡, 멍에형 가룡, 멍에, 구레짝, 돛대, 원통목 등 많은 부분이 확인되었다. 잔존 선체는 저판 5열, 좌현 외판 10단, 우현 외판 9단, 선수판 4열, 선미판 7단이다.

중앙단면구조는 저판 5열, 좌현 외판 10단, 우현 외판은 9단까지 확인되었다. 저판은 고려 선박 가운데 완도선과 같이 저판 5열을 갖춘 평저형 선박이다. 중앙저판의 이음은 선체를 인양하지 않아 정확히 알 수 없다. 장부이음이나 턱걸이 장부이음일 가능성이 있다. 좌우측 저판은 반턱이음, 맞댄이음을 하였을 것이다.

선수가 넓고, 중앙이 가장 넓으며, 선미 쪽으로 가면서 점차 좁아지는 구조이다. 중앙저판에 돛대를 받쳐 주는 구멍 2개가 있다. 저판의 결구 방식은 선체를 인양하지 않았기 때문에 정확하지 않지만 장삭을 이용하였을 것이다. 저판은 모서리를 깎아 수밀을 편리하게 하였다. 저판 형태는 선수와 선미를 치솟게 한 구조로 각도가 커진다. 외판과 외판은 가룡과 멍에형 가룡으로 연결하여, 저판과 함께 중앙단면구조를 이룬다.

저판구조는 중앙저판과 좌우 2열 등 모두 5열이다. 마도3호선은 저판이 선미로 갈수록 중앙저판을 제외한 좌우 2열 저판재가 외판구조로 변경된다. 선미에는 중앙저판만 남는다. 이는 이전에 발굴된 고려 선박에서는 보이지 않은 특이한 구조이다.

마도3호선은 출항지를 알려주는 '여수현呂水縣' 목간이 출수되었다.[137] 이는 마도3호선이 여수에서 출발한 것과 관련성이 있을 수 있다. 여수는 서해와 달리 남해에 해당한다. 이는 서해에 비해 갯벌이 적고, 수심이 깊다. 따라서 저판이 평저형에서 약간 변형된 첨저형 혹은 'U자형'을 띠고 있다. 파도의 저항을 덜 받고 남해의 깊은 바다를 항해하기 위해서는 아주 적절한 형태이다. 또한 물살의 흐름을 키에 빠르게 전달하여 방향 전환을 할 수 있는 구조이다.[138]

저판의 형태는 중앙이 가장 넓고, 선수가 선미보다 넓은 구조이다. 저판이음은 맞댄이음 연결로 기술되어 있다.[139] 보고서에는 저판의 연결 방법을 맞댄이음으로 서술하였지만 중앙저판은 장부이음이나 턱걸이 장부이음, 좌우 측면 저판은 맞댄이음 혹은 가로형 반턱이음으로 추정된다. 또한, 발굴된 선체 사진에서 턱걸이 장부이음이 보인다.

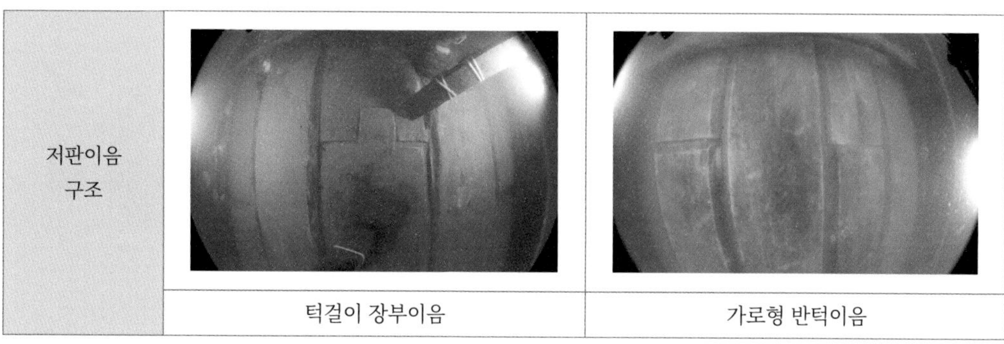

저판이음 구조	턱걸이 장부이음	가로형 반턱이음

137 국립해양문화재연구소, 2012, 『태안 마도3호선』, pp. 248~249.

138 김병근, 2014, 「여수와 고려시대 마도3호선」, 『해양문화연구』 제10집, pp. 146~147.

139 국립해양문화재연구소, 2012, 앞의 책, pp. 90~91.

하지만 선체가 최종 인양되지 않아 자세한 연결구조는 확인할 수 없다. 따라서 다른 고려시대 선박의 저판 연결 방법과 차이가 크지 않을 것이다.

외판구조는 좌현 외판 10단, 우현 외판 9단까지 확인되었다. 외판 10단은 인양된 고려시대 선박 중 가장 많이 확인하였다. 외판의 좌우 연결방식은 반턱이음이고, 상하단 연결방식은 홈붙이겹이음방식이다. 선수·선미 일부는 맞댄이음 방식으로 제작하였다. 외판의 부재가 넓어서 선체의 강도가 뛰어나다. 특히 외판은 선미로 가면서 선체의 폭을 좁게 만들기 위해 부재가 넓다. 달리도선과 같이 선미 방향에 외판 이음은 맞댄이음을 사용하고 있다.

외판 세로형 반턱이음 구조	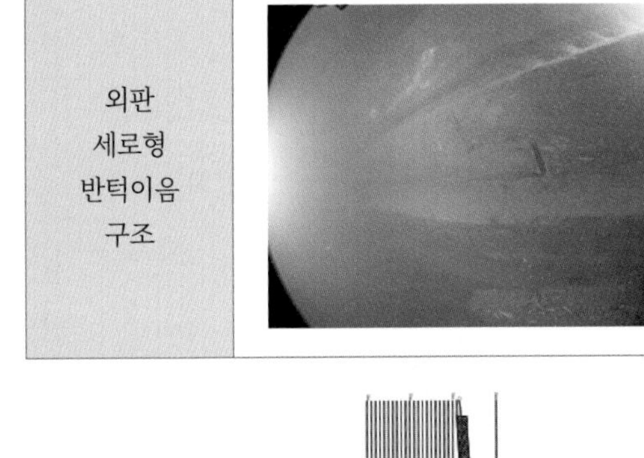	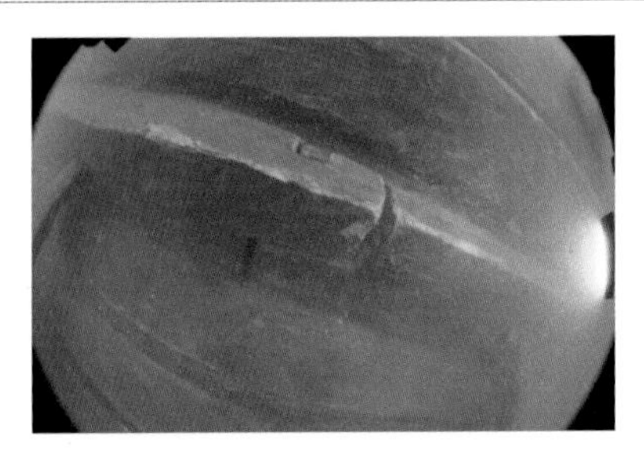

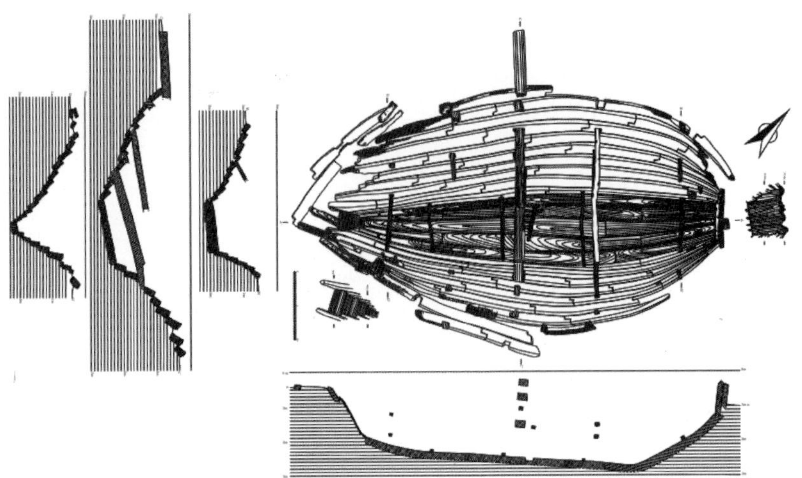

<그림 67> 마도3호선 평면도, 단면도 구조(선체 매몰)

선수·선미는 외판·저판과 결구한 상태로 확인되었다. 선수·선미 구조가 함께 확인된 경우는 드물다. 대부도2호선이 선수·선미가 함께 발굴되었지만, 전체형태를 파악하기에는 미흡하다. 선수는 마도1호선과 십이동파도선에서 확인되었으나 외판과 결구하지 않고, 분리되어 출수되었다. 선미는 달리도선과 안좌선에서 결구한 채 확인되었다. 마도3호선은 선수·선미와 저판 그리고 선수·선미와 외판 연결 방법을 명확하게 보여주었다.

선수구조는 4열로 이루어진 세로형이다. 선수재와 저판의 연결이 거의 완벽하게 남아있어 선수구조도 확인하였다. 선수재는 세로로 4열을 갖추고 맞댄이음 방식으로 연결하였다. 양쪽 옆에 외판을 끼울 수 있는 톱니바퀴 모양의 홈턱을 만들어 외판과 연결하고, 저판은 안좌선처럼 선수 방향 앞쪽 저판에 홈턱을 만들어 선수 부재를 연결하였다.[140]

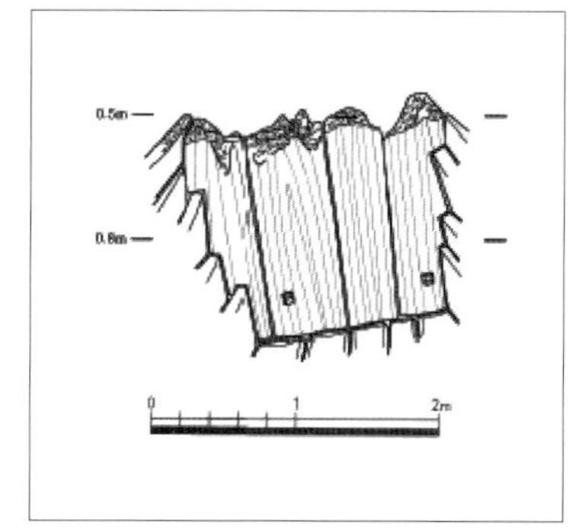

<그림 68> 마도3호선 선수구조

선수부재 연결구조	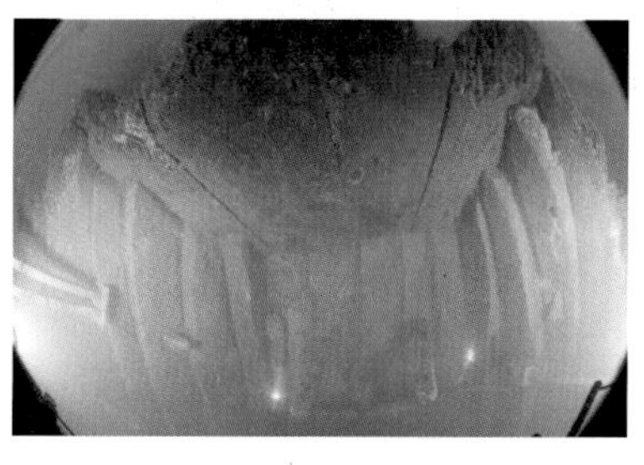	

140 국립해양문화재연구소, 2012, 앞의 책, pp. 90~92.

선미구조는 선미재가 가로 7단이 결구한 채 남아있었다. 선미재는 외판에 경사지게 홈을 만들어 삽입하였다. 이 방식은 고려시대 대부분 선박에서 보이는 특징이다. 선미구조는 달리도선과 안좌선에서 확인되었다. 하지만 선미 부재가 연결되는 외판 부재에서 적용하는 방법이 기존과는 다르게 나타난다. 달리도선과 안좌선은 외판 1단 단일부재에서 'ㄷ'자형 홈턱에 선미부재를 연결하는 방법이다. 마도3호선 선미 부재는 각단마다 'ㄷ'자형 홈턱을 만들어 외판과 연결하였다. 형태는 가로형으로 외판과 연결되며 'ㄷ'자형 홈턱에 끼우기 위해 양쪽을 깎아 다듬은 흔적이 확인된다. 선미 부재의 두께는 비교적 얇은 편으로 견고하지 못하다. 이러한 선미구조는 수중발굴 선박에서 공통적으로 채용한 방법이다.

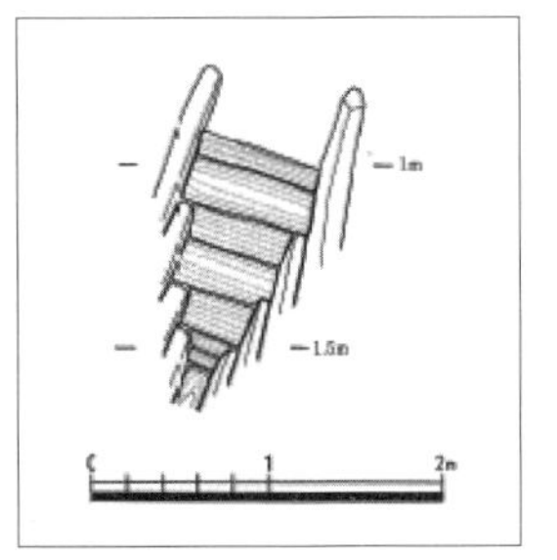

<그림 69> 마도3호선 선미구조

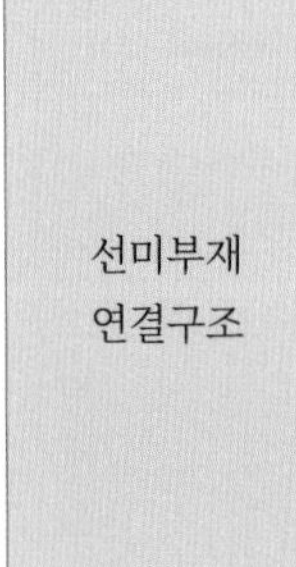 선미부재 연결구조	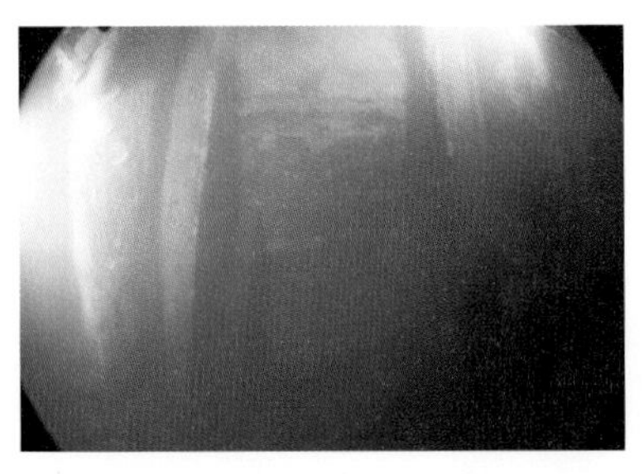	

횡강력구조는 멍에, 멍에형 가룡, 가룡이 확인되었다. 발굴된 선박 중 최초로 3가지 구조가 모두 확인되었다.

멍에는 중간에 위치하는 허리멍에로 타락[141]의 구조와 연결하기 위해 외

141 배가 옆으로 기울 때 배를 복원하고 파도가 넘어오는 것을 막는 구조물이다.

판 홈턱에 걸쳐 바깥쪽에 위치한다. 연결구조는 조잡하고 견고하지 않다. 도면에 보이는 멍에는 선체 중간 부분의 외판 외곽에서 확인되었다. 이는 외판 바깥으로 멍에가 돌출하는 일반적인 방식이다. 멍에의 확인은 선체의 갑판 부분까지 고찰하는 계기가 되었다.

<사진 13> 마도3호선 멍에

멍에형 가룡은 중간 부분의 가룡의 구간과 동일하고, 외판 3·7단에 결구하였다. 멍에형 가룡과 외판과 연결 방식은 외판의 상단 면의 턱을 따고 멍에형 가룡을 끼운다.

가룡은 5곳에 만들어졌고, 칸은 6칸이다. 이는 5격벽6격창으로 구분되는 구조이다. 가룡은 선체의 중간 부분이 선수·선미에 비해서 넓다. 이는 화물의 적재와 활동공간이 넓게 만들었다. 또한 가룡의 배치가 정형화되어 격벽과 격창 역할에 적합한 구조이다.

가룡은 외판의 중앙부에 외판의 너비와 가룡의 두께를 계산하여 최대한 작게 홈을 뚫고 수밀을 기하는 방식을 사용되는 것이 대부분이다. 마도3호선은 다른 고려시대 선박보다 가룡 홈이 두 배로 크고 연결방식이 다르다. 현재까지 발굴한 가룡은 가룡을 끼우고 좌우, 상하에 쐐기를 박아 연결하는 방식이다. 하지만, 마도3호선은 가룡 홈을 크게 뚫은 것과 가룡 양쪽 끝부분을 주먹장부 형태를 만들어 끼우는 방식이다. 이는 가룡의 양쪽 끝이 외판으로부터 빠지지 않게 하는 구조이다. 또한 쐐기 목을 크게 하여 외부에서 박아 가룡과 외판을 밀착시키는 구조이다.

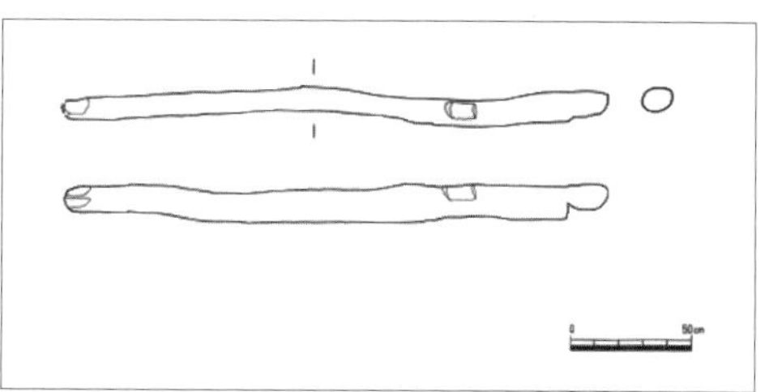

<그림 70> 마도3호선 가룡

선미부재 연결구조	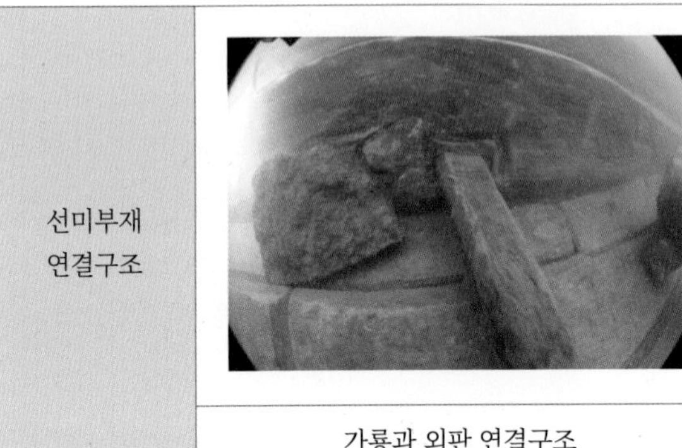	
	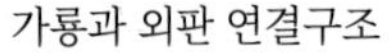 가룡과 외판 연결구조	멍에형 가룡과 외판 연결구조

마도3호선의 중앙부에서 좌현 쪽으로 기울어진 돛대 구조물이 확인되었다. 중앙저판에서 돛대를 받쳐 주는 구멍은 확인되었지만, 돛대가 발견된 것은 처음이다. 3열의 부재를 나무못으로 한꺼번에 연결하였으며, 가운데 부재는 돛대이고, 양옆의 부재들은 돛대를 지지한다.

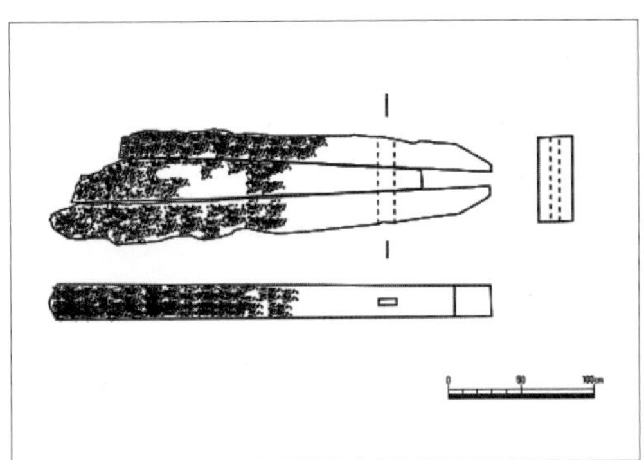

<그림 71> 마도3호선 돛대구조

돛대 구조물은 구레짝과 돛대 부재로 중앙저판에는 두 개의 돛대구멍이 있다. 마도3호선의 발굴로 구레짝과 돛대 밑부분이 함께 출수되어 돛대의 구조를 이해하는 데 중요한 역할을 하였다.[142] 돛대구멍을 통해 마도3호선은 단범선임을 알 수 있다. 또한 돛대를 감싸 안은 구레짝을 잡아주는 당아뿔 구조도 함께 확인되었다.

142 마도3호선에서 돛대와 구레짝이 결구되어 출수되었다. 따라서 기존 출수 선박의 돛대구멍을 구레짝 고정하는 구멍으로 확인되었다. 따라서 돛대구멍을 구레짝구멍으로 수정하여야 한다는 의견이 있다. 하지만 본 고에서는 구레짝도 돛대를 결구하는 수단이므로 혼란을 피하기 위해 돛대구멍이라는 용어를 사용하였다.

구레짝 구조	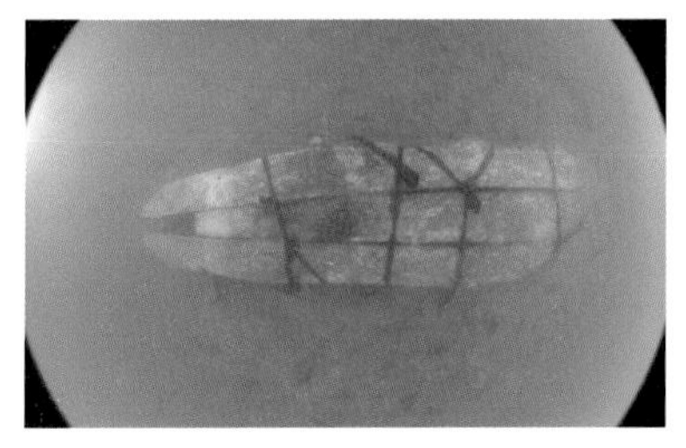	

당아뿔 구조는 구레짝 좌우현에 '='자형 형태로 멍에형 가룡과 연결되는 당아뿔과 구레짝 앞에 가로로 설치되는 목나무가 밀리지 않도록 당아뿔에 사각형의 구멍을 뚫어 홈에 박아 세운 사각 지주대 형태이다. 마도3호선에서 달리도선·안좌선의 갈고리 형태의 당아뿔과는 다른 형태가 최초로 확인되었다. 이는 고려시대 당아뿔 구조가 2가지 유형임을 알 수 있다.

'='자형 당아뿔 구조		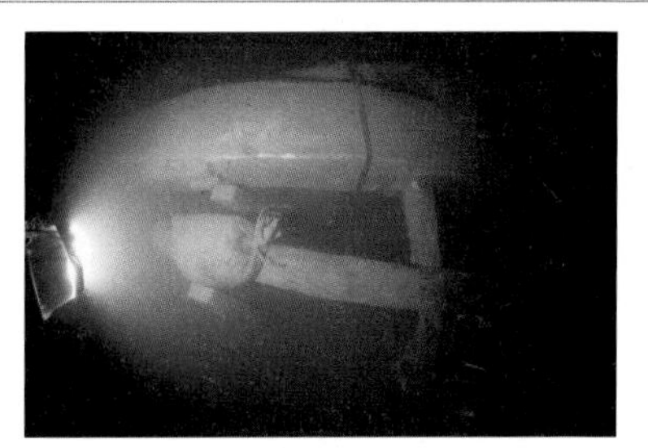

기타 원통목이 다량으로 출수되었다. 원통목은 완도선, 안좌선, 마도1·2·4호선 처럼 화물을 적재하기 위해 배밑에 깔거나 화물 중간에 끼워 받침목으로 사용한 것이다. 원통목은 가로·세로로 놓거나 'X'자 형태로 엮었다.

마도3호선의 유물 출수 양상은 선체를 6개의 창倉으로 구분하여 살펴 볼 수 있다. 이는 가룡으로 구분한 것이다. 제1창은 선수재와 외판, 저판이 연결된 부분이다. 제2창은 원통목이 선체와 같은 방향으로 놓여 있어 곡물이 적재되었던 곳이다. 제3창은 선체 중앙부로 선원들의 취사 등 선상생활이 이루어진 공간이다. 젓갈 등을 담은 도기호가 이 칸의 북쪽과 우현에 적재되었다. 남쪽 중앙에서는 돛대가 좌현으로 기울어진 채 확인되었다. 청동용기와 청자류 등 선상생활 용품과 도기호, 목간 등이 출수되었다. 그리고 제2창과 4창에 적재되었던 곡물이 침몰 과정에서 제3창으로 쏟아져 다량 출수되었다. 제4창과 제5창은 다수의 원통목들이 정연하게 놓여 있다. 그 상부에서 보리 등 곡물이 확인되어 곡물 적재 공간임을 알 수 있다. 제6창은 선미재와 외판, 저판이 연결된 부분으로 도기호와 대나무상자가 출수되었다.

마도3호선은 지금까지 인양된 고려 선박 중 가장 보존상태가 양호하고, 잔존 부재 역시 가장 많다. 선수와 선미의 형태도 완전하게 남아있고, 선체 내부의 구조와 돛대의 형태까지 확인할 수 있었다. 그리고 목간의 판독으로 수취인과 관직 등이 파악되어 1264~1268년 사이에 침몰 선박임을 확인하였다.[143]

10) 대부도2호선

대부도2호선은 경기도 안산시 대부도에서 발굴하였다. 대부도2호선은 발견 당시 갯벌 위로 선수, 선미, 외판이 조금씩 노출되어 있었다. 잔존 선체는 선수, 선미, 저판, 만곡종통재, 우현 외판 3단, 좌현 외판 2단 등이다.

구조별 특징을 간략하게 정리하면, 발굴조사 결과 잔존 선체는 최대 길이 9.1m, 최대너비 2.93m 이다.

중앙단면구조는 평저형으로 저판 4열을 장삭으로 연결하였다. 선박의 좌우 양현에 만곡종통재를 홈붙이겹이음방식으로 붙여 올렸다. 이후 우현 외

143 노경정, 2012, 「선체조사」, 『태안마도3호선』, 국립해양문화재연구소, pp. 90~92.

판 3단, 좌현 외판 2단, 각 단의 외판과 외판 연결은 피삭으로 고정하였다. 좌우현의 외판재는 각각 가룡을 꿰거나 걸어서 선박의 횡강력을 유지하였다. 또한 가룡에는 대들보와 같은 역할을 하는 멍에형 가룡에 당아뿔 구멍이 확인되어 돛대를 지지해주는 역할을 알 수 있다.[144]

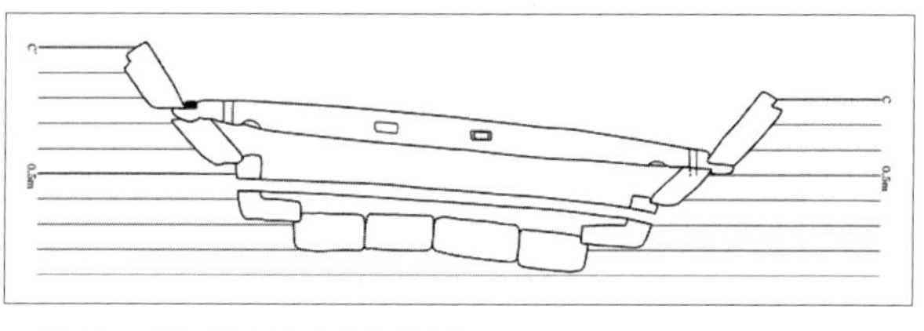

<그림 72> 대부도2호선 중앙단면구조

저판구조는 대부도2호선의 가장 큰 특징을 갖고 있다. 현재까지 대부도2호선을 제외하고 수중발굴을 통해 발견된 고려·조선시대 선박은 저판 3·5·7열로 모두 홀수열로 이루어져 있었다. 이에 반해, 대부도2호선은 짝수열인 4열 저판구조이다. 일반적으로 홀수열 저판에서 중앙저판재는 장부이음, 턱걸이 장부이음방식으로 중앙저판재를 앞뒤로 연결하였다. 대부도2호선 4열(좌우저판 1·2열로 구분)의 저판재 중 우저판 1열이 이런 구조이다.

따라서 우저판1열을 중앙저판으로 하여도 문제점은 없다.[145] 대부도2호선의 특징적인 점은 각 열의 저판을 연결하는 방법이다. 좌저판 1열, 우저판 1열, 우저판 2열 이 3열의 저판을 장삭으로 연결한 다음 좌저판 2열을 좌저판 1열에 장삭으로 연결하였다. 이는 4열의 구조임에도 불구하고, 5열 저판구조와 동일하게 3열을 먼저 연결한 뒤 좌측으로 1열을 확장하였다. 일반적으로 중앙저판에 위치하는 2개의 돛대구멍이 대부도2호선에서는 우저판 1열에 1개, 좌저판 1열에 1개가 각각 따로 설치되었다. 이는 현재까지 발굴한 고

144 국립해양문화재연구소, 2017, 『안산 대부도2호선』, pp. 124~127.

145 대부도2호선의 돛대구멍도 좌우저판 1열에 각 1개씩 있다. 하지만 우저판 1열에 대부분 고려시대 선박에 보이는 중앙저판이 장부이음과 턱걸이 장부이음방식을 취하고 있다. 이에 우저판 1열을 중앙저판으로 보았다.

려시대 선박 가운데 유일하다. 이는 돛대의 균형을 유지하기 위한 방법으로 생각된다.

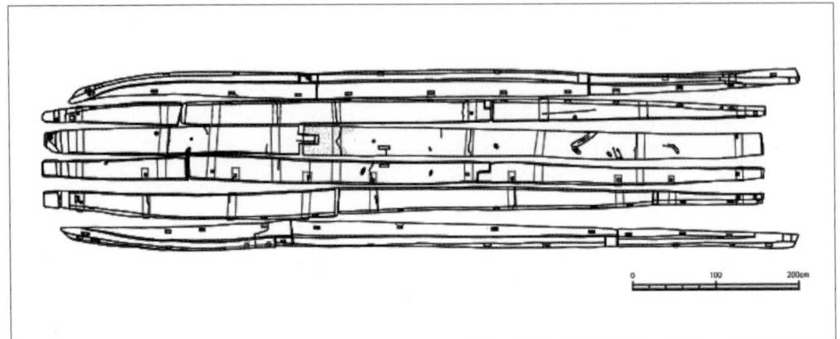

<그림 73> 대부도2호선 저판과 만곡종통재 평면도

대부도2호선은 만곡종통재를 좌우에 1단을 만들었다. 만곡종통재 상단에 외판을 연결하는 방식이다. 대부도2호선은 4열의 저판과 만곡종통재의 존재를 제외하면, 선체 구조에 있어 기존에 발견된 고려시대 선박과 거의 동일하다. 저판 좌우현 끝에는 만곡종통재를 올리기 위해 턱이 따져있었다. 만곡종통재와 외판 상부에도 외판을 올리기 위한 턱이 있었다. 좌우현 만곡종통재에는 5개의 가룡을 연결하여 횡강력을 보강하였다.

고려시대 선박은 저판과 외판 연결 방법은 현재까지 2가지 방식이다. 먼저 대부도1호선처럼 저판에 바로 외판을 올리는 것이다. 다음은 대부도2호선과 같이 저판에 단면 'L'자형 홈에 만곡종통재를 올린 뒤 그 위로 외판을 올리는 방법이다. 만곡종통재는 대부도2호선을 제외하면, 고려시대 선박 중 십이동파도선, 완도선에서 확인되었다. 십이동파도선과 완도선은 11~12세기의 선박이다. 13~14세기로 편년된 달리도선, 마도1·2·3호선, 안좌선에서는 확인되지 않았다. 대부도2호선은 선체 선수재의 위글매칭, 선체 아래에서 발견된 씨앗의 방사성탄소연대 측정과 같은 자연과학적 분석 결과 A.D 1151~1224년 사이에 난파된 것으로 추정된다.[146] 이는 저판과 외판사이 위치한 만곡종통재가 13세기 무렵부터 사라진다는 기존의 견해를 뒷받침하는

146 남태광, 2016, 「대부도2호선의 방사성탄소연대 분석」, 『안산 대부도2호선』, p. 196.

또 하나의 근거라고 할 수 있다. 더하여 만곡종통재가 없는 대부도1호선의 경우 13세기 이후의 선박으로 추정할 수 있다.

외판구조는 외판 1단 중간에 좌우현 만곡종통재를 연결한 세 번째 가룡 위쪽에 멍에형 가룡[147]을 얹혔다. 외판 2단에는 가룡이 제대로 남아있지는 않지만 만곡종통재에 설치된 가룡 위쪽으로 가룡을 삽입한 구멍들과 가룡의 끝부분이 남아있었다. 이런 구조는 현재까지 확인된 전형적인 한선의 특징이다.

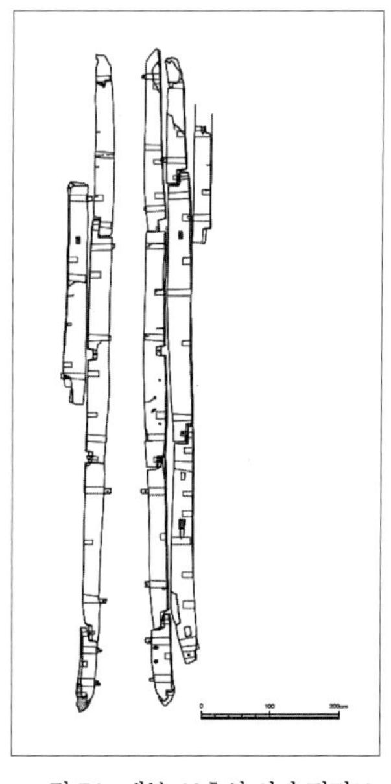

<그림 74> 대부도2호선 외판 평면도

선수구조는 3열의 목재를 세로로 세운 세로형으로 연결되었다. 상부는 부후되어 유실되었지만 좌현쪽에서 분리된 선수재는 외곽에서 확인되었다. 크기는 최대길이 103cm, 최대폭 79cm, 최대두께 12.5cm이다. 부재는 세로방향으로 세웠는데 3개의 판재 연결은 2곳에 장삭을 박아 연결하였다. 양측면은 만곡종통재와 외판에 연결하기 위해 톱니바퀴 모양 홈을 만들어 결구하였다.

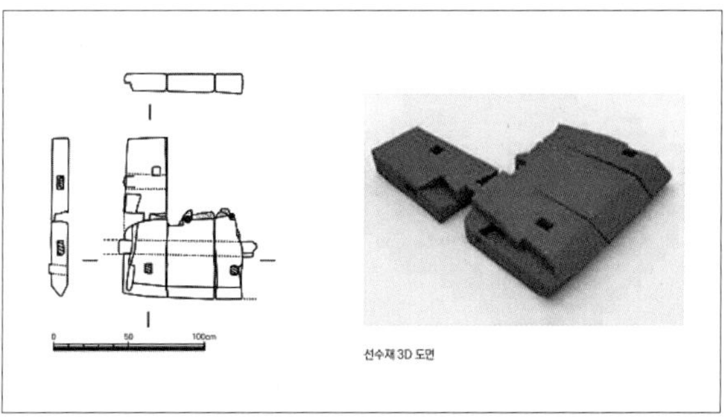

<그림 75> 대부도2호선 선수구조

선미구조는 얇은 나무판 2재가 인양되었다. 좌우현 만곡종통재와 외판에 'ㄷ'자형 홈을 파서 끼워 만곡종통재와 외판에 끼워 넣는 방법이다. 결구방법은 가로형으로 만곡종통재와 외판에 고정하였다. 크기는 최대길이 58.5cm, 최대폭 20cm, 최대두께 5cm이다.

147 멍에형 가룡은 차가룡이라는 용어를 사용하기도 한다. 멍에형 가룡은 횡강력 유지뿐만 아니라 중간 돛대를 잡아주는 중요한 역할을 한다. 일반적으로 멍에형 가룡에 당아뿔(돛의 고정역할)이 시설되어 중간돛대를 조정한다.

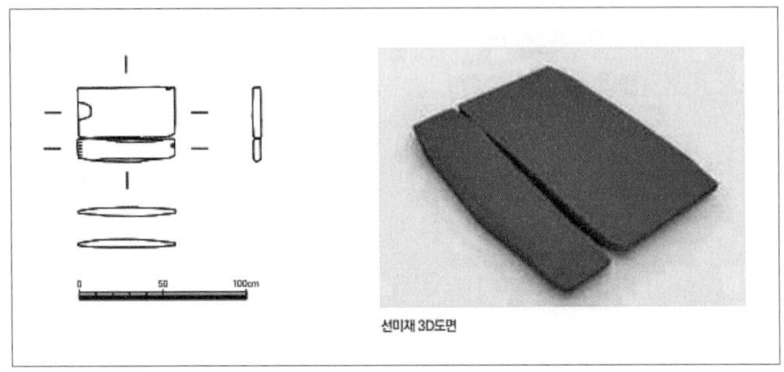

<그림 76> 대부도2호선 선미구조

호롱은 닻과 연결되어 닻줄을 내리거나 올릴 때 사용하는 부속구이다. 대부도2호선의 특징적인 선체편으로 호롱이 확인되었다. 물레와 같은 역할을 하여 물레, 정륜碇輪이라고도 불린다. 대부도2호선에서는 호롱에 닻줄이 감긴 채로 발굴되었다. 크기는 최대길이 112cm, 최대폭 13cm이다. 양쪽 끝은 호롱고정대에 끼울 수 있게 몸체보다 가늘게 깍아 다듬었다.[148] 또한 호롱 회전체를 연결하기 위해 양쪽에 관통구멍이 2개와 호롱가지도 남아있었다.

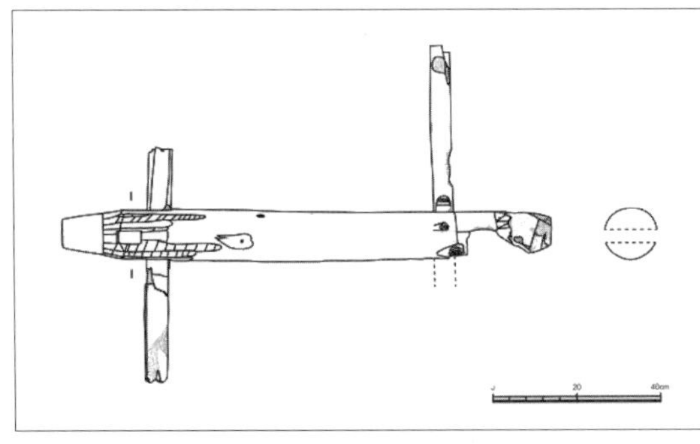
<그림 77> 대부도2호선 호롱

이외에도 정확한 용도를 알 수 없는 구조물이 일부 확인되었다.

대부도2호선은 고려시대 선박에서는 처음으로 선체를 수리한 흔적이 있다. 선박의 우현 2단 3번째 외판에 사각의 구멍을 나무로 막은 흔적이 확인되었다. 구멍의 크기는 가룡 구멍 정도인데, 위치가 만곡종통재에 남아있는 가룡과 일치하지 않는다. 이는 선체를 제작할 때 가룡구멍을 잘못된 위치에 뚫었다가 다시 막은 것으로 판단된다. 또 같은 부재에서 부재의 일부분을 다른 목재로 끼워 넣은 흔적도 확인되었다. 이는 사용 중 훼손된 선체를 보수한 흔적으로 판단된다.

148 국립해양문화재연구소, 2017, 앞의 책, p. 134.

이런 수리 흔적은 대부도2호선이 일정 기간 사용된 선박임을 알려준다. 또한 선박의 제조가 정교하지 않았음을 알 수 있다.

이런 수리 흔적 외에도 좀 더 심각한 문제점이 멍에형 가룡에서 확인되었다. 멍에형 가룡은 일반 가룡 보다 더 두껍다. 일반 가룡은 외판에 구멍을 뚫어 설치한다. 이에 반해 멍에형 가룡은 멍에처럼 외판에 홈을 판 뒤 그 홈에 걸치는 방법으로 결구한다. 대부도2호선의 멍에형 가룡도 동일한 방법으로 결구되었다. 발굴조사 당시 좌현 외판과 멍에형 가룡 사이가 약간 벌어져 있었다. 그 사이에 직육면체의 목재가 보강되어 있었다. 반면 우현 외판에는 그런 틈을 확인할 수 없었다. 또한 멍에형 가룡 양쪽에는 외판과의 결구를 위한 피삭이 박혀있었다. 우현쪽은 외판에 정확히 박혀있었지만, 좌현 쪽은 피삭이 외판과 떨어져 있었다. 멍에형 가룡을 선체에서 들어냈을 때 멍에형 가룡 아래 외판 홈에는 수밀재水密材[149]와 함께 피삭이 선체 내부 쪽으로 꺾인 채 발견되었다. 외판 홈도 약간 파손되어 있었다.

이런 상태는 멍에형 가룡과 좌현 외판의 결구에 손상이 생겨 외판과 멍에형 가룡 사이에 이격離隔이 생겼다. 그리고 멍에형 가룡과 외판 사이 틈에 직육면체의 목제가 삽입되어 있었던 점으로 보아 결구의 손상이 대부도2호선 침몰 이후 매몰과정에서 생긴 것이 아니라, 항해를 하기 전 이미 수리하였다. 직육면체의 목제는 결구의 손상으로 이격 틈이 더 넓어지는 것을 막지는 못한다. 하지만, 선박이 항해할 때 파도나 너울에 결구 부분이 흔들려 더 큰

149 수밀재는 선박에 물이 들지 않도록 저판, 외판 등 선체의 판재 사이를 박실(뱃밥)로 메워주는 것이다. 우리나라 고려시대 선박의 박실은 볏짚을 이용하였음이 안좌선, 마도2호선 등에서 확인되었다.
양순석·윤용희, 2006, 「안좌도 출토 목재편 및 초본류의 종 분석」, 『안좌선』, 국립해양유물전시관, p. 98.

<사진 14> 멍에형 가룡과 외판 결구 손상부

<그림 15> 멍에형 가룡 결구 위한 외판 홈

파손이 발생하지 않도록 삽입된 것으로 추정된다.[150]

이와 같이 대부도2호선은 외판 부재의 수리 흔적, 결구의 손상 등을 고려하면, 건조 후 일정 기간 이상 사용하고 수리를 한 후 운항하였다. 한선은 일정 기간 사용 후 선체를 해체하여 썩은 부재와 못을 교체하여 배의 수명을 늘리는데, 이를 개삭改槊이라고 한다. 아마도 대부도2호선은 이런 개삭이 필요한 상황에서 운항에 나섰다가 침몰한 것으로 추정된다.

대부도2호선에서는 많은 양의 유물이 출수되었다. 대부도2호선은 5개의 가룡을 기준으로 선체가 6칸으로 구분된다. 선체의 중간 부분에 해당하는 선수쪽 3칸 바닥에 고려청자, 도기, 청동유물이 집중되어 있었다. 도기 유물은 선체 내외부에서 모두 깨진 상태로 발굴되었다. 복원 결과 도기호 7점과 도기시루 1점 등이 확인되었다. 선미에서 많은 편이 나온 1점을 제외하면 모두 선체 3칸에서 대부분의 편이 출수되었다. 청자는 21점으로 접시와 발이 대표적이다. 청자는 대부분 문양이 없지만 청자음각연판문발, 청자음각선문발과 같이 문양이 새겨진 것도 있었다. 청자도 선체 3칸에서 집중되어 발견되었다. 청자는 내면의 모래빛음이 닳은 것으로 보아 화물이 아니라 실제 사용한 선상생활용품으로 보인다. 청자는 3칸에서도 우현 멍에형 가룡 부근에서 여러 점이 겹쳐있었다.[151] 여기에는

150 국립해양문화재연구소, 2017, 앞의 책, pp. 56~139.
151 국립해양문화재연구소, 2017, 앞의 책, pp. 140~167.

청동합 몸체와 뚜껑도 청자발과 함께 포개져있었다. 이렇게 청자, 청동 식기류가 선체 3칸 우현에 집중되어 발견되는 양상은 마도3호선에서도 보인다.[152] 이는 선원들의 생활공간으로 투석칸[153]이다. 투석칸에서는 철제솥에 밥을 하여, 밥은 담을 때는 도자기나 청동유물을 그릇으로 사용하였다. 젓가락은 대나무나 청동젓가락을 사용하고, 반찬은 젓갈이 주류를 이룬 것으로 추정된다.

또한 대부도2호선에서는 청자, 청동 식기류가 포개져 발견된 지점 아래 원통형 목재가 2점 넘어진 채로 발견되었다. 선체에서 발견되는 일반적인 원통목과 달리 곁가지가 조금 남아있었다. 출수 위치로 보아 식기류 보관과 관련이 있을 가능성이 있다. 멍에형 가룡 뒤편 선미 쪽 4·5·6칸에는 화물이 선체 바닥에 닿아 물에 젖는 것을 방지하기 위한 받침목과 원통목이 확인되었다. 하지만 받침목과 원통목 위에 있어야 할 화물은 없었다.[154] 화물은 침몰 후 갯벌에 묻히지 않은 것은 부식되거나 바닷물의 이동에 따라 유실되었다.

이외에도 빗과 참빗·망태기가 확인되었고, 감으로 추정되는 과육과 씨앗도 발견되었다.[155]

이러한 유물의 분포사항은 대부도2호선이 화물운반선으로 화물을 싣고 목적지에 도달한 후 회항하거나, 또 다른 화물의 운송을 위해 이동하다 침몰하였을 것이다.

152 신종국, 2016, 「난파선에 탄 비운의 주인공, 뱃사람」, 『한국의 보물선 타임캡슐을 열다』, pp. 200~201.

153 중간돛대 뒤에 있는 배안의 공간으로 배의 살림 부엌이다. 수중발굴 선박은 대부분 투석칸이 있다. 실제 생활용기인 철제솥, 도자기, 청동용기, 청동젓가락, 청동숫가락, 대나무젓가락, 젓갈통, 빗, 도기 등이 출수되었다.

154 국립해양문화재연구소, 2017, 앞의 책, pp. 168~174.

155 국립해양문화재연구소, 2017, 앞의 책, pp. 180~182.

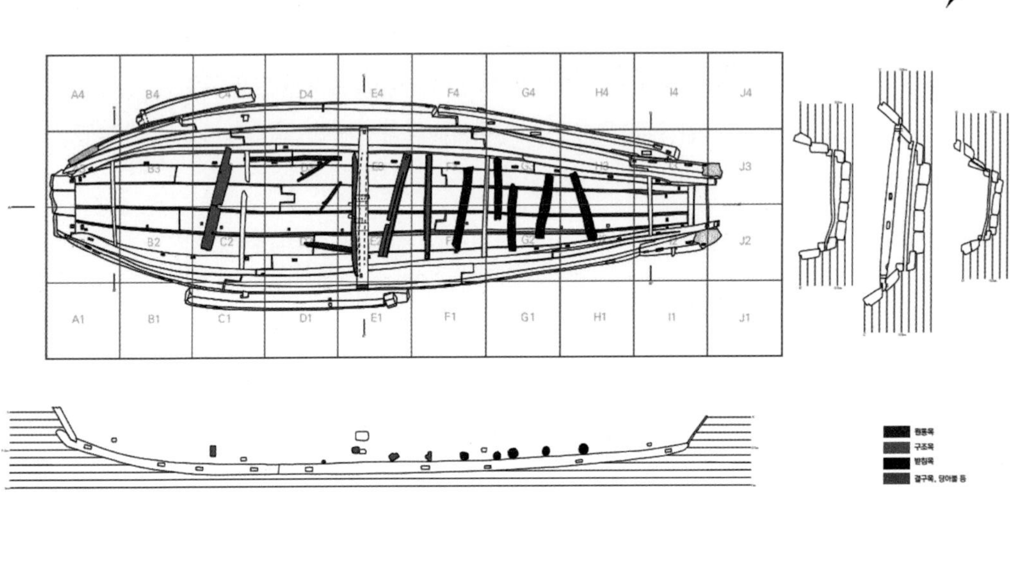

<그림 78> 대부도2호선 단면도와 노출 평면도

3. 조선시대 선박

조선시대 선박은 조선 초기 중앙집권 국가 체계가 수립되어, 국가에서 선박 제조에 관한 사항을 규정하였다. 본문에서는 조선시대 선박의 종류나 발달과정은 별도로 다루지 않았다. 수중발굴 선박인 마도4호선을 고려시대 선박과 연계하여 고찰하였다. 조선시대 선박은 향후 연구과제로 삼고자 한다.

1) 마도4호선

수중발굴 조선시대 선박은 마도4호선이 유일하다. 마도4호선은 조사 결과 국가에서 운용하는 관선官船인 조운선으로 확인되었다. 이전에 발굴된 고려시대 선박은 화물을 싣고 가던 운반선으로 출수 목간 등 해석 결과로 확인되었다. 일부 학자들은 이를 고려시대 조운선이라 부르기도 한다.[156] 하지만 학자에 따라 다양한 의견이 제시되었다. 조운선 여부는 현재도 논란이 계속되고 있다.

마도4호선에서 출수된 목간은 나주의 영산창榮山倉에서 한양의 광흥창廣興倉으로 공납한다는 명확한 자료이다. 국가가 조운선의 운영 주체라는 사실을 고스란히 기록으로 보여준다.

이에 본 고에서는 마도4호선의 구조, 출수 목간, 이외에도 시대 편년의 근거가 되는 분청사기를 간략하게 정리하였다.[157]

(1) 마도4호선의 구조와 특징

마도4호선은 마도해역 북동쪽에서 발굴되었다. 이전에 발굴한 마도1·2호선의 사이에서 발굴하였다. 발굴해역의 수심은 썰물과 밀물에 따른 차이가 있어 대략 9~15m 정도이다. 선수는 남동쪽 방향으로 우현이 약 50° 기울어진 상태로 개흙 속에 매몰되어 있었다.

선박은 내부 발굴조사 후 재매몰하여, 부재들의 연결방식과 선체 외형은 구체적으로 밝히지 못하였다. 조사 과정에서 실측·촬영 등으로 기본적인 구조는 확인되었다. 조사 결과 선박은 한선의 기본 선형인 평저선이다. 선체

156 고려시대 화물운반선은 조운선과 화물운반선으로 보는 견해가 팽팽하게 대립하였다. 하지만 마도4호선에서 출수된 목간은 지방의 조운창에서 한양의 광흥창으로 보낸 내용이 명확하다. 따라서 국가기관에서 행한 조운시스템을 증명하는 중요한 자료이다. 따라서 필자는 고려시대 화물선을 조운선으로 보지 않는다.

157 아래 논문을 수정·보완하였다.
김병근, 2016, 「마도4호선 목간의 분류와 내용 고찰」, 『태안마도4호선』, 국립해양문화재연구소, pp. 410~413.
국립해양문화재연구소, 2016, 『태안마도4호선』, pp. 91~99.

의 결구 방식도 고려시대 선박과 많은 차이는 없지만, 일부 구조는 고려시대 선박과 다른 특징을 갖고 있다.

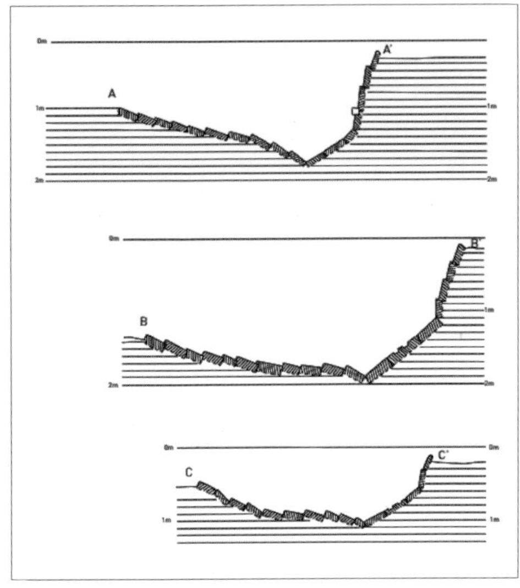

<그림 79> 마도4호선 중앙단면구조

마도4호선의 잔존 크기는 길이 약 15m, 폭 약 5m, 선심 약 2m이다. 갑판 등 상부 구조물은 침몰 당시 유실되거나 부후와 충해로 훼손되었다. 선박의 잔존구조는 저판, 외판, 선수부재, 선미판, 가룡, 멍에형 가룡, 기타 구조물 등이다. 선체에서 저판 3열, 좌현 외판 4단, 우현 외판 11단, 선수 부재 2단, 선미 부재 5단 등 구조이다.

중앙단면구조는 저판 3열, 좌현 외판 4단, 우현 외판은 11단까지 확인되었다. 선박의 구조는 날렵한 평저형이다. 중앙저판은 턱걸이 장부이음이며, 좌우저판은 반턱이음 방식이다. 이외에 가로형 반턱이음과 맞댄이음 방법을 사용하였다.

<사진 16> 중앙저판의 턱걸이 장부이음

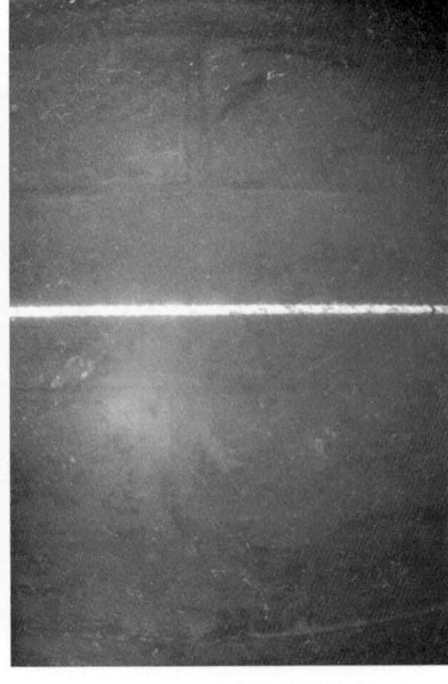

<사진 17> 저판의 가로형 반턱이음

저판은 3열로 선수·선미가 좁고, 선체 중앙 부분이 가장 넓다. 중앙저판에 돛대구멍이 선수와 중앙 부분에 총 4개가 있다. 이는 한국 수중발굴에서 최초로 확인된 쌍범선雙帆船이다. 저판 결구방식은 선체를 인양하지 않았기 때문에 정확하

지 않지만 장삭을 이용하였을 것이다. 저판과 저판 등 판재 사이는 초본류를 사용하여 수밀을 하였다. 수밀 부분에 석회를 바른 흔적도 있었다. 이는 고려시대 후기 안좌선에서도 이러한 양상이 확인되었다. 저판 형태는 선수와 선미를 치솟게 한 구조로 각도가 커진다.

<사진 18> 마도4호선 수밀재로 사용된 초본

<사진 19> 선체편 결구, 옹이 부분 석회 흔적

저판구조는 3열을 갖춘 평저형이다. 『각선도본各船圖本』의 조운선 10열과는 차이가 있다.[158] 저판 이음구조는 인양하지 않아서 정확한 형태는 확인하지 못하였다. 저판은 선체 노출 후 재매몰하였기 때문에 외부형태만 추정할 수 있다. 고려시대 선박의 이음 방법을 적용하면, 중앙저판은 턱걸이 장부이음과 가로형반턱이음, 좌우의 저판은 반턱이음과 맞댄이음방식을 사용하였을 것이다. 저판은 3열의 평저형으로 장삭을 서로 관통해 결구하였을 것이다.

저판의 연결구조도 인양하지 않아 정확한 구조는 알 수 없다. 현재까지 발굴한 선박의 예를 보면, 저판 3열은 장삭으로 관통하였을 것이다. 중앙부재와 좌우현 1열 저판 양측 면에 직사각형의 홈을 뚫어 장삭을 박아 연결하고, 위에서 산지를 박아 고정하는 방법과 쐐기를 박아 고정하였을 것이다.

돛대구조는 마도4호선에서 최초로 4개의 돛대구멍[159]이 선수와 중앙에서

158 일반적으로 한선은 3·5·7열의 저판의 구조이다. 각선도본의 조선漕船은 저판이 10열로 마도4호선과는 상당한 차이를 보인다. 하지만 평저선의 구조를 갖춘 한선으로 본질적인 차이점은 없다.

159 돛대구멍을 학자에 따라서는 구레짝 구멍이라고 부른다. 구레짝은 돛대를 감싸주는 구조로서 세

확인되었다. 이는 선체에 돛을 2개 설치한, 쌍범선이다. 발굴조사에서 확인된 한국 선박의 돛대 2개는 중국 산둥성 평라이시 등주수성에서 발견된 고려시대 선박인 봉래3호선이 유일하다.[160] 일반적으로 돛대 1개는 근해 항해, 2개는 원양항해로 이해하였다. 마도4호선에서 확인된 2개의 돛대는 근해 항해에도 돛을 2개 장착하고 항해하였음을 밝혀주는 중요한 자료이다. 이는 중량이 무거운 세곡을 싣고 항해를 하는데, 바람을 이용한 속도·방향 등을 조절하기가 편리하였을 것이다. 조선시대의『각선도본』의 조운선도 돛대가 2개 설치되어, 이를 실증한다.

이전에 발굴한 선박은 저판에 돛대를 꽂아 세우는 돛대구멍이 중앙부에 1곳만 있었다. 마도4호선은 선체 선수부와 중앙부에 각각 돛을 설치했던 돛대구멍이 2개이다. 돛대구멍은 '='형태를 갖추고 있어 구레짝을 사용했음을 알 수 있다.

또한 선체의 중앙에 돛대를 지지하는 멍에형 가룡의 각 단에 당아뿔이 만들어진 것도 처음으로 확인되었다. 중앙돛대는 멍에형 가룡에 돛을 고정하는 갈고리모양 당아뿔 4쌍이 확인되었다. 이물돛대는 당아뿔 1쌍이 확인되었다. 고려시대 선박은 중앙돛대 멍에형 가룡에 당아뿔 1쌍을 설치하였다.

마도4호선의 당아뿔 구조는 달리도선, 안좌선과 동일한 갈고리 모양의 구조이다. 하지만 달리도선, 안좌선보다 견고하게, 당아뿔을 여러 개 만들었다. 중앙돛대의 외판과 외판 사이에 멍에형 가룡을 추가하여, 당아뿔을 설치하였다. 멍에형 가룡 마다 돛대를 잡아주는 당아뿔을 설치한 독특한 구조이

울 때와 누울 수 있게 전후부를 막지 않은 형태로 '=자형'의 구조이다. 또한 구레짝은 돛대의 좌우 유동을 막고 동시에 멍에에 가해지는 힘을 분산시키고 또한, 돛대를 누일 때 돛대의 하단부가 저판에 닫지 않고 자유롭게 움직일 수 있도록 한다.

160 山東省文物考古研究所 外, 2005,『蓬萊古船』(中國)文物出版社.

다. 이물돛대는 당아뿔이 1개지만, 돛의 추진에는 단범선보다 훨씬 효능이 향상되었다.

당아뿔 연결구조		

외판구조는 좌현 외판 4단, 우현 외판 11단이 남아있었다. 외판 각 열의 이음 방식은 반턱이음방식이다. 외판의 각 단별 연결 방법은 홈붙이겹이음 방식으로 피삭과 산지로 연결되었다. 외판에 사용된 부재는 곡이 큰 원통형의 통나무를 달리도선과 안좌선처럼 선체 편 두께를 줄인 선형을 갖추고 있다. 상단과 연결하기 위해 'L'자형 턱을 만들어 연결되는 구조이다. 연결은 피삭으로 관통하였고, 산지를 박아 고정하였다. 조선시대 후기의 『각선도본』 외판 11단과 일치한다. 11번째 외판재의 상단에는 요[凹]형태의 큰 턱이 가공되어 있는데, 멍에를 걸었던 자리로 추정된다.

외판 이음 및 연결구조		

횡강력구조는 가룡과 멍에형 가룡이 좌우 외판을 연결하여 격벽의 역할을 하면서, 횡강력을 유지한다. 좌우 외판 부재와 연결되는 가룡과 멍에형 가룡은 선수부터 약 2m 간격으로 6구간에 설치되었다. 가룡의 경우 현재까지 출수된 고려시대 선박은 비교적 얇은 원통목을 사용하였다. 마도4호선은 두꺼운 선재를 사용해 선체의 횡강력을 높였다. 목재는 두께 약 20~25cm로 각목 또는 원통형으로 가공을 하였다. 멍에형 가룡은 돛대가 위치한 2곳에서 확인된다.

마도4호선은 세금 운송을 위해서 국가에서 직접 제작한 선박이다. 이는 조운선으로 강한 선체 제작을 위해 횡강력재인 멍에형 가룡을 두꺼운 목재로 여러 단 설치하였다. 또한 가룡은 고려시대 선박에 비하여 훨씬 가공이 잘 되었다. 돛대의 고정을 위해 갈고리 모양의 당아뿔 여러 쌍을 중앙 부분 멍에형 가룡과 선수의 멍에형 가룡에 설치하였다. 기존의 고려 선박에는 멍에형 가룡에 1쌍만 설치하였다. 이는 마도3호선에서 발견된 돛대 뿌리의 양쪽에 세웠던 지주가 당아뿔로 대체되었음을 알 수 있다. 만약 마도3호선과 같이 돛대 양쪽에 두꺼운 2개의 지주가 설치되었다면 당아뿔을 가룡마다 설치하기가 어렵다. 당아뿔의 설치 위치는 이물쪽으로 조선 후기의 고물쪽과 대비된다.

횡강력부재 연결구조		

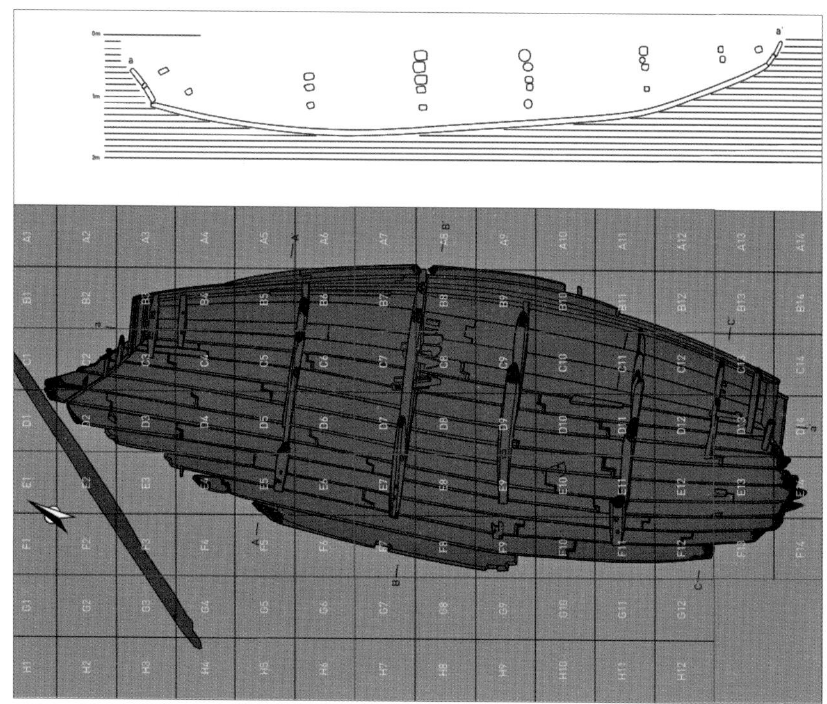

<그림 80> 마도4호선 평면도, 측면도

선수구조는 선수의 결구 방식이 고려시대의 세로형에서 가로형으로 변화하였다. 선수는 현재까지 확인된 적이 없는 가로형 결구 방식이다. 선미도 가로로 결구하였다. 가로형 결구 방식은『각선도본』조운선과 같은 방식으로 마도4호선이 조운선임을 알 수 있다. 특히 선수에 근접한 가룡은 횡·종강력을 유지하기 위해, 2개의 부재를 이용해 저판과 연결하였다. 이후 다시 선수[이물비우]와 연결하였다. 이런 구조는 마도4호선에서 처음으로 확인되었다.

이전에 발굴된 고려시대 선박은 선수는 세로, 선미는 가로로 결구하였다. 선수와 선미가 가로로 연결된 것은 조선시대에 들어서면서 확실하게 자리를 잡았다고 하겠다. 선수 부재는 2단이 확인되었다. 1단은 선수 부재에 저판 부재와 연결하기 위해 피삭을 사용하였다. 2단과 연결도 피삭이 확인되어 외판과 동일한 구조이다.

저판과 선수 부재의 연결은 선수 부재 내면 중앙에 사각형 홈을 파고 피삭으로 결구하였다. 상하 단의 선수 부재 연결은 피삭으로 외판과 같은 방법으로 연결하였다. 선수 부재와 외판 연결은 선수 부재 양쪽 끝에 외판의 두께에 맞추어 턱을 만들고, 선수 부재와 연결된 외판 부재 앞쪽을 선수의 각도에 맞추어 잘라내어 선수 부재에 맞춤하는 결구 방법이다.

또한 선수의 맨 앞쪽 위치한 가룡의 중앙 부분에는 홈에 피삭이 박혀있다. 선수 부재에도 가룡의 높이만큼 중앙 부분에 가룡 홈의 크기 정도 피삭이 박혀있다. 선수 부재 바깥쪽도 피삭이 확인된다. 이는 고려시대 선박에서 확인되지 않은 독특한 구조이다. 하지만, 그 용도를 정확히 알 수 없다. 추후 인양을 통해 선수의 각도, 피삭의 위치, 피삭의 형태, 피삭이 박히는 시작 점 등의 연구가 필요하다.

선수부재와 가룡의 연결구조

선미구조는 선미판 2단이 남아있었다. 선미 판재는 양쪽 외판에 'ㄷ'자 홈을 가공하고 선미판을 끼워 넣었다. 또한 서로 연결되는 선미판 사이 좌우현에 사각형의 홈을 뚫어 가룡의 연결구조와 같이 좌우로 연결하여 양쪽 촉(장부)이 빠지지 못하도록 장부에 구멍을 뚫어 산지를 박은 맞춤 방법의 구조이다.

마도4호선에는 선체 수리[改槊]흔적을 확인하였다. 우현 외판과 좌현 외판의 판재 일부를 떼어내고 새로운 목재로 교체해 수리한 흔적이 보인다. 선체를 수리한 곳은 각재가 덧대어졌다. 덧댄 각재는 고정을 위해 철제못을 사용하였다. 한국 전통 선박은 일반적으로 철제못을 사용하지 않고, 나무못을 사용한다고 알려져 있었다. 하지만 마도4호선은 선박의 수리나 보강 시 철제못을 사용하여, 조선시대 개삭에 철제못 사용을 확인하였다. 이는 한국 조선기술에서 중요한 변화상을 보이는 것이다.

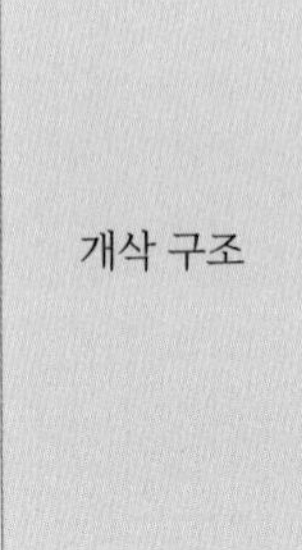

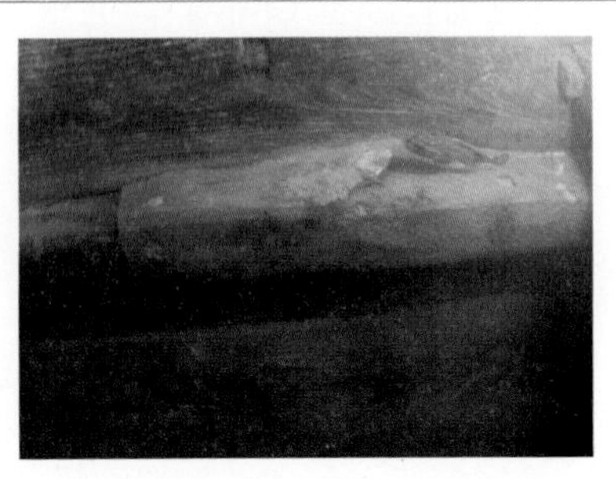

<사진 20> 마도4호선 수리용 목재

마도4호선의 특징 가운데 하나는 원통목圓筒木의 배치이다. 선체의 저판과 외판 내부에 고려시대 선박에 비해서 정교하게 배치하였다. 세곡이 물에 젖지 않도록 최대한 방지를 하였다. 이는 곡물의 적재 방법을 보여준다. 저판의 원통목은 지름이 두꺼운 것을 바닥에 배치하고, 가느다란 원통목을 가지런히 깔았다. 외판 내부는 원통목을 세워서 세로로 배치하였다. 선체 내부의 곡물이 바닷물에 젖지 않도록 원형 통나무들을 촘촘히 설치하였다. 곡물의 적재 공간에는 원통목을 설치하였다. 하지만, 선원의 생활공간인 중앙돛대 주변의 투석칸은 비워 두었다. 이는 돛대의 조정과 취사 공간 등으로 활용하였기 때문이다.

원통목은 저판에 직경 20~30cm 굄목을 설치하고, 굄목 위에 직경 5~10cm 원통목을 가지런히 배치하였다. 원통목의 길이는 가룡과 가룡 거리에 맞추어 설치하였다. 선체가 우현으로 기울어져 있어, 좌현과 원통목은 일부만 남아있다. 우현의 경우 선체와 원통목이 잘 남아있었다. 원통형 목재는 크기와 형태의 정형성이 떨어지는 것이 다수이다.

마도4호선에서는 칫대가 1점 발굴되었다. 칫대는 길이 6m이다. 전체적인 단면형태는 상단에서 2.7m까지는 둥근 원통형이며, 하단으로 가면서 납작한 장방형으로 좁아진다. 상단에는 칫대를 조정하는 창나무[161] 구멍이 있었다.

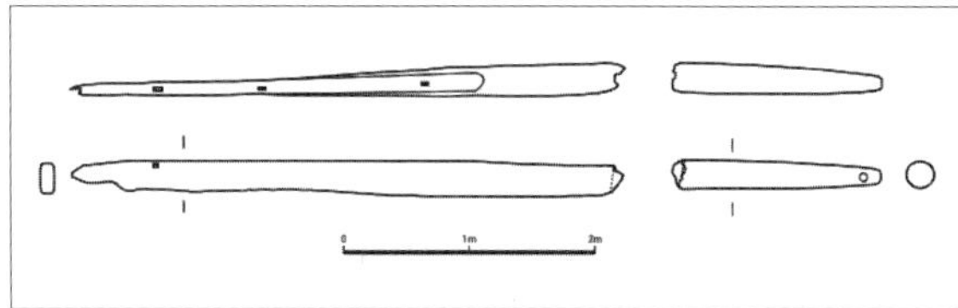

<그림 81> 마도4호선 키(치)

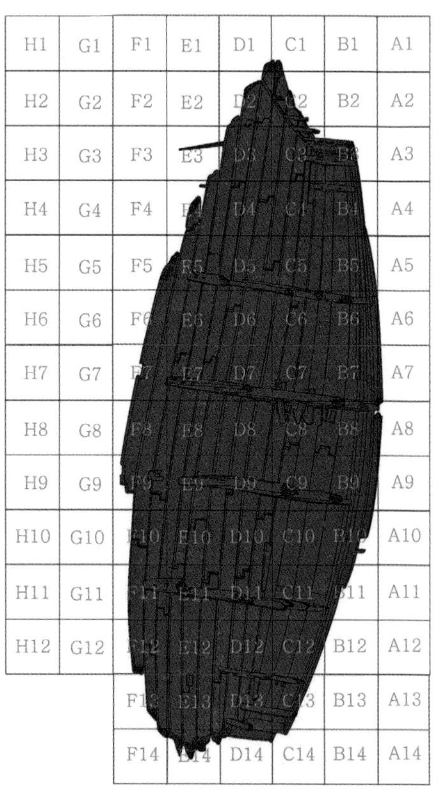

<그림 82> 마도4호선 매몰 평면도

(2) 마도4호선 목간의 형태별 분류와 특징

마도4호선에서는 신안선[162], 태안선[163], 마도1·2·3호선[164]과 같이 화물운송표로 쓰인 목간이 다량 발굴되었다. 발굴조사 결과 목간으로 분류된 유물은 총 63점이다.

마도4호선 목간의 재질은 나무와 대나무 두 종류로 목간 43점, 죽찰 20점이다. 목간이나 죽찰은 형태상, 내용상 차이점이 없어 재질별 분류는 무의미하다. 따라서 분류는 하나로 묶었다. 형태 분류의 첫 번째 기준은 이전 마도1·2·3호선과 마찬가지로 목간을 화물을 매달기 위한 홈의 유무다.[165] 홈

161 키의 손잡이

162 문화재관리국, 1988, 『신안해저유물』 종합편.

163 국립해양문화재연구소, 2009, 『앞의 책』.

164 국립해양문화재연구소, 2010, 『앞의 책』.
국립해양문화재연구소, 2011, 『앞의 책』.
국립해양문화재연구소, 2012, 『앞의 책』.

165 마도1·2·3호선에서는 다량은 목간이 출수되어 선박 침몰의 절대연대, 출발지, 발송처(발신자), 수

이 있는 것은 Ⅰ형, 홈이 없는 것은 Ⅱ형으로 나눴다. Ⅰ형은 모두 '〉〈'모양의 홈을 가지고 있다. 묵서 내용에 따라 글자를 쓰는 방법이 위쪽에서 내려 쓰는 방법과 아래쪽에서 올려 쓰는 차이가 있었다. 이를 A, B으로 구분하였다. Ⅱ형은 몸통 모양을 기준으로 직사각형 형태의 A형, 상단 또는 하단을 뾰족하게 다듬은 B형으로 나눴다. 분류기준을 적용해 분류하면 <표 1>과 같다.

〈표 1〉 마도4호선 목간의 형태 분류

분류		특 징	수량	기타
Ⅰ	A	위쪽에 '〉 〈'모양의 홈이 있음	2	
	B	아래쪽에 '〉 〈'모양의 홈이 있음	2	
Ⅱ	A	홈이 없으며 직사각형 모양	40	
	B	홈이 없으며 상·하단을 뾰족하게 다듬음	19	
총 계			63	

※ 형태별 분류는 발굴된 상태를 기준으로 하였다. 따라서 부러지거나 결실에 의한 차이가 날 수 있다.

마도4호선에서 출수된 목간의 크기는 다양하지는 않다. 목간은 대부분 길이 15cm 내외이다. 목간의 크기가 30cm 이상은 한 점도 없다. 완형도 대부분 10~15cm 크기이다. 이는 마도1·2·3호선에서 출수된 목간에 비해서 크기가 매우 작아졌다. 이는 고려시대의 선박은 사선의 성격이 강하여, 정확한 기록이 필요하였을 것이다. 따라서 발신자, 수신자, 수량, 화물 종류 등이 자세하게 기록되었다. 화물도 곡물에 국한되지 않고 다양하다. 따라서 이는 수

취처(수신자), 화물품목, 도량형 등 당시 사회를 밝히는 중요한 자료를 제공하였다.

조권을 소유한 개경의 귀족 등에게 개인적으로 보낼 가능성이 충분하다. 하지만 마도4호선은 조선 초기에 태종과 세종이 집권하면서 중앙집권화에 의해 왕권이 강화되면서, 관선 체계가 확실하게 정립되었다.[166] 이에 조운선의 목간에 발송처와 수취처를 적고 일부 세곡의 종류와 수량만 기재하였다. 따라서 목간도 크게 만들 필요가 없었을 것이다. 목간을 만드는 방법도 차이가 있다. 이전에 발굴된 목간은 나무나 대나무 가공에 정성을 들였다. 하지만 마도4호선의 목간은 이에 미치지 못한다. 목간 일부는 가공에 정성을 들여 전·후면을 가공하였다. 하지만 대부분 나무나 대나무를 벌채한 후 한쪽 면을 가공하여 글씨를 썼다. 목간을 만들기 위해 벌채한 나무나 대나무도 수령이 오래되지 않아 가늘고 강도도 뛰어나지 않다. 일부 목간에는 나무의 수피가 원형대로 남아있다.

Ⅰ형은 목간 상단에 '><'형태의 홈을 만든 Ⅰ-A형과 Ⅰ-B형이다. 수량은 매우 적다. 63점 중 4점이다. 홈은 초본류 끈을 묶어 목간을 화물에 매달기 위해 만든 것이다. 끈을 묶는 위치는 아랫부분과 윗부분이 일정하다.

Ⅱ형은 끈을 묶기 위한 홈이 없다. Ⅱ-1형은 직사각형 형태로 홈을 파지 않고, 끈을 묶었을 가능성도 있지만 어떤 방법으로 사용했는지는 알 수 없다. 주목되는 것은 상단 또는 하단을 뾰족하게 다듬은 Ⅱ-2 형태다. 곡물류는 『고려도경』에 나오는 '초점草苫'처럼 풀을 엮어 만든 것으로 운반했을 것이다. 이점은 마도1·2·3호선에서 발견된 볏섬을 통해서도 확인할 수 있다. 그렇다면 뾰족하게 다듬은 목간은 볏섬 또는 초점에 꽂아서 사용했을 것이

166 마도4호선의 침몰연대는 대략 세조~세종 년 간(1417~1425)으로 추정된다. 당시는 조선 건국 이후 중앙집권체제를 완성하는 단계이다. 특히 고려 말, 조선 초기의 혼란 시기를 극복하고, 재원 확보를 위해 세조 때 조운선을 새로 건조하였다.

다.[167]

죽찰은 마도1·2·3호선에서도 나왔는데, 형태상 특징은 동일하다. 묵서가 어떻게 적혀 있는가 하는 점에서는 차이가 있다. 마도1호선 죽찰은 대나무를 반으로 가른 후 약간의 가공을 하고 대나무 안쪽부터 글을 적어 나갔다. 추가 내용이 있는 경우나 혹은 발송자만을 뒤에 적었다. 마도2·3호선 죽찰 역시 대나무를 반으로 가른 후 가공한 것은 동일하지만, 대나무 바깥쪽부터 또는 그곳에만 글을 쓴 것이 있다. 따라서 마도2·3호선 죽찰의 앞면과 뒷면은 형태적인 특징이 아니라 묵서가 어디에서부터 적기 시작했는가를 기준으로 삼아 구별하였다. 마도4호선 죽찰도 대나무를 반으로 가른 후 가공하였다. 대나무 대부분 내부를 가공하고 외부는 가공하지 않았다. 묵서는 대부분 가공한 내부에 묵서하였고, 일부가 외부를 가공한 후 묵서한 것이 있다.

(3) 마도4호선 목간의 분류와 주요내용

마도4호선 목간은 선박에 실린 화물의 운송표로 발송처發送處와 수취처收取處, 곡물 종류, 수량 등이 적혀 있다. 대부분은 발송처와 수취처이다. 내용에 따른 분류는 다음과 같이 적용하였다. 첫 번째 기준은 발송처와 수취처가 Ⅰ형이다. 두 번째는 곡물과 수량이 묵서된 것을 Ⅱ형으로 분류했다. 기타 판독이 불가한 것은 Ⅲ형으로 분류했다.

Ⅰ형은 발송처와 수취처가 함께 나타나면 A형, 발송처만 있으면 B, 전면에 발송처와 수취처 그리고 후면에 묵서가 있으면 C형으로 나눴다.

167 임경희, 2011, 「마도2호선 목간의 분류와 내용고찰」, 『태안마도2호선』, 국립해양문화재연구소, pp. 439~440.

〈표 2〉 마도4호선 목간의 내용 분류

분류기호		분류특성	수량, 묵서내용
Ⅰ형	A	발송처나 수취처가 적혀 있음	51점(羅州廣興倉)
	B	발송처만 적혀있음	1점(羅州)
	C	전면에 발송처와 수취처 그리고 후면에 묵서	2점(전: 羅州廣興倉, 후: 白米十五斗, 전: 羅州廣興倉, 후: /)
Ⅱ형		곡물이나 수량이 적혀 있음	7점(十五斗 등)
Ⅲ형		묵서 없거나 판독 불가	2점
총 계		63점	

내용별 분류에서 가장 특징적인 것은 Ⅰ-C형이다. 2점만이 전·후면에 묵서가 보인다. 특히 '백미십오두白米十五斗'라고 묵서되어, 백미도 조운선에 선적하였음을 알 수 있다. 이는 일반적으로 가공하지 않은 볍씨를 운송하는데 별도로 백미를 취급하였음을 알 수 있다. 곡물과 수량은 '맥십오두麥十五斗' 형식과 '구두九斗' 등으로 표기하였다. 석으로 표기되지 않고 적은 수량 단위를 표기하였다.

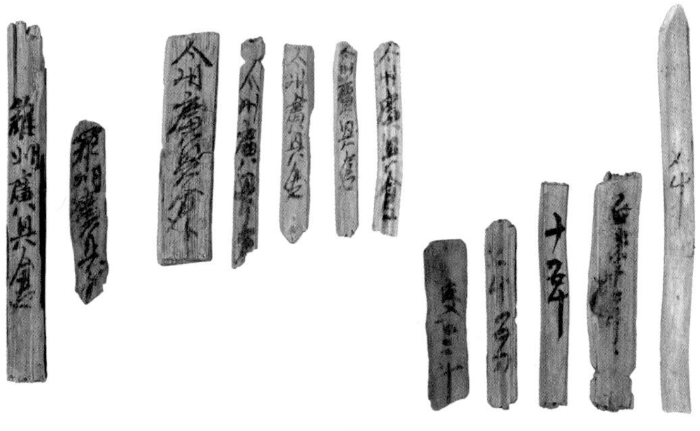

<사진 21> 마도4호선 출수 목간

마도4호선의 목간을 통해 조선시대 조운선과 관련된 사항들을 유추할 수 있다.

첫째, 공납품의 발송지역이 확인되었다. 마도4호선 목간 가운데 지명은 '나주羅州'가 유일하다. 총 52점이다. 목간에 나오는 지명은 공납품의 발송처이다. 이는 공납품의 수취지역, 즉 전출田出 곡물의 경우 토지가 있는 지역과 특산품을 수합收合하여 발송하는 지역이다.

또한 지명을 통해 마도4호선의 출항지를 명확하게 밝혔다. 조선 초기 나주를 중심으로 인근 수조收租지역의 곡물과 특산물을 수합하여, 영산창에서 출항하였다.

둘째, 수취처가 정확하게 명기되어 있다. 목간 가운데 수취처를 파악할 수 있는 것은 총 50여 점이다. 수신처는 목간에 광흥창을 뜻하는 '나주광흥창羅(亽)州廣興倉'이 적혀 있다. 이는 전라남도 나주羅州 영산창榮山倉에서 거둬들인 세곡 또는 공납품을 관리의 녹봉을 관리하던 조선시대 국가기관인 광흥창으로 옮기던 것으로 해석할 수 있다. 광흥창廣興倉은 조선시대에 관리들의 녹봉을 관장하던 기관으로 고려 충렬왕 때 최초 설치되어 조선시대까지 존속한 관아이다. 현재 서울 마포구 창전동에 자리한 광흥창역(지하철 6호선) 부근이 당시 광흥창이 있던 자리다. 이전에 발굴한 마도1·2·3호선은 대부분 고려시대의 권력자나 개인에게 보낸 화물들을 운송하던 선박이다. 일부 학자들이 화물 선체 등을 비교하여 조운선으로 주장하고 있지만, 조운선 여부는 명확하지 않다. 필자는 마도4호선의 목간의 예를 들어 조운선 주장에는 반대한 입장이다. 즉, 마도4호선은 광흥창이라는 국가기관으로 보내는 공물을 적재했다는 점에서 한국 역사를 통틀어 최초로 확인된 조운선이다. 아울러 수중발굴에서 발굴된 최초의 조선시대 선박이자 조운선이다.

셋째, 화물의 종류를 파악할 수 있었다. 목간에 새겨진 나주광흥창은 대부분 벼로 확인되었다. 이는 볏섬에 목간을 매달거나 꽂아서 구분하였다. 이는 선체의 구역별로 수취지역에 따라 구분하였을 것이다. 마도4호선 목간에서 화물의 종류를 확인할 수 있는 목간은 총 2점이다. '백미십오두白米十五斗', '맥삼두麥三斗'이다. 주요 적재품은 벼이지만 백미와 보리도 일부 적재하여 운반하였다.

마도4호선의 연대는 목간으로 정확한 시기를 추정하기가 쉽지 않았다. 목간에 기록된 영산창은 중종 7년(1512)에 영산창에서 수납하던 세곡을 영광 법성포창으로 이관하게 된다.[168] 이는 16세기 초기까지 영산창이 존속하였음을 알 수 있다. 마도4호선의 침몰은 15~16세기 시점에 이루어졌음은 명확하다. 하지만, 목간에 묵서된 내용으로 시대 편년의 근거가 부족하여, 정확한 침몰연대는 알 수가 없었다.

광흥창은 고려시대부터 이어져 왔고, 영산창은 조선 초기에 설립되었지만 정확한 시대 파악은 어려웠다. 즉『경국대전』에 조선 초기 영산창이 다른 조창들과 함께 9곳의 조창이 설립되었지만 시대 편년은 쉽지 않다.

마도4호선의 연대 추정은 출수 분청사기로 시도하였다. 출수 분청사기 대접과 접시는 150여 점으로 그 중 3점에 '내섬內贍'이라는 글자가 새겨져 있다. 이는 조선시대 궁궐에 물품을 관리하던 내섬시內贍寺를 의미한다. '내섬'을 분청사기에 새기기 시작한 시기는 관청의 명칭을 표기하도록 하는 1417년(태종 17)으로 알려졌다. 이와 함께 자기의 형태, 문양, 제작기법 등을 살펴보면 15세기 초반 제작 양식임을 알 수 있다. 따라서 마도4호선은 1410~1420년대(태종~세종)에 물품을 싣고 항해하다가 마도 해역에서 침몰하였을 것으로 추정된다.

마도4호선은 조선시대 선박으로 현재까지 발견된 적이 없는 최초의 조운선이다. 마도4호선은 나주에서 보낸 세금을 광흥창으로 옮기던 조운선이었다. 고려시대 선박인 마도 1·2·3호선에서 발견된 목간은 개인이 개인이나 기관에게 보낸 화물이다. 이에 조운선 여부가 아직도 설왕설래 하고 있다. 하지만 마도4호선은 공적 물류시스템에 의한 세곡의 운송을 목간이 증명하고 있다.

168 『중종실록』 제16권, 중종 7년(1512) 9월 27일(무술).

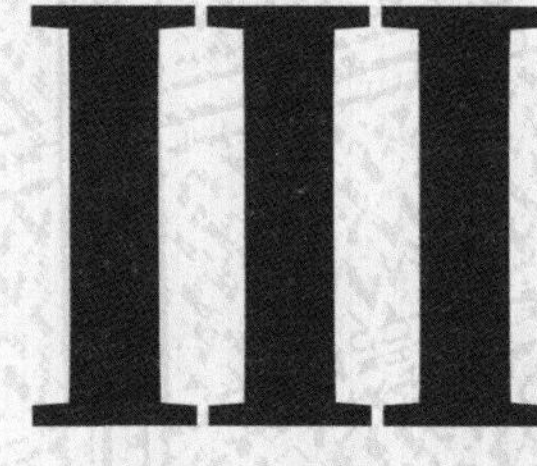

수중발굴 선박의 시대구분

Ⅲ. 수중발굴 선박의 시대구분

선사시대 사람들은 통나무배와 뗏목을 이용하여, 어로작업이나 이동 수단으로 사용하였다. 이는 문헌이나 고고유물을 통해서 확인된다. 선박의 발달은 이처럼 원시적인 형태인 반구조선 단계를 거쳐 구조를 갖춘 구조선으로 발전하였다.

이러한 관점에서 한국의 전통 선박의 구조적 변화과정과 시대에 따른 변화 흐름을 이해할 수 있는 시대구분은 매우 중요한 의미가 있다.

먼저 선박의 발전 단계를 보면, 원시시대는 통나무배나 뗏목으로부터 강 어귀를 따라 수상생활이 발전하였다. 선박의 규모가 커지면서 바람과 노의 힘으로 항해를 시작하는 범선시대로 변화한다. 18세기 이후에는 증기기관이 발명되었고, 19세기에 들어서면서 기선의 출현한다. 현재는 최첨단의 엔진을 갖춘 선박으로 발전하였다.

세계의 선박 발달도 궤를 같이한다. 중국 선박의 역사는 기원전부터이다. 『세본世本』이라는 고문헌에서 "고자관낙엽인이위주古者觀落葉因以爲舟"라는 기록이 나타나며 『회남자淮南子』에도 "견규목부이지위주見窍木浮而知爲舟"라는 기록이 있다. 『물원物原』의 "수인씨이포제수燧人氏以匏濟水, 복희씨시승부伏義

氏始乘桴"라는 기록이 보인다. 이는 나무나 표주박으로 물을 건너는 수단으로 하였다.[1] 이후 뗏목과 통나무배 등을 이용하였다.

중국은 다양한 선박이 지역에 따라 출현한다. 선형도 지역에 따라 다양하게 발전되었다. 특히 항주만杭州灣 북쪽의 항구와 연해항로는 수심이 얕고 사퇴沙堆가 많아 평저형平底形을 주로 만들었다. 항주만 남쪽은 연해의 수심이 비교적 깊고 만이 좁고 길며 도서가 많아 첨저형尖底形을 건조하였다.

이집트에서는 B.C. 3000년경에 20여 개의 노와 큰 돛을 장비한 구조선이 출현하였다. 로마, 페니키아, 그리스 등 여러 나라도 기원전에 노와 돛을 가진 큰 선박을 만들어 활용한 기록이 있다. 이러한 과정을 거쳐 구조선이 출현하게 되었다.

한국인들이 타고 다닌 선박이 어떠한 모양이었고, 그 크기가 어느 정도였는지는 알 수 없다. 한국에서 가장 오래된 선박은 기원전 8000년 신석기시대 통나무배가 경남 창녕군 비봉리에서 발굴되었다.[2] 이는 선사시대에 이미 한반도를 중심으로 선박을 이용한 항해가 시작되었다는 실증이다. 청동기시대는 경북 울주군 대곡리에서 발견된 청동기시대 암각화에서 볼 수 있다. 뱃머리와 꼬리 부분이 치솟아 올라 있고 근처에 고래 같은 것들이 그려져 있다. 이 선박은 고래잡이 선박 가능성이 크다. 가야와 신라시대 유물은 구체적인 모양을 찾을 수 있다. 토기의 형태로 발견된 주형토기舟形土器이다. 이는 주로 무덤의 부장품이 대부분을 차지하는데, 삼국시대의 선박의 구조 일면을 확인할 수 있다.

한국에서는 통일신라시대의 유적인 안압지雁鴨池를 발굴하여, 연못 바닥에 통째로 묻혀 있던 3쪽 배가 발굴되었다. 이를 계기로 고대 선박에 대한 관

1 席龍飛, 2000, 『中國造船史』, (中國)湖北教育出版社, p. 7.
2 국립김해박물관, 2008, 『비봉리』.

심을 갖게 되었다.[3] 안압지 통나무배는 3쪽을 연결하여 만든 선박이지만 한국 전통 선박의 근원을 고스란히 간직한 반구조선으로서 매우 중요한 자료이다.

통일신라시대 선박으로 동아시아 바다를 누비던 장보고의 교관선交關船[4]이 있다. 장보고는 선단을 이끌고 동아시아 바다를 건너다니며 주변 나라와도 활발한 해양교류를 전개하였다. 교관선이란 선박은 크고 행동이 민첩하여 과연 신라인들의 선박 건조술과 항해술에 감탄하였다고 한다. 일본인들이 직접 와서 기술을 배워간 것도 이와 무관하지 않다. 일본에 아스카 문화를 꽃피웠던 백제인들의 해양 활동에 대한 기록도 있다.[5] 그러나 교관선과 마찬가지로 기록에 의지할 뿐 선박에 대한 구조나 실체의 파악은 막연하다. 한국에서는 장보고의 해양 활동이 조명을 받으면서 교관선을 복원한 예가 있다. 선박구조에 대한 자세한 기록은 살펴볼 수 없으나 원거리를 항해하는 무역선으로서 용골을 갖춘 첨원저형선尖圓底形船으로 복원하였다.

한국에서는 선박사 관심이 높아지면서 백제선과 신라선이 존재하였음을 증명하기 위한 연구도 시작 단계에 들어섰다. 하지만 문헌의 한계 때문에 진전은 더디다.

한국 선박의 시대구분에서 조선시대 대표적인 선박은 거북선이다. 거북선 구조나 출현 시기 연구는 아직도 진행 중이다. 한국 사람이면 조선시대 거북선의 활동 사실을 모르는 사람은 없다. 한국의 전통 선박은 평저선이 대표적이다. 서해안 일대의 리아스식해안과 조수 간만의 차로 평저형 선박을

---

3 안재철, 2000, 「한선의 구조와 변천」, 목포대학교대학원 석사학위논문.

4 교관선交關船에서 '교관'은 교역과 같은 의미이다. 교관선은 장보고가 파견한 사무역선이다.

5 최근식, 2002, 「장보고 무역선과 항해기술 연구–신라선 운항을 중심으로–」, 고려대학교대학원 박사학위논문.

만들었다. 만조滿潮 때 밀물을 타고 들어와 갯가에 편히 앉을 수 있어서 선박을 부리기 편리하였다.

하지만, 한국 고선박에 대한 시대구분은 거의 이루어지지 않았다. 김재근이 문헌과 수중에서 발굴한 완도선 등을 중심으로 한국의 선박사를 초보적으로 다루었다.[6] 고려시대 선박은 완도선을 중점적으로 소개하였다. 그에 의한 선박사는 통시적인 관점으로 문헌에 기록이 많이 남아있는 조선시대의 선박과 거북선을 중점적으로 다루었다. 하지만 김재근에 의한 시대구분은 한국 선박사 연구의 자양분 역할을 하였다. 현재까지 그의 연구성과는 한국 선박사 발달에 커다란 초석을 다졌다. 한국 선박은 조선시대를 제외하고, 문헌과 실증자료 부족으로 선박사의 체계화가 쉽지 않았다. 이외에 이원식이 한국의 선박에 대하여 거북선과 강배, 해선海船, 완도선 등과 문헌 자료를 소개하였다.[7]

1984년 고려시대 완도선 발굴 이후 2000년대 들어서면서 수중발굴의 활성화로 고선박이 잇달아 발굴되었다. 선박의 발굴은 선박사 연구 전환점이 되었다. 또한, 1995년 달리도선이 발굴되면서, 수중발굴 선박과 문헌을 중심으로 한선의 구조와 변천 과정을 통시적으로 다룬 논문이 발표되었다. 하지만, 수중발굴 선박의 비교 대상이 완도선, 달리도선으로 자료의 한계가 있었다.[8] 이외도 일부 학자들이 한국 고선박을 다루었다.

---

6 수중발굴 선박의 최초 기술은 김재근이 수중출수 신안선·완도선과 문헌을 중심으로 정리하였다. 신안선은 중국 원대 선박으로 한국 선박과는 달리 다루었다. 하지만 완도선이라는 한정된 자료로 시대구분을 서술하였다. 이후 달리도선 등을 보강하여 선체를 고찰하기도 하였다.
김재근, 1989, 『우리 배의 역사』, 서울대학교출판부.
김재근, 1994, 『한국의 배』, 서울대학교출판부.
김재근, 1994, 『속 한국선박사연구』, 서울대학교출판부.

7 이원식, 1990, 『한국의 배』, 대원사.

8 안재철, 2000, 앞의 논문.

한국 선박의 발굴은 완도선(1984)을 시작으로 마도4호선(2015)까지 12척을 잇달아 발굴하였다. 선박은 각종 곡물·젓갈·도자기·죽제품·목간·죽찰 등이 함께 발굴되었다. 목간과 죽찰을 통해 선박의 선적, 출항일, 발신지, 발신자, 수신자, 화물의 종류와 수량뿐만 아니라 태안선과 마도1호선에는 목간에 간지干支가 묵서되어 있었다. 목간의 간지로 선박의 절대연대를 확인하였다.[9]

특히 마도4호선은 출수 목간의 판독으로 한국 최초의 조선시대 조운선이 발굴되었다. 문헌에 기록된 조운선의 실체가 드러난 것이다. 조운선은 관선官船으로 국가의 물류체계는 물론 조세를 운반하는 가장 중요한 역할을 하였다.

현재까지 서해안을 중심으로 한국 해역의 수중이나 해변에서 발굴조사된 선박은 14척이다.[10] 선박은 통일신라시대부터 조선 초기까지로 약 900년에 걸친 한국 선박사를 이해하는 길잡이이다. 발굴 선박은 대부분 화물선으로 도자기·곡물·생활용품 등의 화물을 싣고 가거나 하역을 마친 후 회항하는 과정 혹은 기타 목적으로 항해하다 침몰하였다.[11]

발굴 선박은 한국 선박의 구조뿐만 아니라 한국 선박사의 발달과정을 이해하는 기준이 된다. 선박의 시대구분은 선박의 구조, 목간·도자기·금속 등 유물의 비교와 방사성탄소연대측정, 위글매치 등 과학적인 방법이 적용된다.

---

9 국립해양문화재연구소, 2010, 『태안마도1호선』, pp. 596~599.

10 수중발굴 선박은 통일신라시대 1척, 고려시대 10척, 조선시대 1척 등 한국 선박이 12척이다. 신안선, 진도 통나무배 2척은 중국 선박이다.

11 화물선은 완도선, 십이동파도선, 태안선, 마도1·2·3호선, 대부도2호선 등이다. 기타 달리도선, 안좌선, 대부도선은 화물이 적재되어 있지 않고 일부 도자기와 목재 원통목 등이 발견되었다. 이들 선박의 정확한 용도는 이후 보다 심도 있는 연구가 요구된다. 마도4호선은 조운선으로 국가에서 운영하는 세금운반선이다.

이 장에서는 한선의 구조를 소개하고, 수중발굴 선박의 구조와 유물을 고찰하여 한국 선박의 시대구분을 시도하였다. 편년 방법은 발굴보고서의 시대를 종합하고, 선박의 구조적 차이점과 유물을 종합하여 선후관계를 정리하였다.[12] 또한 기존의 시대구분의 문제점을 보완하여 일부 선후관계를 재정립하였다. 이를 통해 미력하나마 중세시대 선박사 발달과정을 소개하였다.[13]

1. 한선의 구조적 특징

한선韓船은 선사 이래 한반도에 뿌리를 내려온 우리 민족의 전통 선박이다. 한반도에 살아온 우리 민족을 한민족이라 불러 마땅하듯, 그 주선舟船은 한선이라 해야 한다. 더욱이 재래식 중국선을 정크선, 일본선을 화선和船 또는 대화형선大和型船이라 부르는 데 대응하여 한선은 한국의 전통적인 선박을 포괄적으로 표현한다.[14] 삼면이 바다에 접하고 하천이 많은 반도를 생활터전으로 한 한국은 다른 지역과 구별되는 독특한 선박의 구조를 발전시켰다. 한선은 기본적으로 평저형이면서 다른 지역의 선박들에 비해 구조방식이 아주 독특하다. 평저형은 중국 등 다른 나라에도 존재한다.

---

12 필자가 2010년 해양문화재에 투고한 고려시대 선박의 연대와 구조를 서술할 당시는 통일신라시대 영흥도선과 고려시대 대부도2호선·마도3호선, 조선시대 마도4호선은 발굴되지 않았다. 이들 선박의 발굴로 이를 첨삭하면서 제목도 수중발굴 선박의 시대구분으로 바꾸었다. 따라서 아래 논문을 수정·보완하였다.
김병근, 2010, 「수중발굴 고려선박 구조와 시대구분 고찰」, 『해양문화재』제3호, 국립해양문화재연구소.

13 일부 내용은 앞 장의 「수중발굴 선박의 개설」과 중복重複을 밝혀 둔다. 글의 전개상 중복을 피할 수 없는 경우를 고려하였다.

14 김재근, 1989, 앞의 책, p. 8.

한선의 유형은 상선과 관선, 군선, 야거리[15], 당두리[16], 곳배[17], 그리고 강배인 늘배[18] 등 독특하고 다양한 선박들이 한반도에 정착하였다.

한선은 두텁고 평평한 저판을 주축으로 밑에 깐다. 저판 좌우에 뱃전을 붙여 올려 앞과 뒤를 판재로 가로막은 사각 형태의 선형이다. 이는 넓고 두꺼운 저판을 밑에 깔고 그 주변에 외판과 선수재, 선미재를 세워서 서로 고착하여 선각船殼을 꾸민다. 그 상면에 필요한 만큼 멍에 등 횡량橫梁을 가로 붙인다. 그 밑에 있는 외판재에 가룡을 설치하는 기본 구조방식을 취하는 독특한 평저형平底形이다.

수중발굴 선박의 시대구분을 위해 한국 전통 선박인 한선의 구조를 간략하게 소개한다. 한선의 구조는 근대 한선에서 보이는 특징[19]과 현재까지 수중발굴 선박을 중심으로 정리하였다. 이러한 기본적인 구조적 특징을 바탕으로 시대구분을 시도하고자 한다.

1) 중앙단면구조

중앙단면은 선박의 저판과 외판의 입면立面형태를 가리킨다. 한국 수중발굴 선박의 중앙단면구조는 저판 3·4·5·7열로 이루어졌다. 조선시대『각선도본』의 조운선은 저판이 10열이다. 저판의 연결은 긴 장삭을 이용하였다. 저판 3열은 판재를 통通으로 연결하는 구조이다. 저판 4·5·7열은 3열을 먼저 연결한 다음 좌우에 다른 장삭으로 결구한다. 이는 저판의 수량에 따라 장삭의 결구가 달라지는 방식이다. 수중발굴 선박에 공통적으로 채용하였

15 돛대가 하나 달린 작은 배이다.

16 바다에서 다니는 큰 나무배로 돛이 3개 달려 있다.

17 강화도 부근에서 새우잡이를 할 때 이용하는 배로 자력으로 항해는 불가능하다.

18 강을 오르내리며 짐을 실어 나르던 길이가 긴 돛단배이다.

19 국립해양유물전시관, 2008,『근대한선과 조선도구』도록, pp. 25~36.

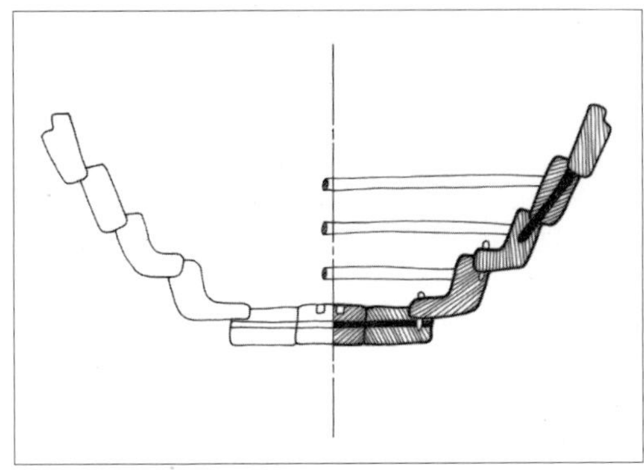

<그림 1> 고려초기 중앙단면구조(십이동파도선)

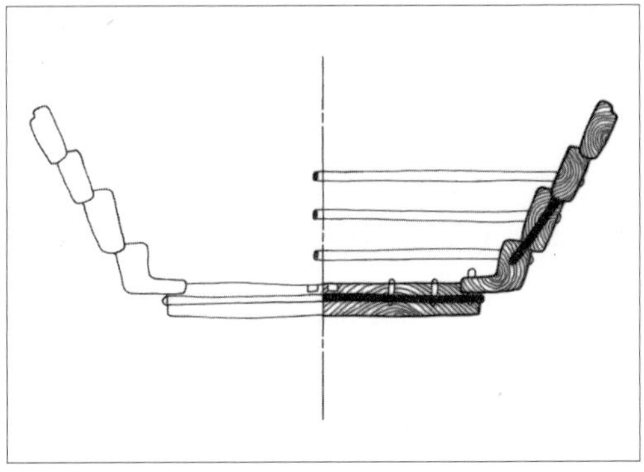

<그림 2> 고려초기 중앙단면구조(완도선)

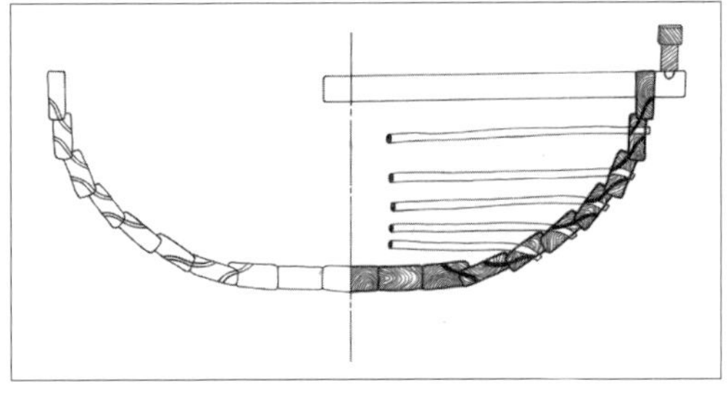

<그림 3> 근대한선의 중앙단면구조

다.[20] 현재까지 확인된 수중발굴 선박의 저판은 이러한 범주에서 벗어나지 않았다. 중앙단면구조는 평저형이다.

횡단면구조는 저판을 장삭으로 결합해서 평탄한 저판을 만든다. 이후 좌우 양현에 외판재를 홈붙이겹이음방식으로 붙여 올려 피삭으로 고정한다. 좌우현의 외판재는 각각 가룡과 멍에형 가룡, 멍에로 격벽을 구획하여 창倉을 만든다. 가룡은 선박이 오므라들지 않도록 하고, 멍에형 가룡은 대들보와 같은 역할과 돛대를 지지해주는 구실도 함께 한다. 멍에는 횡강력에서 가장 큰 힘을 지탱한다.

2) 저판구조

저판은 선박의 맨 아래 선저船底 부분을 통칭한다. 선박의 기본적인 구조를 형성한다. 저판은 인체의 척추脊椎와 같은 것으로 선박의 가장 아랫부분

20 김병근, 2010, 앞의 글, pp. 157~158.

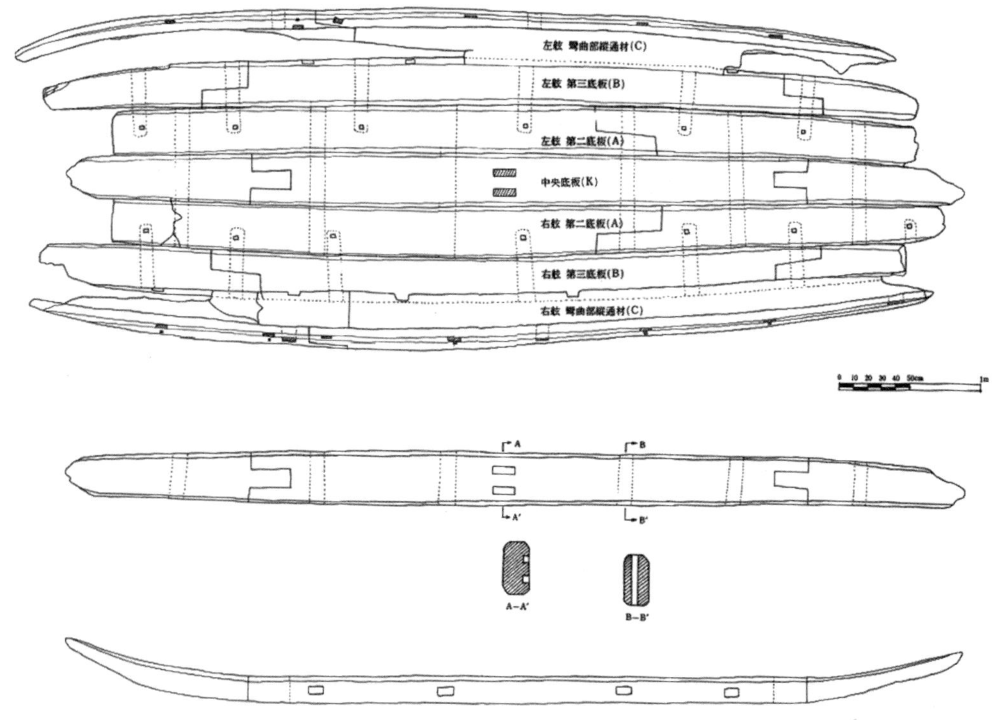

<그림 4> 저판구조 (완도선 저판과 중앙 저판)

에서 선체를 받치는 중요 골격 역할을 한다.

한선의 저판은 본판 또는 배밑이라 하고, 선체의 기반을 이루는 부재이다. 저판은 기다란 각재 여러 열을 평탄하게 놓고 직사각형으로 꾸민다. 고착은 평평한 접합 면을 그대로 이어 붙인다. 측면에 일정한 간격으로 구멍을 뚫고 장삭을 박아 조립한다. 장삭의 머리 쪽을 부채꼴모양으로 가공하고 반대쪽은 쐐기를 박거나 피삭을 박아 장삭이 빠져나오지 않도록 고정한다.

저판의 구조적인 특징은 저판 두께가 좌우현 외판의 두께 보다 두 배 정도 두껍다는 것이다. 또한 저판의 평면 형상은 선체 중앙 부근 너비가 선수와 선미보다 넓은 구형矩形이다. 저판의 측면은 선수와 선미 부분에서 약간 치솟아 오르는 형상으로 저판 전체가 완만한 곡선曲線 모양을 이룬다. 이처

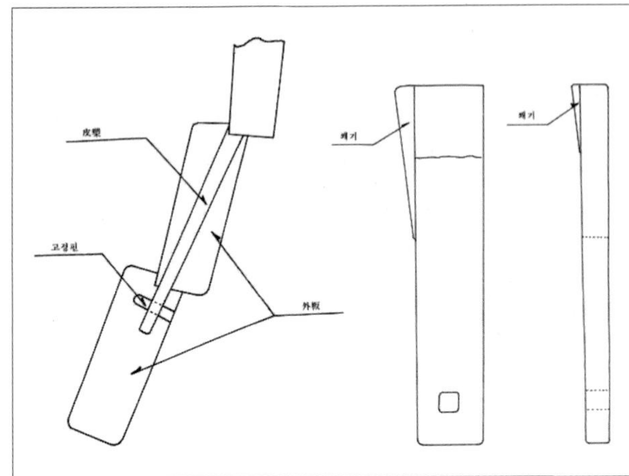

<그림 5> 고려시대 저판과 외판의 연결방법

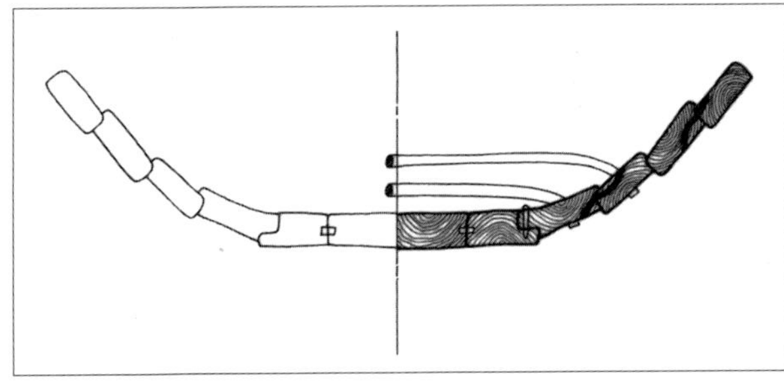

<그림 6> 근대한선 저판과 외판 연결 방법

럼 저판이 평평한 것은 연안해역의 지형적인 영향을 받았다. 특히 서해안은 해안선의 드나듦이 복잡하고 간만의 차가 극심하여, 물이 빠진 갯벌 바닥에 선박이 넘어지지 않도록 안전하게 정박을 시키기 위해서다.

수중발굴 선박의 저판은 저판이 여러 개 열로 이루어졌다. 저판과 외판의 연결 방법은 만곡종통재 여부에 따라 구조적 차이가 있다.[21]

중앙저판재를 구성하는 부재는 장부이음과 'L'자형 반턱 위에 '요철凹凸''의 복합된 턱걸이 장부이음방식의 결구 형태를 취하고 있다. 좌우저판은 단순한 'L'자형의 반턱이음방식과 맞댄이음방식이다. 중앙저판과 좌우저판의 연결은 서로 대칭을 이루며 좌우에 위치한다.

일반적으로 한국 선박은 중앙저판에 돛대를 세우기 위한 1·2쌍의 장방형 구멍이 있는데, 선수 쪽과 중앙에서 선미 쪽으로 약간 치우쳐 있다.

3) 외판구조

외판은 선체의 외관 형태를 결정한다. 외판은 인체의 피부 즉 외피에 해

21 김병근, 2010, 앞의 글, p. 160~161.

당하는 부분이다. 외판의 단면 형태는 아래쪽 외판을 'L'자형 반턱을 따낸다. 각단 외판 연결은 온전한 윗단 외판을 홈에 들어맞게 한다. 이후 다음 윗단 외판 측면에서 세로로 구멍을 뚫어 피삭을 관통시켜 아랫단 외판에 고착한다. 외판은 비늘 형식으로 겹쳐 쌓는 홈붙이겹이음방식이다.

외판과 외판의 이음은 맞댄이음과 반턱이음이 주로 사용되었다. 반턱이음은 피삭으로 고정하였다. 선박의 껍질이라고 할 수 있는 외판구조의 이음 형식은 수중발굴 선박에 잘 나타나 있다. 이러한 외판 조립 구조는 근대에 이르기까지 꾸준히 유지되었다.

외판은 좌우 양현에 외판재를 홈붙이겹이음방식으로 붙여 올려 피삭으로 고정하는 구조이다. 외판의 피삭을 접합하는 방식은 두 가지로 구분된다. 이와 같은 조립방식은 부재의 굵기나 두께와 관계가 있다.

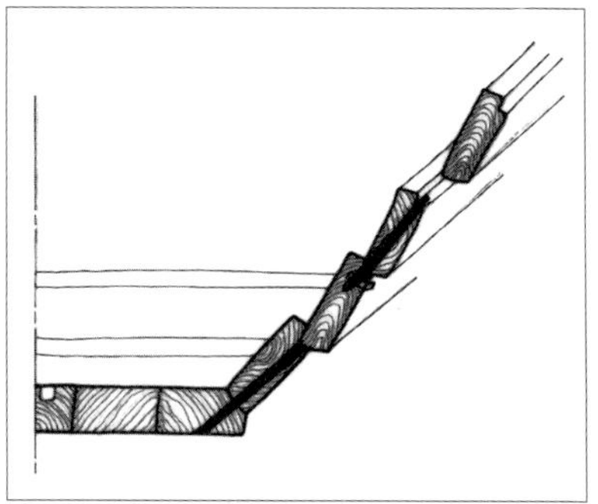
<그림 7> 고려시대 외판과 외판 연결 방법

첫째는 외판을 세로로 관통하여 아래 판재의 일정 부분까지 피삭 구멍을 내고 그 자리에 피삭를 꽂아 외판을 고착한 방식이다. 일반적으로 외판 부재가 10~12cm 정도로 두껍고 장삭의 박힌 흔적을 볼 수 없다.

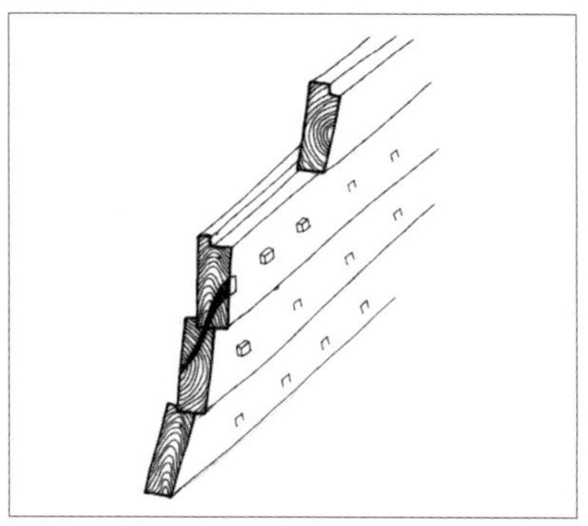
<그림 8> 고려·조선시대 외판연결 방법

둘째는 상단 외판 바깥쪽 측면을 뚫어 아랫단 외판까지 꿰는 형식으로, 사선 방향으로 누접累接하여 연결하는 방식이다. 외판의 두께가 7cm 정도로 얇을 때 사용하는 방법이다. 선박의 외판에 피삭 흔적이 보인다.

좌우현 외판재는 각각 가룡을 걸어서 선박이 오므라들지 않도록 격벽 역할을 한다. 가룡은 횡강력 부재로 선박 내부의 창을 구획한다.

외판과 저판의 연결 방법은 만곡종통재나 저판에 직

접 연결하는 외판 모두 저판 상단 측에 외판이 직접 연결되어 있다. 외판재의 크기는 일정치 않으며 각 단마다 약간의 두께와 폭 등의 차이가 있다. 선수와 선미 쪽으로 향하면서 점차 폭이 감소한다. 선미에서 중앙부에 이르는 외판은 선형 유지를 위해 완만한 곡선인데, 선수에서는 급격한 변화가 이루어진다. 외판은 한국 선박의 특징으로 각 외판의 상연 외측에 상단의 외판을 받기 위해 'L'자형으로 턱따기를 한다. 저판재와 마찬가지로 좌우현 외판의 이음부는 서로 대칭을 이루도록 구조되어 있다.

4) 횡강력구조

선박의 횡강력은 선체의 옆 부분에 가해지는 힘을 받아내는 구조이다. 횡강력은 인체의 갈빗대에 해당하는 것이다. 즉 선체의 골격을 이루는 주요 부재로서 선형을 결정한다. 선체의 부분적 강도는 물론 선박 전체의 강도에 지대한 영향을 미친다. 한선의 횡강력은 멍에와 멍에형 가룡, 가룡이 중요한 역할을 한다. 멍에는 갑판 부분에 대부분 설치되는데, 대들보 역할을 한다. 멍에의 아랫부분은 가룡이 좌우 외판 양현에 일정한 간격으로 만들어 횡강력을 유지한다.

횡강력구조는 가장 큰 힘을 받는 것은 멍에이다. 멍에는 뱃전 위에 설치하는 횡량橫梁인데 선박의 대들보 역할을 한다. 멍에는 가로지른 각목으로 선박의 몸을 단단히 유지 시킨다. 외판의 최상층인 선체의 너비보다 약간 더 밖으로 빠져나온다. 선체를 면에서 보면 상부가 넓어 가분수처럼 보이지만, 갑판을 좀 더 넓혀 사용하기도 하며, 뺄목[22] 위에 노를 달기도 한다. 멍에는 선체 부재 중 가장 두꺼운 치수의 각재로 시설하지만, 선내에 많은 구획이

22 선체 부재의 끝부분이 다른 부재의 구멍이나 홈을 뚫고 내민 부분을 이르는 말이다.

필요치 않고 상장을 꾸미지 않는 선형은 멍에의 수가 적다.

멍에형 가룡의 시설 여부가 선체의 횡강력과 돛대의 견고성에 중요한 역할을 하는 것으로 발달과정의 기준이 된다. 멍에형 가룡은 돛대와 외판의 지지력을 보강하여 주면서 횡강력의 견고성을 유지한다.

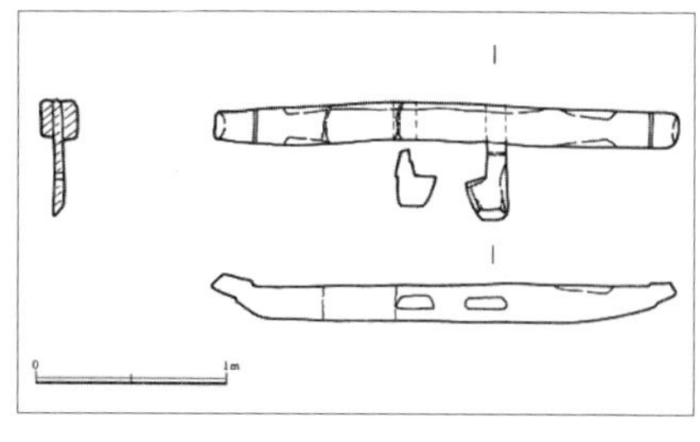
<그림 9> 멍에형 가룡

한선의 저판과 외판 그리고 선미, 선수가 껍질을 이루는 피각皮殼이다. 인체도 외피를 지탱케 하는 골격이 있듯이 한선의 외형을 지탱하는 것이 멍에와 가룡이다.

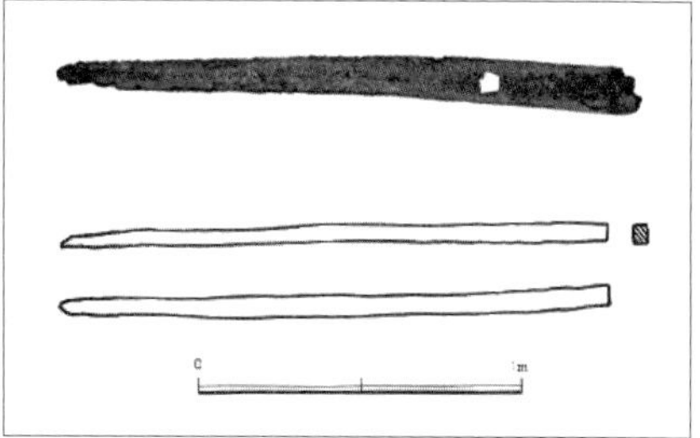
<그림 10> 가룡

가룡은 멍에 밑에 수직으로 설치하며 각 층의 외판마다 양현의 외판재에 걸쳐 있는 긴 가로목이다. 한선에는 늑골이나 판자로 된 격벽이 없으므로, 늑골과 격벽을 대신하여 상부에는 멍에를 시설하고 내부에 가룡을 걸쳐 횡강력을 유지한다. 선체의 내부를 구획하여 칸막이 역할도 한다. 가룡은 가공하지 않은 둥그런 자연목을 양쪽 끝만 가공하여 사용하기도 하지만, 목재를 잘 가공하여 사용하기도 한다.

그러나 가룡이 촘촘하면 선체 내부에서 앞뒤로 통할 수 없는 결함도 생긴다. 따라서 14세기 후반의 선박으로 추정되는 안좌선에서는 가목과 가룡목을 적절히 배치하여 선체 내부의 공간을 여유 있게 활용하기도 하였다.

5) 선수구조

선박의 앞머리 부분이다. 선체의 앞쪽 또는 선체 중앙의 평형부에서 선수재까지의 부분을 가리킨다. 선수는 선박의 맨 앞부분으로 파도를 가르고 나간다. 한선의 뱃머리는 현대의 목선처럼 뾰쪽한(Point stem)형태를 갖추고 있

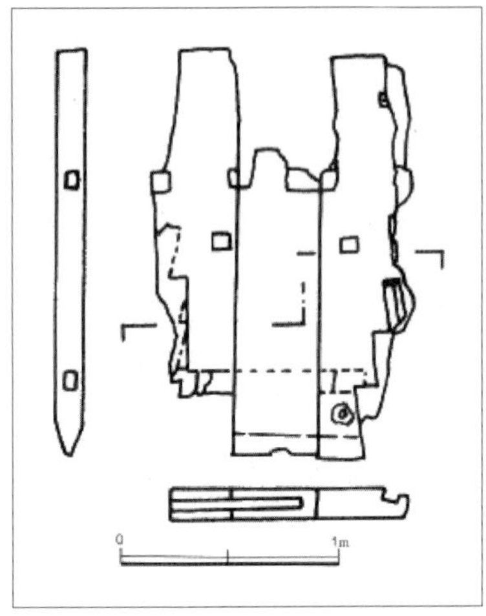

<그림 11> 선수구조

지 않다. 저판의 평평한 상태를 그대로 연장하여 앞이 무딘 선수(Blunted stem)형태이다. 선수는 비우 또는 선수를 뜻하는 이물을 붙여 이물비우라 한다. 선수재는 곡면 또는 평면으로 접합된다.

선수재와 외판과의 고착은 선수재 양측에 외판이 접합되도록 홈을 파내고, 외판의 전단부를 결착하는 방법과 선수판에 홈을 파내지 않고 외판에 붙이는 방법이 있다. 곡재曲材를 사용하지 않고 평면으로 접합되는 경우 선수쪽 저판에 비우가 안착하도록 홈을 파내고 이물비우를 조립하는 방법도 있다.

한선의 이물비우는 판재를 가로·세로 방향으로 붙이는 방법으로 구분된다. 그러나 근대에 이르러 상선이나 어선은 대부분 선수재를 가로로 붙였다. 고려시대 수중발굴 선박은 대부분 세로형이다. 조선시대 선박은 1척이 발굴되었는데 가로형이었다.

선수구조는 십이동파도선과 마도1호선은 저판에 '∨'자 형태의 홈을 만들어 저판과 선수재를 세로로 연결하였다. 달리도선, 안좌선 등은 저판에 '요凹'자 홈의 형태로 선수판을 세로로 연결하였다. 마도4호선은 저판과 선수판을 가로로 연결하였다.

6) 선미구조

선박의 뒤쪽을 선미라고 하는데 고물비우라고도 한다. 고물비우는 비하 또는 하판이라 부른다. 선미재 형태는 뒤쪽으로 심하게 경사진 평판재이다. 선박에 따라 그 모양새는 다소 차이가 있다. 한선의 기본구조에서 고물비우라 함은 가로로 넓은 평면을 이루고 좌우 외판은 후방으로 뻗어 나와 있다.

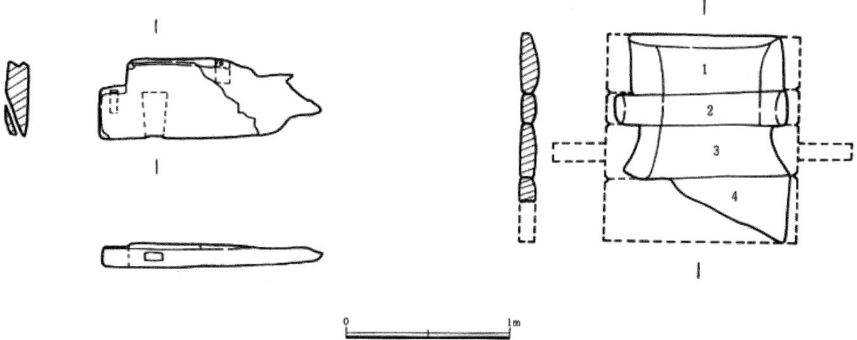

<그림 12> 선미구조

선미재에는 키가 달려 있다. 고물비우 중간 지점에 키를 꽂는 장치가 달려 있다. 밑판이 뒤쪽으로 돌출되어 중심에 키 구멍을 만들기도 한다. 고물비우의 바깥쪽에 장대한 키를 꽂는다. 한선의 키는 선박 꼬리 부분에서 경사면에 붙은 키(치)구멍을 따라 배밑까지 깊이 들어간다. 이러한 키를 전향타前向舵 혹은 옥치라고 한다. 긴 것은 선박의 저판 중앙 쪽까지 경사를 크게 하여 뻗어 나온다. 키가 배밑의 반대 방향으로 작동하는 키를 후형타後向舵 혹은 벗치라고 한다.

선미구조는 대부분 수중발굴 선박이 외판에 'ㄷ'자형의 홈에 선미판을 끼우는 형식을 갖추었다. 선미판과 직결되는 저판재에는 얕은 'V'자 홈만이 관찰될 뿐 별도의 구조물을 보강한 흔적이 없다. 저판재에는 얕은 'V'자 홈에 결구 후 수밀을 하면 물이 들어오는 것을 충분히 방지할 수 있었을 것이다.

7) 갑판구조

한선의 갑판 위 구조를 상장上粧[23]이라고 한다. 갑판구조는 선박의 멍에

23 갑판 위의 구조물을 통칭하여 부른다.

위에 깔아 놓은 넓고 평평한 바닥의 판재를 총칭한다. 현재까지 수중발굴 선박에서는 갑판이 발견되지 않았다. 갑판 위에는 난간, 겻집 등 다양한 상장 구조물이 설치되어 있었다. 한선은 갑판[24]을 깔아야 할 때는 멍에 사이에 적절히 귀틀[耳機][25]을 건너 대고 대청마루를 꾸미는 방식으로 갑판을 깐다.[26] 수중발굴 선박에서는 상장 부분이 대부분 유실되어 정확한 형태를 알 수 없다. 호롱구조 일부가 확인되었다.

8) 고착과 수밀방법

한국 선박의 고착은 중국이나 일본처럼 철제못을 사용하지 않고, 나무로 만든 장삭과 피삭이라는 나무못을 사용하였다. 이러한 전통은 통일신라시대부터 1960년대까지 이어졌다. 즉 한국 선박의 고착은 피삭과 장삭이다. 저판재와 선미 등은 장삭을 사용하고, 외판은 피삭 그리고 고정핀(Pin)으로 사용한 산지 등이다.

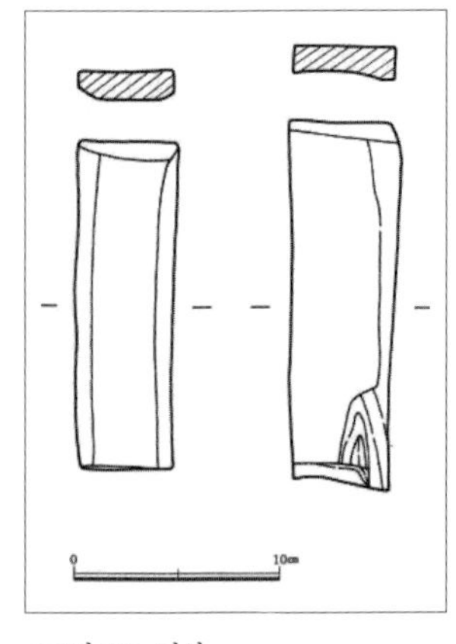

<그림 13> 피삭

저판재의 고착은 3열의 저판재 측면에 장삭구멍을 내고, 저판의 폭과 같은 길이 직사각단면의 장삭으로 결구하였다. 또한 여러 개의 산지를 박아 장삭을 견고하게 하였다.

외판재의 결구는 구형 단면의 피삭으로 상단 외판 측면을 세로로 관통하여 하단 외판재의 일정 부분까지 구멍을 뚫는다. 그 자리까지 피삭을 꽂은 후 하단 판재의 외측부에서 각형단면의 산지를 박아 피삭이 움직이지 않도록 고정한다.

수밀水密은 선박에 물이 들어오지 않게 하는 것이다. 수밀방법

24 갑판은 멍에 위에 깔아 놓은 넓고 평평한 바닥의 판재를 말한다. 포판鋪板이라고도 한다.

25 각재나 통나무 등을 가로세로로 어긋나게 짠 '정井'자 모양의 틀이다.

26 김재근, 1989, 앞의 책, p. 34.

은 초본류와 석회질 성분으로 보이는 것을 주로 사용하였다. 근대에 들어서면서 대나무, 삼나무껍질 등을 사용하였다.

9) 추진구

추진구는 선박이 앞으로 나가게 하는 도구이다. 추진구는 돛·노가 있다. 돛은 바람을 이용하여 나간다. 돛대구멍은 중앙저판의 중심부에 시설되어 있는 것이 일반적으로 범선의 형태이다. 키와 노를 이용한다.

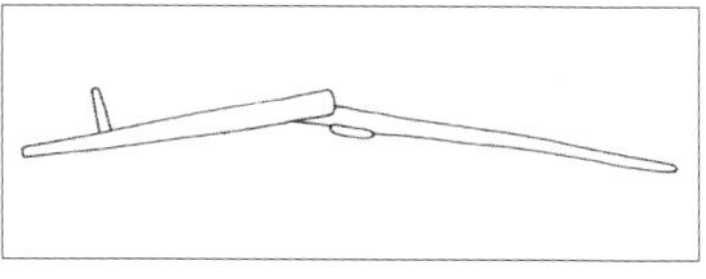
<그림 14> 노

노櫓는 선박의 추진 역할을 한다. 돛을 부착하여 추진하는 범선이라도 보조 추진구로 몇 개의 노를 싣고 항해한다. 노의 구성은 노착과 놋손 그리고 중간에 위치한 노봉, 물에 잠기는 노잎이다. 노의 크기는 선박의 규모에 따라 다르다. 노는 곧은 통나무를 두 개로 나누어 필요한 형상으로 손잡이를 깎고 다듬은 후 넓고 날렵하게 깎아 만든 노잎을 연결하여 만든다.

한노韓櫓는 선미 부분에서 추진력을 발휘하므로 카누와 같이 양쪽에 부착하는 양노洋櫓 보다 과학적이다. 한노는 적은 수의 노로도 커다란 추진력을 발휘할 수 있어, 대형선박도 손쉽게 부릴 수 있다. 특히 수중에서만 작동하는 스크류 방식으로 카누의 노와 같이 작동 후 원위치로 가는 공회전이 없고 연속적으로 추진력을 발휘할 수 있다.

10) 돛대帆柱

돛대는 돛의 기둥 역할을 한다. 한선의 돛대는 선박의 용도나 규모에 따라 배치할 수 있는 수량이 정해진다. 재료는 소나무·편백나무 등 반듯하고 곧은 것을 사용하였다. 일반적으로 돛대는 앞 돛대를 이물돛대, 중간돛대를 한판돛대 또는 허리돛대, 뒷 돛대를 고물돛대라 한다. 하지만, 선박의 구조

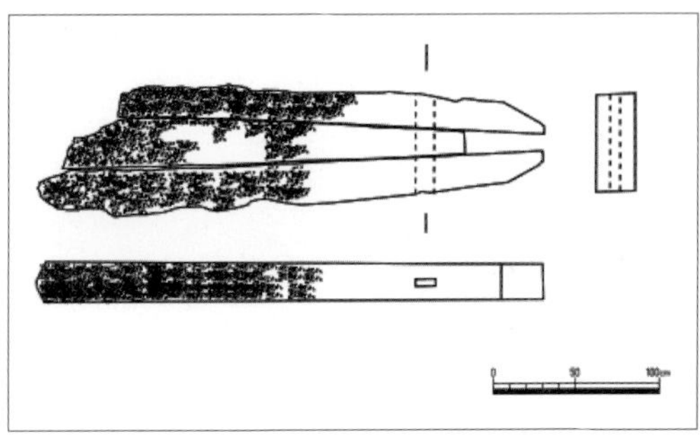

<그림 15> 돛대

물은 돛대를 포함하여, 선박과 지역에 따라 다양하게 불렸다.

중간돛대는 선박의 가운데에 있는 제일 큰 돛대이다. 선저판에 뿌리를 두고 한판멍에 뒤에 기대어 세운다. 중간돛대의 길이는 선체의 길이와 같고, 이물돛대는 큰 돛대 약 70% 정도 길이로 설치한다. 중간돛대는 저판에 돛대 받침이 설치된다. 대굽, 돛굽이라 하며 돛대의 뿌리가 박히는 곳이다. 구레짝은 돛대주변을 감싸는데, 이를 지탱하게 하는 것은 구레짝 멍에이다.

당아뿔은 멍에를 꿰뚫고 돛대를 감싸 안산지라고 하는 빗장을 당아뿔에 걸쳐 돛대를 고정한다.

큰 배에는 이물돛대 앞에 양앗대[27]를 더 세운다. 이것을 세우면 이물돛이 빨리 돌아가게 되어 선박의 운전이 쉽다.

돛대 꼭대기에 활차[28](도르래)를 달아 돛이 오르내리기 편리하게 하지만, 돛대 꼭대기에 구멍을 뚫거나 홈을 만들어 도르래를 이용하지 않기도 한다.

11) 돛帆

돛대에 매달린 범포帆布는 바람을 모아 바람의 힘으로 선박을 추진하는 장치이다. 한선의 돛은 일반적으로 돛천[29]으로 만든다. 돛에 일정한 간격으로 활대라고 하는 대나무 가름대를 부착한다.

27 뱃머리 맨 앞쪽에 있는 돛대이다. 배가 작으면 이물대와 허릿대 둘을 세워 운항하지만, 큰 배에서는 이물대 앞에 양앗대를 세워 선박의 운항을 용이하게 한다.
국립해양문화재연구소, 『우리배 용어사전』, p. 406.

28 바퀴에 홈을 파고 줄을 걸어서 돌려 물건을 움직이는 장치로 돛을 감거나 푸는 데 사용한다.

29 활대가 있는 안쪽 돛의 천이다.

활대는 돛의 모양을 유지하는 대나무 묶음이다. 상활은 돛의 최상단을 지탱하며, 질활은 돛의 맨 아랫부분에 가로놓은 대나무이다.

돛은 선박을 추진하지만, 선박을 조종하는 장치는 활대에 한 줄씩 매달린 아딧줄[30]이다. 아딧줄을 한줄로 모아 조종하여 돛에 바람을 모으거나 지나게 하며 치와 함께 조종하여 선박을 부린다.

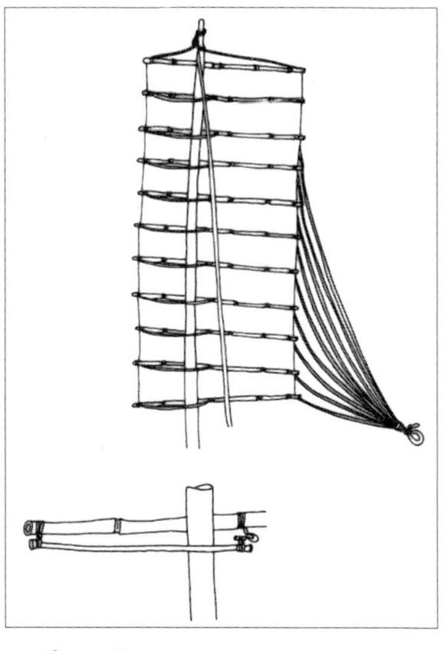
<그림 16> 돛

돛은 천을 갈물[31]이나 황토로 물을 들여 천을 질기게 하여 바람을 많이 받게 한다. 특히 황토로 물을 들인 천은 작은 구멍을 막아 바람을 많이 모의기도 하지만, 햇볕이나 비바람에 빨리 삭는 것을 방지하는 효과도 있다. 천이 귀할 때는 늪 가에 많이 자라고 있는 부들 풀로 자리를 짜서 돛으로 사용하기도 하였다.

12) 키(타舵, 치鴟)

선박의 운전대 역할을 하는 것이 키이다. 키는 돛을 단 배의 방향을 조종하는 장치로 선미[고물]에 매다는 크고 긴 널빤지이다. 한선의 키는 치분이 폭에 비하여 매우 긴 옥치가 사용된다. 치의 구성은 타축 또는 칫다리와 치분으로 되어 있다. 타축의 상단에 수직 방향으로 몇 개의 구멍을 뚫고 참나무를 깎아 창나무라고 하는 손잡이를 박는다. 창나무는 키의 조종간 역할을 한다. 창나무에 일정한 간격으로 뚫어놓은 구멍은 창나무 손잡이를 이동하며,

30 돛에 다는 줄로 바람에 따라 돛의 각도를 조절하는 기능을 하는 밧줄이다.

31 돛천, 그물, 밧줄 등을 염색하는 물이다. 황토, 감, 떡갈나무 껍질 등을 돛천, 그물, 밧줄들과 함께 삶아 염색한다.

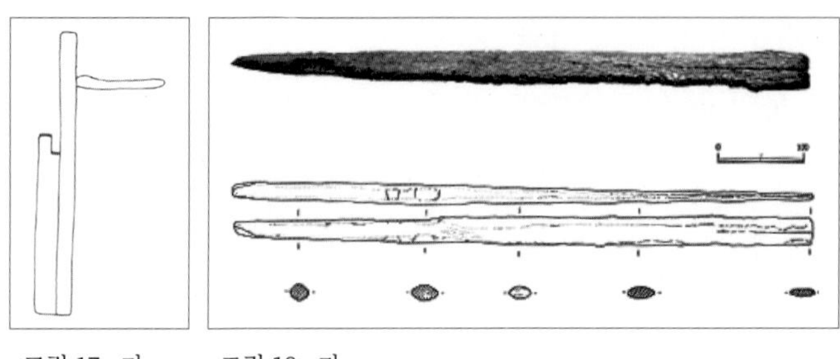

<그림 17> 키　<그림 18> 키

깊이를 조절한다. 따라서 한선의 키는 고정되어 있지 않다.

키축의 하단부는 날렵하게 가공하고 그 위치에 치분을 만들어 연결한다. 치분은 질기고 강한 상수리나무를 사용하고 장삭으로 꿰어 타판舵板을 만든다.

한선의 키는 타축이 선미재와 동일한 방향으로 끼워 맞춰지고 기다란 타판이 저판 밑으로 깊게 잠길 수 있게 하였다.

13) 호롱

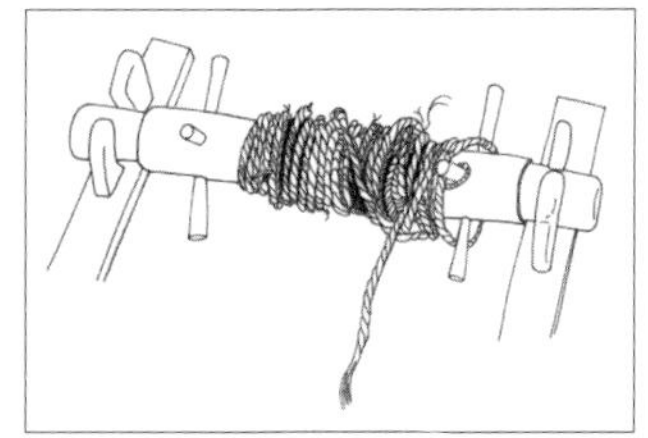

<그림 19> 호롱

호롱은 선수 부근의 갑판에 시설하여, 닻을 오르내릴 때 사용하는 장치이다. 두 개의 받침대 위에 회전축인 통나무를 걸치고 양쪽에 여러 개의 손잡이를 붙인 일종의 물레와 같은 형태이다.

14) 선박 제작 수종

한국 선박의 수종은 대부분이 소나무이다. 선박의 몸체는 대부분 소나무를 사용하였지만, 장삭, 피삭, 돛대, 호롱 등 부속 재료는 참나무, 상수리나무, 뽕나무, 전나무, 느티나무 등을 사용하였다. 그리고 선체 편은 두껍고 폭이 넓다.

15) 기타

한선에는 기본적으로 닻을 맞춰 싣는다. 닻은 주축인 닻채와 모래뻘에 박히는 역할을 하는 닻가지 그리고 닻가지와 엇갈려 부착된 닻장으로 구성되어 있다. 닻은 상수리나무로 제작하여 사용하고 닻줄에는 새끼줄 또는 칡넝쿨을 꼬아 사용한다.

수중발굴 선박은 대형 닻돌이 닻과 닻장 역할을 하였다. 이외에도 다양한 구조물들이 결합하여 한선의 기본적인 구조를 이룬다.

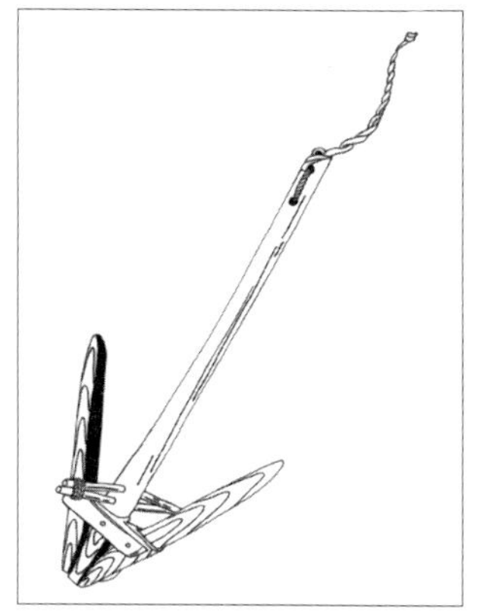

<그림 20> 닻

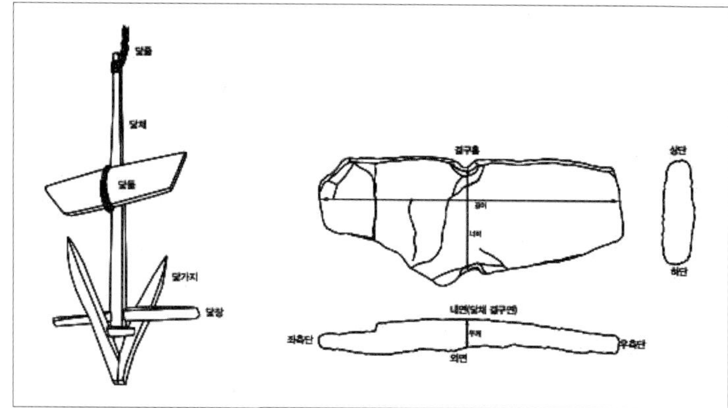

<그림 21> 마도해역 닻돌과 닻 세부 명칭

2. 기존의 시대구분

선박의 시대구분은 조선기술 변화, 지역 환경, 조선기술, 관선과 사선 등에 따른 다양한 변수를 갖고 있다. 일반적으로 선박의 시대구분은 선박의 구조, 제작 기술 및 특성, 목간·도자기 등 출수유물의 상대·절대연대 편년, 방사성탄소연대측정, 나이테를 활용한 위글매치 분석[32] 등 다양한 방법으로 이루어진다.

32 나이테 시료를 일정한 간격으로 연속 측정하여, 한 점(Point)이 아닌 짧은 곡선을 만들어 보정곡선과 일치하는 정확한 절대연대를 찾는다.

시대구분의 기장 획기적인 결과물은 목간의 판독으로 간지를 확인하여, 선박 제작의 절대연대가 확인되는 성과였다. 이는 절대연대를 기준점으로 삼아 전후 시기의 비교가 가능하여, 선박사 시대구분에도 기준이 설정되었다. 또한 출수 선박의 시대구분은 발굴보고서를 통해 기본적인 분류는 어느 정도 이루어졌다.

현재까지 한국 수중발굴 선박은 통일신라시대부터 조선시대 초기까지 총 12척이다.[33] 발굴 선박 가운데 연대가 가장 빠른 선박은 통일신라시대로 인천광역시 영흥도해역에서 발굴한 영흥도선이다. 영흥도선의 시대 편년은 7~10세기의 무역선으로 추정하였다. 수중발굴 통일신라시대 선박은 1척이다.

고려시대 선박은 총 10척으로 발굴보고서를 기준으로 가장 이른 시기의 선박은 완도선으로 도자기와 선박의 구조 등을 종합하여 11세기 중·후반로 추정하였다.[34] 이후 발굴된 선박의 시대 편년은 십이동파도선(11세기 후반~12세기 초), 달리도선(13~14세기), 대부도선(12~13세기), 태안선(12~13세기), 대부도2호선(12~13세기), 마도1호선(1208), 마도2호선(13세기 초), 마도3호선(13세기 중반), 안좌선(14세기 후반) 순으로 시대 편년이 이루어졌다.

조선시대 선박은 마도4호선 1척이다. 마도4호선은 조선 초기 조운선으로 목간에 '나주광흥창羅州廣興倉' 묵서되어 있다. 분청사기에 '내섬內贍'글자를 확인하여 연대를 설정하였다. 마도4호선은 쌍범선, 가로형 선수 등 일부 구조가 고려시대 선박과 차이가 있다. 이는 조선기술과 시대적 변화양상을 볼 수 있다.

발굴보고서에서 분류한 시대 편년을 정리하면 <표 1>과 같다.

---

33 이외에도 경기도 화성시 제부도에서 2척의 선박이 발견되어 보호조치를 하고 있다. 이 2척을 포함하면 한국의 선박은 총 14척 선박이 수중에서 확인되었다.

34 문화재관리국, 1985, 『완도해저유물』, pp. 70~72.

〈표 1〉 기존 수중발굴 선박의 시대구분[35]

구분	선박명	발굴지역	시대편년
통일신라 시대	영흥도선	인천광역시 영흥도	· 7~10세기 · 철제 솥 등 · 방사성탄소연대측정 결과 편년 기준
고려시대	완도선	완도 어두리	· 11세기 중·후반 · 도자기 3만여 점, 선원 생활 용구 등 · 도자기 편년 기준
	십이동파도선	군산 십이동파도	· 11세기 후반~12세기 초 · 도자기 8,100여 점, 선원 생활용구 등 · 도자기 편년 기준
	태안선	태안 대섬	· 12세기(1131) · 목간 간지 절대 편년 · 도자기 23,000여 점, 선원 생활 용구 등
	대부도1호선	안산 대부도	· 12~13세기 · 도자기 편년 기준
	대부도2호선	안산 대부도	· 12~13세기 · 도자기 편년 기준
	마도1호선	태안 마도	· 13세기 초(1208) · 목간 간지 절대 편년
	마도2호선	태안 마도	· 13세기 초 · 목간·죽간 내용
	마도3호선	태안 마도	· 13세기 중반 · 목간·죽간(묵서 인명 활동 시기)
	달리도선	목포 달리도	· 13~14세기 · 선체의 구조가 이전보다 발달 기준 · 방사성탄소연대측정 결과 편년 기준
	안좌선	신안 안좌도	· 14세기 후반 · 상감청자 2점 시대 편년 기준
조선시대	마도4호선	태안 마도	· 15세기 초 · 목간, 분청사기 '내섬內贍' 글씨

35 〈표 1〉에 정리된 시대구분은 보고서를 기준으로 요약하였다.

이처럼 기존의 시대구분은 통일신라시대와 고려시대의 선박의 구조와 제작 기술에 대한 자료는『삼국사기』,『고려사』등 문헌에 기록된 선박명과 기타 한정된 자료이다.[36]

조선시대 선박은『경국대전』등에 선박의 형태와 구조에 관한 많은 자료가 남아있다.[37] 현재까지 이루어진 시대구분은 선체와 유물을 중심으로 이루어졌다. 특히 목간의 기록과 도자기의 발달과정에 초점을 맞추었다.

통일신라시대 선박인 영흥도선은 방사성탄소연대측정, 철제솥 등 유물 분석으로 7~10세기 경으로 추정하였다.

고려시대 선박 중 '마도1호선'의 절대연대가 목간과 죽찰의 판독으로 확인되었다. 마도1호선의 절대연대의 확인은 고려시대 선박사 시대구분을 이해하는 획기적인 계기가 되었다. 즉 선박의 선후 관계를 파악하는 기준을 제시하였다.

이외에 조사된 고려 선박의 일반적인 특징은 평저형의 횡단면 구조, 만곡종통재의 존재여부, 'L'자형 턱따기에 의한 외판의 연결, 평평한 선수와 선미 형태, 횡강력재로서 채용된 가룡, 일부선박에 보이는 멍에형 가룡, 장삭과 피삭을 사용한 고착 등 특징으로 구분하였다.

조선시대 선박인 마도4호선은 선체의 구조, 목간과 분청사기의 특징을 분석하여 연대를 파악하였다.

이러한 시대구분은 무리 없이 받아들여지고 있다. 하지만 수중발굴 선박사에 대한 정확한 시대구분의 연구는 거의 이루어지지 않고 있다. 기존의 시

---

36 북송 사신 서긍徐兢이 기록한『고려도경』권 제33에 고려시대 선박인 송방松舫, 관선官船, 순선巡船 등 선박명이 기록되어 있다.

37 이 글에서는 조선시대 기록은 일부 자료를 한정적으로 참고하였다. 시대구분의 설정이 통일신라시대부터 조선 초기까지로 한정하였기 때문이다. 조선시대 선박의 전반적인 연구는 향후 과제로 삼고자 한다.

대구분은 유물과 선체의 단편적인 사실을 중심으로 이루어졌고, 학자들 간의 논의가 부족한 실정이다.

발굴보고서에 보고된 수중발굴 선박의 잔존 척도를 비교하면 <표 2>와 같다. <표 2>에서 확인된 수중발굴 선박은 10~15m 내외로 원형을 복원하여도 최대길이는 20m 내외로 추정된다. 따라서 선박의 크기에 따른 시대구분은 문제점이 있지만, 안좌선과 마도4호선 등은 크기가 20m 내외에 이르는 대형선박으로 선박의 구조 연구에 귀중한 자료이다.

〈표 2〉 주요 잔존 척도[38]

구분		영흥도선	완도선	십이동파도선	달리도선	안좌선	대부도선	대부도2호선	태안선	마도1호선	마도2호선	마도3호선	마도4호선
주요 척도	선장	6m	7.5m	약 7m	10.5m	14.7.m	6.62m	9.1m	8.12m	10.8m	12.6m	12m	15m
	선폭	1.4m	1.65m (저판)	약 2.5m	2.72m	4.53m	1.4m	2.93m	1.51m	3.7m	4.4m	8m	5m
	선심	0.3m	1.7m	약 0.5m	0.8m	1.4m	약 0.3m	1.1m	-	약 0.6m	1.16m	2.5m	2m

※ 태안선은 저판이 출수되지 않아 <표 2>는 잔존 외판 길이와 폭을 표시하였다.

3. 수중발굴 선박의 선후관계 재검토

수중발굴 선박의 시대는 발굴보고서에 제시되어 있다. 하지만 일부 선박의 시대구분은 선박의 구조, 출수유물의 선후관계를 수정할 필요가 있다. 이를 통해 발굴 선박의 시대구분을 시도하였다.

38 〈표 2〉는 국립해양문화재연구소(국립해양유물전시관) 발굴보고서 등을 참조 작성하였다. 일부 척도는 기존의 발표 내용과 차이가 있다. 이는 잔존 선체로 통일성을 기하였기 때문이다.

먼저, 완도선과 십이동파도선의 선후관계이다. 다음은 대부도1·2호선의 시대 편년을 재고하였다. 수중발굴 고선박의 구조와 발달과정에 초점을 맞추어 시대구분을 시도하는 것은 매우 의미 있는 시도이다. 아울러 출수유물 재검토도 의미 있는 해석이다. 이는 수중발굴이 문헌에서 확인하지 못한 선박사를 한눈에 조감할 수 있는 중요한 시금석이 될 것이다.

1) 완도선과 십이동파도선의 선후관계 수정

수중발굴 고려시대 선박은 시기별로 11~14세기까지 약 400년에 해당하는 역사를 품고 있다. 이는 10세기(918년)에 세워진 고려시대 역사와 맥을 같이 한다. 따라서 선박의 시대구분은 고려시대 역사에 생명을 불어넣는 의미 있는 연구이다. 이에 기존의 완도선과 십이동파도선의 시대구분의 선후관계를 선박과 출수유물을 고찰하여 재고하였다.

고려시대 수중발굴 선박 가운데 완도선이 가장 빠른 시기인 11세기 중·후기로 보고서에는 추정하였다.[39] 완도선 출수 도자기를 분석하여, 해남 진산리 요지에서 생산된 도자기의 제작 연대와 비교한 편년에 따른 분석 결과이다. 십이동파도선은 11세기 후기에서 12세기 초기로 추정하였다.[40] 시대구분은 출수유물과 선박의 구조를 종합하여 판단하였다. 또한, 만곡종통재 1·2단의 차이와 출수유물의 편년에 따른 분석 결과이다. 하지만, 이러한 시대구분은 이후 선체의 구조, 출수유물의 재해석을 통해서 필자는 기존의 편년과 달리 해석하였다.

이를 정리하면 아래와 같다.

현재까지 수중발굴 선박 12척의 시대구분은 7세기부터 15세기 초기까지

---

39 문화재관리국, 1985, 앞의 책, p. 70.

40 국립해양유물전시관, 2005, 『군산 십이동파도 해저유적』, p. 240.

이다. 통일신라시대, 고려시대, 조선시대 초기까지 약 900년 시기에 걸쳐 있다. 하지만 시대구분은 주로 도자기, 목간 등 유물 중심이었다. 선박의 구조적인 차이에 의한 시도는 미비하였다. 선박의 변화과정에 의한 시대구분은 조선 기술의 변화를 통해 선박사 정리할 수 있다.

완도선은 최초로 바다에서 수중발굴한 한국 고려시대 선박이다. 완도선이 발굴되기 전에는 경상북도 경주시 안압지에서 발굴한 통일신라시대 안압지 통나무배가 반구조선의 성격을 갖추었다. 안압지 통나무배는 한선의 기본적인 형태를 대표하였다. 안압지 통나무배는 연못에서 발굴하여 해저에서 발굴한 선박과는 크기나 구조 등에서 차이는 불가피하다.

이에 수중발굴 선박의 시대구분의 중요한 기준이 되는 고려시대 완도선과 십이동파도선의 선후관계를 구조적인 측면과 이후 도자기 편년의 재검토 결과를 중심으로 살펴보았다.

완도선과 십이동파도선은 선체나 출수유물의 시대적 차이가 크지 않다. 시대구분의 수정은 완도선과 십이동파도선의 선체 구조적 측면과 도자기, 통일신라시대 영흥도선과 비교하였다.

이외에 기타 구조적인 변화과정을 몇 가지로 분류하여, 시대에 따른 변화상을 제시하였다. 이는 이전에 필자가 시도한 발굴 선박의 시대구분을 보완하는 의미로 일부 내용을 추가 보완하였다.[41] 완도선과 십이동파도선의 내용 보완은 이루어졌지만, 전체적인 맥락의 변화는 크지 않다.

통일신라시대의 영흥도선은 만곡종통재가 2단이다. 시대 편년은 방사성탄소연대측정 등을 종합하여 7~10세기로 추정하였다.[42] 영흥도선은 잔존 선

---

41 김병근, 2010, 앞의 논문, pp. 127~173.

42 국립해양문화재연구소, 2014, 『영흥도선』, p. 90.
발굴보고서에는 외판으로 표현하였는데, 3D를 실측한 형태는 만곡종통재 2단이 맞다.

체가 많지 않아 선박의 전체적인 구조를 파악할 수 없었다. 선체는 저판과 만곡종통재만 확인되었다. 만곡종통재는 안압지 통나무배를 시작으로 통일신라시대의 선박에서 나타난다. 이러한 만곡종통재 형식은 고려시대 중기인 13세기 전후까지 이어진다.

고려시대 초기 선박인 십이동파도선도 만곡종통재가 2단이다. 영흥도선과 차이는 저판 연결 방법이 달랐다. 영흥도선은 저판의 가장자리를 도드라지게 하여 장삭이 통과하는 구멍을 만들어 결구하였다. 십이동파도선은 저판을 장삭이 관통한 것과 차이가 있다. 하지만, 십이동파도선이 영흥도선의 제작기법을 이어받아 고려시대로 이어진 징검다리 역할을 한 것은 확실하다. 따라서 십이동파도선의 만곡종통재 2단이 1단을 갖춘 완도선보다 빠른 시기에 출현하였음을 알 수 있다. 기존의 도자기 편년에 비해 선체의 구조적 차이로 시대구분이 가능하게 되었다.

완도선은 만곡종통재 1단 구조와 녹청자와 철화청자 등 도자기를 중심으로 종합적인 검토를 하여, 11세기 중반 혹은 후반으로 시대 편년을 하였다. 십이동파도선은 만곡종통재 2단 구조, 회무리굽청자 등 도자기의 특징을 종합하여 시대편년을 11세기 말~12세기 초로 편년하였다.

이러한 시대구분의 수용은 만곡종통재를 선박의 특성상 저판의 너비로 용적을 늘리기 위한 구조물로 완도선과 십이동파도선을 제시하였다. 그리고 만곡종통재 1단보다 2단을 올리는 것이 조선 기술로 볼 때 훨씬 고난도의 기술로 보았다. 이는 저판이 물의 저항을 덜 받아 속도는 빨라지고 용적률은 그대로 유지한다는 것이다. 따라서 만곡종통재 2단을 갖춘 십이동파도선이 후대에 만들어졌다고 보았다.[43]

43 곽유석, 2010, 「고려선의 구조와 조선기술 연구」, 목포대학교 박사학위논문, p. 50.

아울러 저판과 만곡종통재의 구조적인 크기는 완도선과 십이동파도선의 만곡종통재를 포함한 저판 규모는 복원을 가정하면 십이동파도선이 약간 크다. 완도선의 저판은 대부분 남아있다. 십이동파도선은 좌현 만곡종통재, 저판 선미재가 유실되었다. 따라서 십이동파도선의 저판을 대칭으로 복원하여 계산하면 너비와 길이가 길어진다. 이러한 점 등으로 미루어 십이동파도선은 동일 형태의 구조를 갖춘 완도선보다 규모가 크다. 또한 저판의 규모를 비교하면, 십이동파도선이 완도선보다 더 큰 규모이다. 이를 기준으로 하면, 십이동파도선의 제작 연대를 완도선보다 늦은 시기로 추론할 수도 있다.

이외에 완도선과 십이동파도선의 구조적인 특징에서 많은 차이점이 있다. 만곡종통재 1단과 2단이라는 차이점과 크기 이외에도 저판의 결구방법도 약간 다르다. 완도선의 저판은 5열 중 먼저 중앙저판과 좌우 양측 1열씩 총 3열을 먼저 결구하였다. 이후 좌우 측면 1열을 추가로 결구하여, 저판 5열을 연결하는 방법이다. 십이동파도선은 저판 3열을 장삭으로 관통하여 연결하였다. 이는 완도선이 십이동파도선에 비하여 기술적인 구조의 진보로 해석할 수도 있다. 그렇지만 달리도선·안좌선·마도4호선도 저판 3열로 장삭을 관통한 연결 방법은 시대에 다른 변화가 없었다. 따라서 저판 연결 방법의 시대구분은 향후 보다 많은 연구가 필요하다고 하겠다.

이후 발굴 선박은 대부분 저판의 결구 방법이 3·4·5·7열이 이러한 방법으로 제작하였다. 십이동파도선 이외에 저판과 더불어 2단의 만곡종통재가 발굴된 예는 영흥도선이다. 통일신라시대 영흥도선이 만곡종통재 2단으로 고려시대 초기인 십이동파선으로 이어졌다. 아울러 2단의 만곡종통재가 물의 저항을 덜 받고 속도가 빨라지고 용적률을 그대로 유지한다는 사실도 재검토가 필요하다. 이는 만곡종통재가 계단식의 각을 이루면서 오히려 속도가 줄어들 수도 있다. 이는 각진 만곡종통재가 물의 저항을 많이 받아 속력이 감소할 수도 있다.

또한 십이동파도선의 시대 편년의 기준인 도자기가 해남군 산이면 진산리 요지와 해남군 화원면 신덕리 요지, 완도선 출수 청자들과 유사한 점을 갖고 있다. 하지만, 청자화형접시의 유형과 턱이 있는 반구병, 변형 해무리굽이 확인되어 신덕리 유형과 유사하다. 제작 시기는 해무리굽이 퇴화된 변형 해무리굽이 출수되고 있어, 1100년을 전후한 11세기 말~12세기 초로[44] 완도선보다는 조금 빠르다. 따라서 기존의 완도선과 십이동파도선의 연대는 선후관계의 수정이 불가피하다. 통일신라시대 영흥도선의 선체의 구조가 2단의 만곡종통재를 갖추어 이를 받쳐주는 확실한 근거이다.

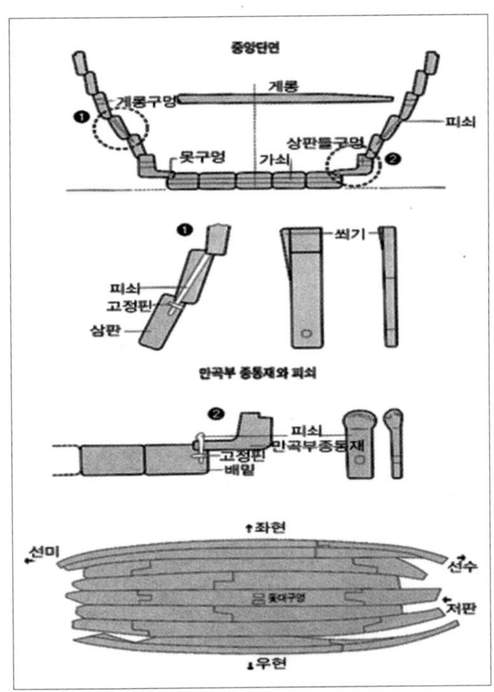

<그림 22> 완도선 중앙단면, 피삭고착, 평면도 등

이외에도 완도선 출수유물에 대한 연구 결과들이 연이어 발표되어, 도자기의 편년을 수정하여, 완도선의 제작 시기는 12세기 초로 볼 수 있다.[45] 이에 대한 근거는 해남 진산리 일대에서는 철화청자와 퇴화 해무리굽 계통의 청자완들이 비교적 정선된 태토胎土를 사용하였다. 다른 일반 도자기들은 거친 조질 청자류였다. 철화청자는 해무리굽 이후 단계에서 나타나므로 그 제작 시기는 11세기 후반부터 12세

44 국립해양유물전시관, 2005, 앞의 책, p. 240.

45 윤용이, 2009, 「고려청자의 생산과 소비」, 『청자보물선 뱃길 재현 기념 국제학술심포지엄』, p. 11. '완도해저유물' 보고서의 도자기편을 서술하였던 윤용이 교수는 보고서 작성 당시에는 완도선에서 출토된 도자기를 문종년간(1047~1082)인 11세기 중후기로 보았지만, 이후 많은 발굴조사와 연구결과를 토대로 12세기 초기 혹은 중기로 시대 편년을 수정하였다.

기 전반기로 추정하였다.[46] 또한 국립중앙박물관 소장 '경인팔월' 명 철화매병의 연대를 1157년으로 보고 기형과 문양 등으로 볼 때 완도선의 철화매병을 앞선 시기로 보아 제작 시기를 12세기 중반 이전으로 보았다.[47] 이외에도 철화기법, 굽의 형태 등 조형적인 특징과 청동숟가락, 청동완 등을 고찰하여 12세기 중반으로 추론하였다. 따라서 도자기 편년은 완도선의 제작 시기가 12세기임을 알 수 있다는 다양한 논고들이 제시되었다.[48] 이는 완도선의 제작 시기에 대한 재평가가 이루어진 증거자료이다. 이는 십이동파도선이 완도선에 비해 빠른 시기에 제작되었음이 확실하다.

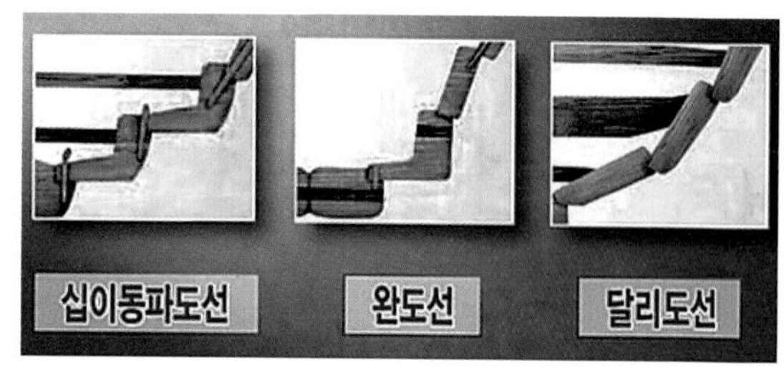

<그림 23> 만곡종통재의 변화과정

위와 같이 영흥도선, 완도선, 십이동파도선을 유물과 만곡종통재 1·2단 구조를 중심으로 7세기 후기에서 12세기 초기로 시대를 구분하면, 영흥도선→십이동파도선→완도선으로 이어지는 통일신라시대 후기부터 고려 초기의 선박 시대구분이 가능하다. 따라서 기존의 완도선과 십이동파도선의 선후관계를 수정하였다.

2) 대부도1·2호선의 선후 관계 설정

고려 초기 선박의 시대구분은 완도선과 십이동파도선을 비교하여 설정하였다. 고려 중기 선박의 기준은 대부도1호선과 대부도2호선의 비교를 통하

46 장남원, 2008, 「완도선 인양 철화청자의 특징과 제작시기」, 『해양문화재』제1호, 국립해양문화재연구소, p. 69.

47 이송희, 2000, 「완도해저 출토 자기를 통한 녹청자 연구」, 이화여자대학교 대학원 석사논문.

48 김애경, 2008, 「완도해저 출토 청자의 특징과 생산시기」, 『해양문화재』제1호, 국립해양문화재연구소, pp. 33~35.

여 살펴보았다. 이외에 고려 중기의 절대 편년이 확인된 마도1호선 목간에 묵서는 고려 중기는 물론 중세시대 선박사를 구분하는 기준이 되었다. 마도1호선의 절대연대를 기준으로 선박의 전후 시대구분이 가능하다. 이를 기준으로 대부도1·2호선의 선후관계를 정리하였다.

대부도1호선은 선체와 주변에서 고려청자 편을 일부 수습하였다. 대부도2호선은 선체 주변·내부에서 도자기, 곶감, 옹기 편 등 선상생활 용품을 수습하였다. 선박 2척의 비교는 대부도라는 섬을 중심으로 침몰한 선박이다. 발굴보고서는 대부도1·2호선의 시대구분은 12~13세기로 추정하였다.[49]

대부도1호선은 동서 방향으로 선수 부분이 동쪽을 향하고, 우측으로 약 15° 정도 기울어있었다. 선체는 저판과 외판 일부만 남아있었다. 잔존선체편도 장기간 노출로 해충벌레와 침식에 의한 훼손 정도가 심하였다. 선체 내부는 구조물과 유물은 남아있지 않았다. 주변에서 수습된 도자기, 기와 편이 흩어져 있었다. 대부도1호선의 출수유물은 선체의 외곽에서 수습된 자기·도기 등 유물은 몇 편에 불과하다. 청자·백자 등은 고려 중기 유물로 도자사·생활사 등 연구의 귀중한 자료이다. 특히 시대 편년을 밝히는 자료로 청자 편과 도기류 분석 결과, 선체는 고려 중기로 추정된다.[50] 또한, 저판과 외판을 연결하는 만곡종통재가 없어서 12세기 후반에서 13세기 초기 선박으로 추정하였다.

대부도2호선은 선체 선수재의 위글매칭, 선체 아래에서 발견된 씨앗의 방사성탄소연대측정 결과 A.D. 1151~1224년 사이에 난파된 것으로 추정된다. 이는 저판과 외판 사이 만곡종통재가 13세기 무렵부터 사라진다는 기존

49 국립해양문화재연구소, 2008, 『안산 대부도선』, p. 51.
국립해양문화재연구소, 2016, 『안산 대부도2호선』, p. 225.

50 국립해양문화재연구소, 2008, 앞의 책, p. 52.

의 견해를 뒷받침하는 또 하나의 근거이다.

대부도2호선의 출수유물은 선체 바닥에 도자기, 도기, 청동유물이 집중되어 있었다. 청자는 대부분 문양이 없지만 청자음각연판문발, 청자음각선문발과 같이 문양이 새겨진 것도 있었다. 도자기 용도는 실제 사용한 선상생활 용품으로 보인다. 이외에 청동 식기류, 빗, 망태기, 감으로 추정되는 과육과 씨앗도 발견되었다. 특히 감으로 추정되는 과육과 씨앗 등을 통해 선적유물의 다양성을 알 수 있다.

방사성탄소연대측정 결과 등과 도자기의 형태 등으로 보아 12세기 후반~13세기로 추정할 수 있다.[51] 이는 출수 도자기가 태안 대섬, 군산 비안도 등과 비교하면 비슷한 시기나 혹은 더 빠르다고 추정된다.

대부도1·2호선의 선후관계는 만곡종통재의 유무에 따른 선박구조로 추론하였다. 대부도1호선 주변 수습유물과 대부도2호선 출수유물은 명확한 시대구분이 쉽지 않다. 발굴보고서에는 대부도1·2호선의 시대구분을 12~13세기 보았다. 하지만 만곡종통재의 변화에 따른 구분을 하면, 어느 정도 시대구분을 달리 할 수 있다. 만곡종통재가 없는 대부도1호선은 13세기 이후의 선박으로 추정할 수 있다. 이는 선체의 결구 방법도 대부도1호선의 제작방법이 좀 더 발달하였다. 대부도1호선의 저판과 외판 연결은 홈붙이겹이음방식이다. 외판의 결구를 위해 판재에 휨을 준 흔적이 남아있다.

이를 종합하여, 영흥도선·완도선·십이동파도선·대부도1호선·대부도2호선의 시대구분이 가능하다. 이는 고려 초·중기의 기준 연대를 설정할 수 있다. 선박의 시대구분은 가장 먼저 12~13세기 초까지 선박의 구조적 특징인 만곡종통재 유무를 기준으로 설정하였다. 물론 이러한 설정의 기준은 마

51 국립해양문화재연구소, 2016, 앞의 책, pp. 224~225.

도1호선의 침몰연대가 기준점이다.

현재까지 수중에서 발굴된 시대구분은 만곡종통재 1·2단을 갖춘 통일신라시대 영흥도선(7~10세기), 고려시대 초기 군산 십이동파도선(11세기 말~12세기 초), 완도선(12세기 초중반), 대부도2호선(12세기 후반~13세기 초)이다. 만곡종통재 구조가 보이지 않은 선박은 대부도1호선(13세기), 마도1·2·3호선(13세기 초·중기), 목포 달리도선·신안 안좌선(14세기), 마도4호선(15세기 초)이다.

이를 종합하면 대부도1·2호선이 만곡종통재 유무로 12세기 후반에서 13세기 초기의 선박발달 과정을 보여준다고 하겠다. 따라서 대부도1호선의 시대 편년은 13세기로 수정하였다. 이러한 선상에서 시대구분을 시도하면, 선박의 구조에 의한 변화 흐름을 이해할 수 있다.

4. 수중발굴 선박의 구조적 변화에 따른 시대구분

1) 중앙단면구조의 변화

선박의 선형은 중앙단면구조의 변화에 따른 시대구분의 가능성을 살펴보았다.

중앙단면구조를 살필 수 있는 저판은 발굴 연도에 따라 <표 3>과 같이 저판 3·4·5·7열로 구분된다. 기존에 홀수로 배치되던 저판이 대부도2호선에서 4열이 확인되어, 재검토가 필요하였다. 하지만 대부도2호선도 돛대구멍을 기준으로 양쪽의 균형을 맞추기 위해 추가하였을 것이다. 따라서 고려시대 선박의 저판은 홀수를 채택한 것이 일반적이었다. 저판은 완도선·대부도1호선[52]·

52 국립해양유물전시관, 2008, 앞의 책, pp. 26~31.
대부도1호선은 저판 3열과 외판 1단만 발굴되었다. 하지만 좌저판 2열이 부식되어 확인되지 않대부도2호선, 달리도선, 안좌선, 마도4호선은 저판의 폭이 좁고, 영흥도선, 십이동파도선, 마도1·2·3호선은 저판이 선체의 규모에 맞게 약간 넓어진다.

〈표 3〉 중앙저판의 열 구분

구분	선박명	저판3열	저판4열	저판5열	저판7열	비고
1	영흥도선	0	-	-	-	· 만곡종통재 갖춤 · 저판3~5열 추정
2	완도선	-	-	0	-	· 만곡종통재 갖춤
3	달리도선	0	-	-	-	
4	십이동파도선	0	-	-	-	· 만곡종통재 갖춤
5	안좌선	0	-	-	-	
6	대부도1호선	-	-	0	-	· 중앙저판 5열 추정[53] · 잔존 저판 3열
7	태안선	-	-	-	-	· 저판 유실(외판 4단)
8	마도1호선	-	-	-	0	
9	마도2호선	-	-	-	0	
10	마도3호선	-	-	0	-	
11	대부도2호선	-	0	-	-	· 만곡종통재 갖춤
12	마도4호선	0	-	-	-	

<표 3>은 저판의 열을 표시하였다. 저판은 3열 5척, 4열 1척, 5열 3척, 7열 2척으로 저판 구조에 의한 시대 편년은 쉽지 않다. 태안선은 외판만 출수되

았지만 5열의 저판으로 보인다. 중앙저판 최대너비 41cm, 우저판 1열 최대너비 38cm, 우저판 2열 최대너비 32.5cm로 저판의 너비는 1.8m 내외이다. 그리고 만곡종통재가 결구되지 않고 저판에 외판 1단이 직접 연결되는 구조이다.

53 안산 대부도1호선은 잔존 선체를 기준으로 5열로 구분하였다.

어, 저판의 열이나 형태의 추정은 불가능하였다.

저판구조의 연결은 3열은 긴 장삭을 이용하여 통으로 연결하는 구조이다. 저판구조 4·5·7열은 3열을 먼저 연결한 다음 좌·우에 다른 장삭을 이용하여 결구하였다. 이는 저판의 수량에 따라 장삭의 결구가 달라지는 방법으로 발굴 선박에 공통으로 사용하였다. 대부도2호선은 저판 4열로 3열을 먼저 결구한 다음 1열을 추가하였다.

이는 저판의 열에 따른 결구 방법이 비슷한 양상을 보이기 때문에 정확한 시대 편년은 어렵다. 따라서 저판의 수량에 따른 시대구분 편년은 쉽지 않았

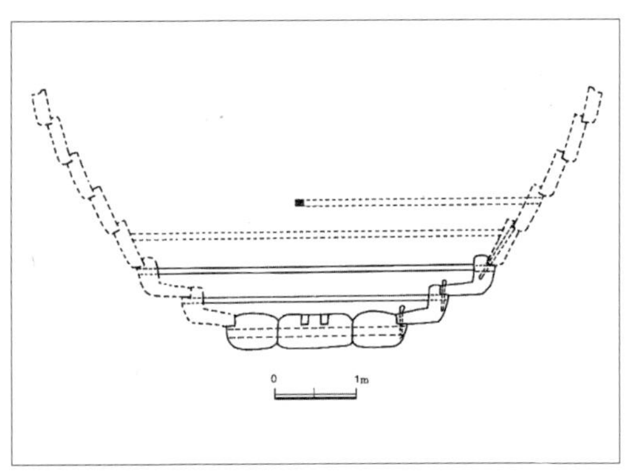

<그림 24> 십이동파도선 중앙단면

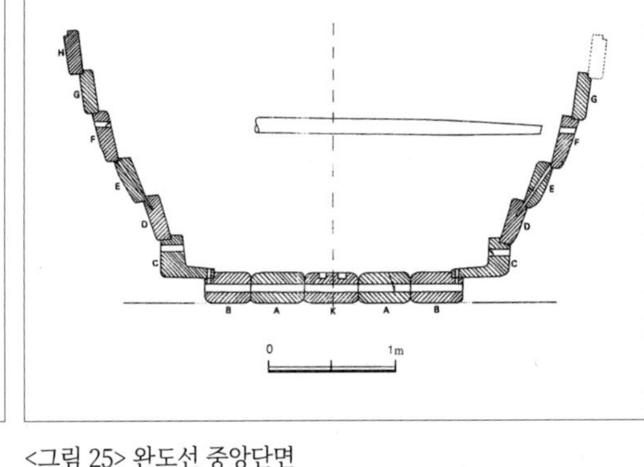

<그림 25> 완도선 중앙단면

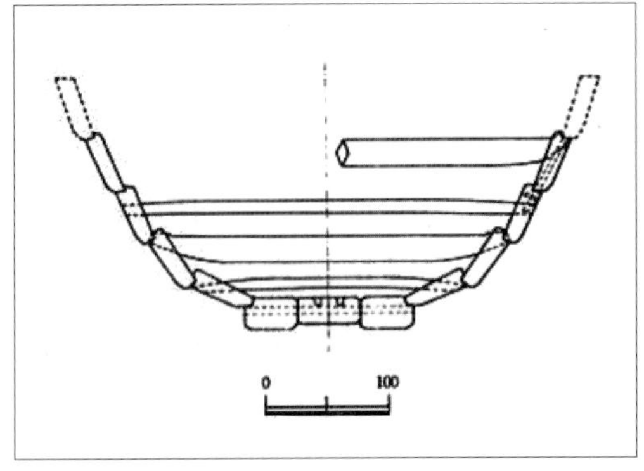

<그림 26> 달리도선 중앙단면

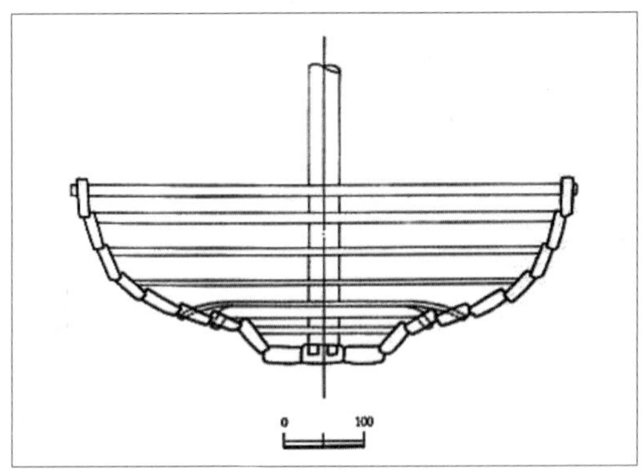

<그림 27> 안좌선 중앙단면

다. 길이와 폭에 따른 분류도 정확한 분류기준이 어려웠다. 이는 저판의 폭과 두께, 저판의 수량 등에 따라 폭과 비율이 달라지기 때문이다. 예를 들어 십이동파도선은 3열 저판으로 폭과 두께가 넓고 두꺼워 완도선의 저판 5열보다 너비와 폭이 크다. 이는 저판의 수량에 따른 시대구분이 명확하지 않음을 보여준다.

이외에 외판의 잔존 상태와 가룡, 멍에형 가룡으로 중앙단면구조를 고찰하였다. 가룡과 멍에형 가룡은 고려 초기에는 불규칙한 배열이 보인다. 고려 후기에는 정형화되어 시대구분 가능성은 확인되었다. 완도선과 십이동파도선은 고려 초기의 특징적인 불규칙한 배열에 비하여, 고려 후기 달리도선과 안좌선은 가룡, 멍에형 가룡이 정형화한다. 이는 시대의 변화에 따른 조선기술의 발달이다.

2) 저판구조의 변화

저판구조는 선형을 나타내는 중요한 요소이다. 저판은 지형과 환경에 따라 형태가 다르게 나타난다. 중국 같은 경우는 해안선이 길고, 바다나 강의 수심이 달라 선형도 다르다. 중국 절강성 이북 지역은 평저형平底形, 이남은 첨저형尖底形의 형태가 일반적이다. 물론 바다나 강을 중심으로 선형은 환경에 맞게 다양하다. 현재까지 확인된 수중발굴 고려·조선시대의 저판구조와 기능은 평저형으로 차이가 없다. 하지만, 한국의 남해나 동해는 서해와 해양환경이 달라 첨저형이 사용되었을 가능성은 충분하다. 향후 남해·동해의 수중발굴을 통해 첨저형 선박의 출현을 기대해 본다.

저판의 기본 구성은 선박의 크기에 따라 3~7열이 출수 선박에서 밝혀졌다. 선저구조의 변화에 대한 양상을 분류하면, 아래와 같다.

첫째, 수중발굴 선박의 출발지에 따라 저판구조가 약간 다른 형태가 확인

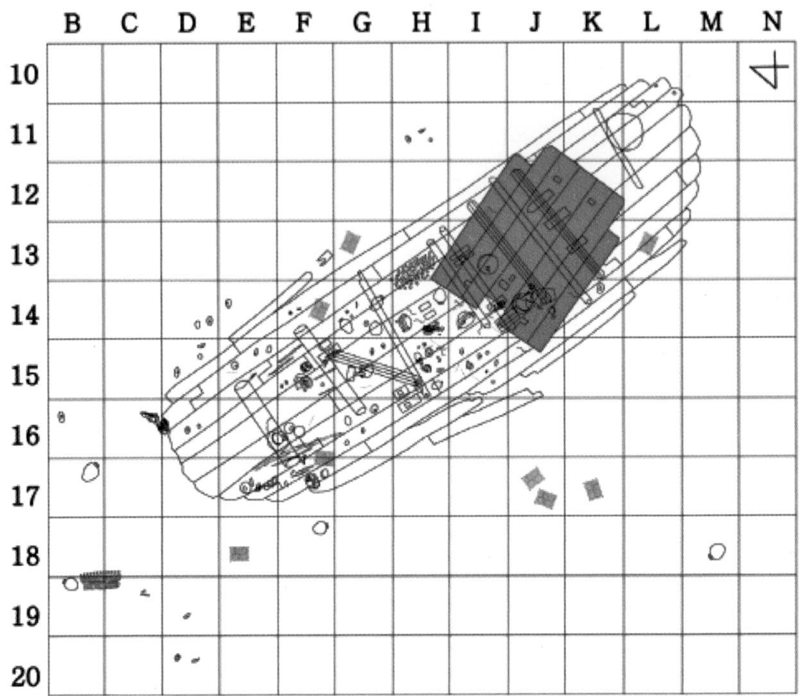

<그림 28> 마도1호선 선체 및 유물매몰 평면도

된다. 이는 마도1·2·4호선의 출발지가 해남, 나주, 장흥, 고창지역의 경우이다. 이 지역은 조수간만의 차가 심하고 갯벌이 발달한 서해안은 물이 빠지면 선박이 갯벌 위에 얹히는 저판은 평저형이다. 선수와 선미 형태가 겹치지 않고 평평한 구조이다. 현재까지 완도선을 비롯한 수중발굴 선박은 대부분 이 범주를 벗어나지 않는다.

마도3호선이 수중발굴 선박 가운데 저판구조가 특이한 구조를 갖추고 있다. 마도3호선은 출발지가 남해안지역인 여수로 해안이 깊고 갯벌이 발달되지 않았다. 따라서 저판의 기본적인 형태는 평저형이다. 하지만 빠른 항해와 파고에 적합하도록 선미 쪽에 연결되는 부재들을 서로 겹쳐 포개지는 'V'자형 형태에 근접한 구조를 갖추고 있다. 마도3호선에서 이런 구조가 처음 확인되었다. 향후 이런 사례가 추가되면, 서해와 남해·동해 등 바다의 환경에 따른 저판구조의 발달을 새롭게 조명할 수 있을 것이다. 저판구조의 시대구분은 확실하지 않지만, 환경에 따른 변화가 있음을 알 수 있다.

둘째, 저판의 이음과 연결 방법 또한 크게 변화되지 않았지만, 영흥도선과 십이동파도선에 차이가 있다. 저판 이음은 1열을 갖추는데 필요한 길이만큼 부재를 이어주는 방법이다. 현재까지 확인된 이음방식은 '장부이음', '턱걸이 장부이음', '반턱이음(가로형, 세로형)', '맞댄이음'이 통일신라시대부터 조선시대까지 이어지고 있다.

영흥도선의 저판 관통 방법은 장삭의 크기에 맞추어 홈을 만들고, 양측의 부재를 결구하였다. 그리고 이렇게 결구한 장삭은 양측 부재의 외부로 돌출되면서 마감된다. 영흥도선의 연결방식은 현재까지 발굴된 고려시대 선박에서는 확인되지 않았다.

고려시대 선박은 저판을 장삭을 관통하는 방식이다. 이는 통일신라시대

<사진 1> 영흥도선 저판 연결 형태

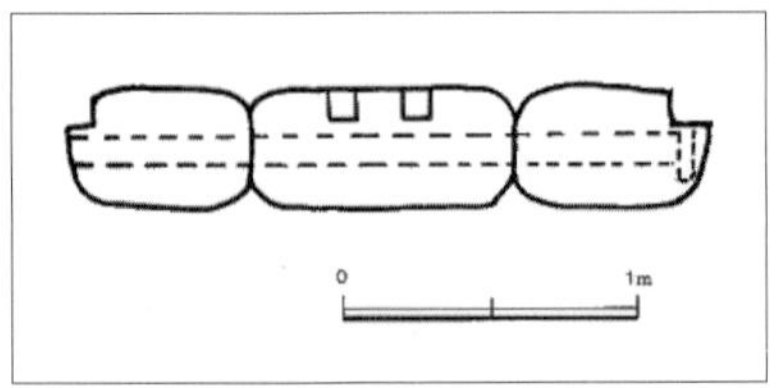
<그림 29> 십이동파도 저판 장삭 관통

의 선박 제조 방법보다 한 단계 발전한 조선 기술로 보인다.

고려시대 중앙저판 이음방식은 많은 차이점은 없지만 마도1호선을 기점으로 턱걸이 장부이음이 보인다. 턱걸이 장부이음은 13세기 이후 달리도선, 안좌선에 나타난 형식으로 13세기 초기에 시작되었을 가능성이 있다. 하지만 마도2호선은 마도1호선과 제작 시기가 비슷한데 중앙저판 이음이 장부이음이다. 이는 13세기 초기에 두 가지 방식이 혼용되었을 것이다.

연결 방법은 저판 옆면에 직사각형의 구멍을 일직선으로 뚫은 후 장삭을 박아 좌우 대칭되게 맞춘다. 이후 저판의 상부를 산지로 고정하거나 측면에 쐐기를 박아 고정한다. 저판 3열은 직접 연결하면, 4·5·7열은 3열을 먼저 연결한 다음 좌우에 1열씩 추가로 장삭을 연결하였다.

선저구조에 의한 시대구분은 통일신라시대의 영흥도선 장삭이 양측 부재의 외부로 돌출되는 방식이고, 고려시대 초기 십이동파도선에서는 영흥도선에서 변형되어 저판 3열을 관통하는 방법으로 변화한다. 또한 십이동파도선의 중앙저판의 장부이음이 마도1호선에서는 턱걸이 장부이음으로 변화한다.

이처럼 저판구조는 시대에 따른 기술적 변화에 따른 구조의 시대구분이 가능하다. 즉 13세기를 전후하여 장부이음이 턱걸이 장부이음으로 변화한다. 따라서 저판의 이음구조는 장부이음 이외에도 턱걸이 장부이음, 반턱이음, 맞댄이음 등이 시대별로 약간씩 변화를 보이면서 발달한다.

셋째, 현재까지 확인된 선박의 저판 연결은 장삭을 이용하였다. 연결 방법은 저판 전체를 관통하는 방법과 중앙저판을 기준으로 장삭 연결 방법이 다른 두 가지 형태이다.

십이동파도선·달리도선·안좌선·마도4호선[54]은 3열의 저판재를 긴 장삭이 관통하였다.

완도선·대부도1·2호선·마도1·2·3호선은 저판 4·5·7열로 중앙저판을 중심으로 좌우저판의 3열을 장삭으로 먼저 연결하였다. 이후 양쪽의 저판은 다른 장삭으로 고정하였다. 좌우에 붙이는 방법은 좌우 1열씩 추가하는 방식이다. 예외적으로 대부도2호선은 3열을 연결한 다음 좌저판 1열을 추가로 연결하였다. 이는 좌우 균형을 맞추기 위해서 불가피하게 선택하였을 가능성이 있다. 저판의 열수가 많아지면 장삭의 결구와 결착에 따른 강도를 조절하기 위해서 사용한 방법이다.

이외에 장삭이나 피삭에 틈새가 생기면 쐐기를 이용하여, 틈새를 메워서 선박의 안전 항해를 기하였다. 또한 장삭이나 피삭의 고정은 산지를 박아 튼튼한 결구를 하였다.

따라서 이는 적절하게 장삭을 사용한 것으로 구조상의 차이점에 의한 시대구분은 쉽지 않다. 저판 연결 방법은 통일신라시대, 고려·조선시대는 물론 근현대 목선까지 대부분 비슷하게 이어진 전통 한선의 제작 방법이다.

넷째, 수중발굴 선박의 선저구조 가장 큰 특징은 저판과 외판을 연결하는 만곡종통재의 유무 여부에 따른 선박의 구조적 차별성이다. 이러한 차별성은 저판과 외판 1단의 구조변화에 따른 시대구분이 가능하다.

저판과 외판의 연결은 두 가지 방법이 있다.

먼저, 만곡종통재를 매개로 하는 방법이다. 이는 'L'자형 만곡종통재 1단 혹은 2단으로 저판과 연결한 다음 만곡종통재 상단에 외판을 연결하는 방법이다. 만곡종통재를 갖춘 선박은 통일신라시대의 영흥도선, 고려시대의 완

54 마도4호선의 저판의 정확한 연결방법은 선박을 인양하지 않아 확인하지 못하였다. 노출 평면도를 보면 장삭으로 관통하였을 가능성이 많다. 향후 선체가 인양되면 확인이 가능할 것이다.

도선·십이동파도선·대부도2호선 4척이다. 완도선은 만곡종통재 1단으로 영흥도선과 경주 안압지 통나무배[55]에 보이는 반구조선의 양식을 이어받았다. 십이동파도선이 발굴되기 이전에는 완도선이 가장 이른 시기의 한선 구조로 보았다.

하지만, 십이동파도선의 만곡종통재 2단과 출수 도자기의 시대 편년이 완도선보다 빠른 시기에 제작되었다. 이는 출수된 도자기의 시대 편년을 철화기법의 유물 및 기형의 분류 등을 종합하여, 십이동파도선의 시기가 다소 빠른 것으로 추정하였다. 따라서 만곡종통재 2단이 좀 더 시대가 빠르다고 할 수 있다. 이는 통일신라시대 영흥도선의 만곡종통재 2단과 연계하면 정확한 판단이 가능하다.

다음은 저판과 외판을 직접 연결하는 방법이다. 저판과 만곡종통재 연결방법을 갖추지 않은 선박은 달리도선, 안좌선, 대부도1호선, 마도1·2·3·4호선 등 7척으로 저판과 외판을 직접 연결하는 방법이다. 이들 선박은 고려시대 중기 이후의 선박과 조선시대 초기 선박에서 나타난다. 고려시대 선박 중에서 저판과 외판을 직접 연결한 마도1호선은 최초로 절대연대가 확인되었다. 이를 기준으로 구조적 차이에 의한 시대구분이 가능하다.

마도1호선을 비롯한 대부분 선박은 외판의 상하 부재는 홈붙이겹이음방식을 사용하였다. 외판 이음방식은 반턱이음과 맞댄이음방식이 주를 이룬다. 저판과 외판의 피삭들은 모두 산지를 이용하여 고정하였다.

하지만 마도1호선은 외판이 대부분 반원형의 단면을 띠고 있다.

---

55 1975년 경주 안압지에서 발굴한 통나무배는 저판의 양쪽에 만곡종통재 형태의 부재를 잇대어 만들었다. 이는 이후 한선의 조립방법과 동일하다.
국립해양유물전시관, 1995, 『바다로 보는 우리역사』도록, p. 114.
문화재관리국, 1978, 『안압지』, pp. 409~412.

선수·선미의 저판과 외판에 턱이 없이 연결하는 맞댄이음 구조이다. 또한 저판과 저판에 사이에 가룡이 연결된 형태이다. 따라서 만곡종통재로 보기는 어렵지만 만곡종통재가 완전히 사라지기 전 과도기적인 형태로도 보인다. 이는 저판과 외판의 연결 턱이 있는 달리도선·안좌선·대부도1호선·마도3호선은 잘 다듬어진 형태로 마도1호선 보다는 시기적으로 늦다고 볼 수 있다.[56]

이처럼 마도1호선의 정확한 절대연대와 저판과 외판 연결방법이 만곡종통재는 아니지만 이후의 선박과는 약간의 차이가 있어 과도기적인 단계로 볼 수 있다. 즉 13세기 초를 중심으로 저판과 외판을 연결하는 선박 제조 기술에 변화가 나타났음을 알 수 있다.

특히, 안좌선은 달리도선·대부도1호선의 저판과 외판 직접 연결보다 진보한 형태가 나타난다. 이는 선수 쪽에 설치된 삼각 형태의 외판 부재 가공방식과 돛대 자리의 보강 기술, 수밀구조를 위해 부재 간의 결착 면에 충진재를 삽입한 흔적이 있다. 그리고 외판 이음에 있어 석회 성분의 접착제를 사용하였다는 점 등이다. 또한 장삭의 구멍을 뚫기 전 판재에 먹줄을 그려 넣은 흔적 등이 있다. 이는 이전 발굴된 선박에서는 확인되지 않았다. 선박 건조기술이 보다 발전되었고, 선박의 구조 역시 진보된 상태임을 나타낸 것이다.

다섯째, 저판의 돛대구멍 제작 방법을 기준으로 한 구분이다. 발굴 선박의 보편적인 돛대구멍은 평평한 중앙저판에 바로 구멍을 뚫었다. 이에 반해

---

56 완도선과 십이동파선도은 외판을 잘 다듬어 제작하였지만, 마도1호선은 원통목을 일부만 가공하여 사용하였다. 이를 기준으로 선후를 구분하는 것은 약간 비약이기는 하지만, 마도1호선은 7열의 저판연결 방식에 만곡종통재 형식이 잔존하여 달리도선, 십이동파도선, 안좌선 보다 이른 시기로 구분하였다.

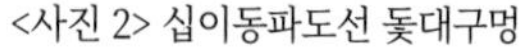

<사진 2> 십이동파도선 돛대구멍

<사진 3> 안좌선 돛대구멍

안좌선은 돛대구멍 부분을 도드라지게 만들어 돛대를 더욱 견고堅固하게 한 시설로 변화하였다. 안좌선은 고려시대 선박 가운데 가장 늦은 시기인 14세기로 편년된다. 이는 조선 기술의 변화로 볼 수 있다. 따라서 돛대구멍의 구조적 변화가 고려 후기에 나타난다. 하지만, 조선시대 마도4호선의 돛대구멍은 안좌선과 다르게 다른 고려시대 선박과 일치한다. 이는 돛대를 선수와 중앙에 2개 설치하였다. 이는 멍에형 가룡 각단마다 당아뿔을 만들어 구조적으로 보강된 형태를 갖추었기 때문이다.

여섯째, 돛의 수량 변화이다. 돛은 바람을 이용하여 선박의 속도를 조절하는 중요한 역할을 한다. 발굴 선박은 통일신라시대와 고려시대는 단범선으로 돛이 1개이다. 조선시대 마도4호선은 처음으로 돛을 2개 만들었다. 마도4호선은 관선으로 국가가 운영한 선박이다. 고려시대 국가 운영한 선박도 2개의 돛을 운영하였을 가능성은 있지만, 현재까지 밝혀진 사실을 종합하면, 시대구분의 판단에 중요한 자료이다.

이를 종합하면, 저판 연결 방법인 장삭의 결구에 따라 통일신라시대와 고려시대가 구분된다. 만곡종통재에 의한 시대구분은 통일신라시대 영흥도선 만곡종통재 2단 7~10세기, 고려시대 십이동파도선 만곡종통재 2단 11세기 후기에서 12세기 초기, 완도선·대부도2호선 만곡종통재 1단 12세기 중후반, 마도1호선의 저판과 외판연결 방법인 맞댄이음과 저판 턱걸이 장부이음방식이 나타난 13세기 초기로 구분이 가능하다.

이외에 돛대구멍이 도드라지게 제작된 안좌선(14세기), 돛의 수량 변화 쌍범선으로 변화한 마도4호선(15세기) 등으로 시대구분이 가능하다.

3) 선수구조의 변화

선수는 파도를 직접 가르고 항해하는 역할을 한다. 따라서 선수는 일반적으로 두꺼운 판재를 사용하여, 선박이 암초 등에 충돌하여도 견딜 수 있어야 한다. 일반적으로 선수·선미는 약간 곡선을 이루면서 위로 솟아오른 형태이다. 선박은 무게 중심을 중간 부분에 두고 항해를 한다.

선수구조는 저판과 외판 연결 방법이 가로형과 세로형이다. 수중발굴 고려시대 선박의 선수는 세로형, 조선시대 선박은 가로형 구조가 확인되었다. 고려시대 선박 10척은 모두 세로형이다. 조선시대 마도4호선은 가로형의 구조이다. 하지만, 조선시대 문헌과 회화자료에 가로형과 세로형이 같이 나타나기 때문에 공존하였음을 알 수 있다.

고려시대 세로형의 선수 부재 연결구조는 한국 목조건축에 대문 널 연결을 위해 적용되는 '은살대꽂기'[57]방식이 사용되고 있다. 조선시대 가로형 선수 부재 각 단의 연결방식은 '맞댄쪽매'방식과 '반턱쪽매'[58]방식이 사용되었

---

57 두 널빤지를 맞붙이기 위해 쓰는 가늘고 납작한 나무쪽이다.

58 판재의 위아래를 두께의 반만큼 턱지게 깎고 서로 반턱이 겹치게 물려 연결하는 방식을 쪽매방식이라 한다.

을 것으로 추정할 수 있다.

선수 부재의 외판과 연결 방법은 세로형과 가로형이 같은 연결구조로 좌우 측면에 톱니바퀴형 홈턱을 만들어 외판과 연결하는 방법이다.

특히, 마도4호선에는 한국 최초로 선수 부재를 보강하기 위해 맨 앞에 설치한 가룡 중앙부분 홈에 피삭이 박혀있었다. 이 피삭은 선수 부재에도 확인되는데 발굴 당시 피삭이 서로 연결되어 있었다. 이는 가룡이 설치된 높이의 위치만큼 선수 부재 2단 중앙 부분에 피삭의 크기에 맞는 위치에 피삭이 박혀있다. 앞쪽에 피삭이 박혀 도출된 것이 확인된다. 이는 고려시대 선박의 세로형 구조에서 확인되지 않은 매우 독특한 구조이다. 이 구조가 선수 부재를 보강하기 위한 구조일 가능성도 있다.

선수구조의 시대구분은 저판과 선수재의 연결구조로 시도하였다. 선수재가 발견된 선박은 달리도선, 십이동파도선, 마도1·3호선, 대부도2호선·안좌선·마도4호선 등 7척이다.

선수재의 결구방법을 2가지로 세로형과 가로형으로 구분된다.

먼저 선수재가 세로형은 모두 고려시대 선박으로 달리도선, 십이동파도선, 마도1·3호선, 대부도2호선·안좌선 등 6척이다.

달리도선은 선수판이 유실되었지만 조사 이전의 현지답사를 통해 좌우 저판재의 앞부분이 심하게 훼손되기는 했지만 돌출된 구조 부분이 남아있었다. 또한 장삭을 삽입하였던 것으로 보이는 가공 흔적을 토대로 선수판이 '凹'자 홈 형태로 추정된다.[59] 따라서 선수는 세로로 이물비우를 만들었을 것이다. 십이동파도선은 선수재로 3개의 판재를 장삭으로 결구하고, 상단은 반듯하며, 하단은 저판의 연결 홈에 부착되도록 직각 면을 깎아 '∨'형태로

59 국립해양유물전시관, 1999, 『달리도선』, p. 54.

만들었다. 또한 하단에서부터 좌우 연측의 외면을 따라 톱니바퀴 모양의 홈을 만들어 외판이 부착될 수 있도록 하였다.

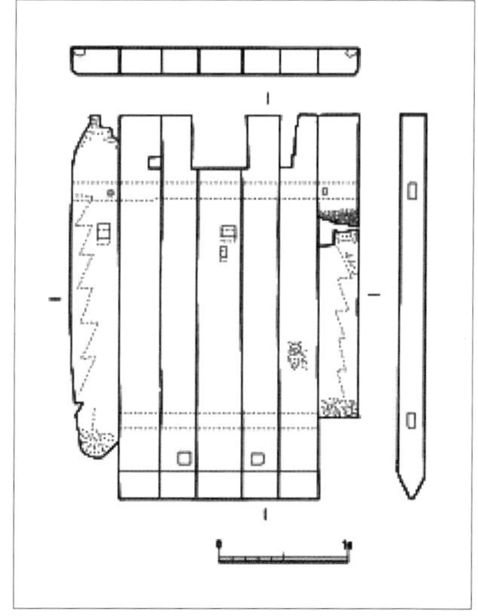

<그림 30> 마도1호선 선수재

마도1호선은 선수재 또한 7개의 판재를 장삭으로 연결하였다. 선수재 상단은 반듯하지만 4번째 판재는 다른 판재보다 낮아져 다른 구조물을 부착한 것으로 추정된다. 하단은 저판의 연결 홈에 부착되도록 직각 면을 깎아 '∨'형태로 만들어 저판과 연결하였다.[60]

안좌선은 선수판이 유실되었지만 저판 선수 부분에 선수판을 삽입했던 '凹'자 홈이 남아있는데, 각도 약 110° 정도로 급한 경사를 보인다.[61]

마도3호선의 선수재는 세로로 4열을 갖추고 맞댄이음 방식으로 연결되었다. 양쪽 끝은 외판의 각 단별로 연결하기 위해 톱니바퀴 모양으로 가공하였

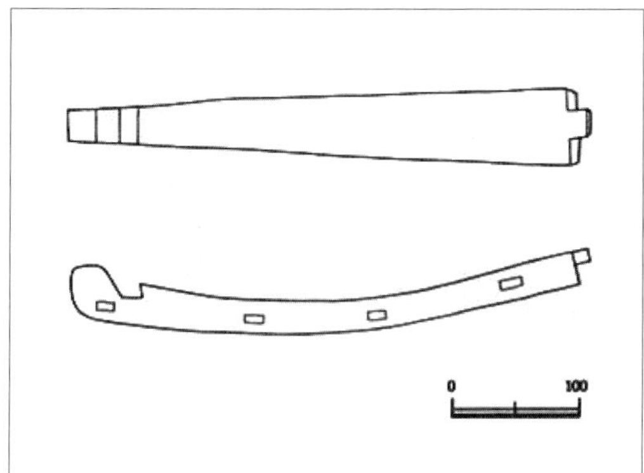

<그림 31> 안좌선 선수재 결구형태

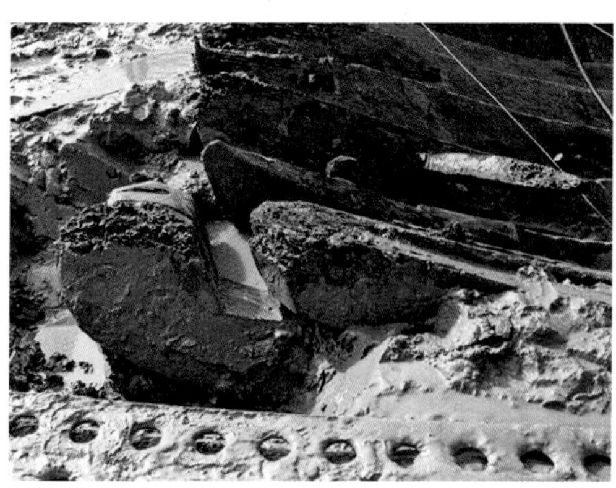
<사진 4> 안좌선 선수재 결구형태

60 국립해양문화재연구소, 2010, 『태안마도1호선』, p. 343.

61 국립해양유물전시관, 2006, 『안좌선』, p. 77.

다. 또한 선수재와 저판의 연결이 거의 완벽하게 남아있어 선수 구조도 확인하였다.

대부도2호선의 선수는 3열의 목재를 세로로 세워져 연결되었다. 이는 고려시대의 선박에서 보편적으로 보이는 특징이다.

다음은 선수가 가로형 결구방법이다. 발굴 선박은 조선시대 마도4호선은 선수가 유일한 가로형의 구조이다. 고려시대 선박은 세로형으로 조선시대 선박과 차이점을 보여준다. 마도4호선의 선수재 2단이 확인되었다. 1단은 선수재를 저판재와 연결하기 위한 피삭이 확인되었다. 또한 2단과 연결하기 위한 피삭의 연결 방법은 외판과 동일한 구조이다. 마도4호선에서 한국 최초로 확인된 가로형의 선수부재 구조는 조선시대 회화자료인 유운홍(1797~1859)의 세곡운반선, 우진호(禹鎭浩 : 1832~?)의 경직도耕織圖 어선 漁船 등과 『각선도본各船圖本』의 조선·북조선 등의 자료에서 확인된다.[62] 마도4호선이 조운선으로 밝혀져, 문헌이나 회화에 보이는 선박과 일치한다.

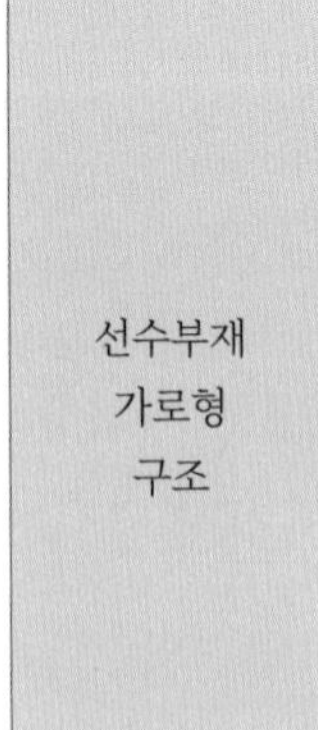 선수부재 가로형 구조		
	유운홍(劉運弘 : 1797~1859)의 가로형 세곡운반선	『각선도본(各船圖本) : 저자 미상, 1797년』의 세로형 전선

62 국립해양문화재연구소, 2010, 『조선시대 그림 속의 옛배』도록, pp. 6~9, 94~98.

이외에도 조선시대는 전선·병선 등 세로형도 함께 나타난다.[63] 조선시대에는 문헌과 회화 등에 가로·세로 유형의 선수 구조가 확인된다. 이는 조선시대에는 세로형과 가로형의 구조가 혼용되었음을 알 수 있다.

마도4호선은 저판과 선수재의 연결은 선수재 내면 중앙에 사각형 홈을 파고 피삭으로 결구하였다. 상하단의 선수재 연결은 피삭으로 외판과 같은 방법으로 연결하였다. 선수재와 외판 연결은 선수재 양쪽 끝에 외판의 두께에 맞추어 턱을 만들고, 선수재와 연결된 외판부재 앞쪽을 선수의 각도에 맞추어 잘라내어 선수 부재에 맞추어 결구하였다. 또한, 선수 쪽에 위치한 가룡의 중앙부분에는 홈에 피삭이 박혀있었다. 이외에 선수재에도 가룡이 설치된 높이만큼 중앙 부분에 가룡 홈의 크기 정도 피삭이 박혀있었다. 선수부재 바깥쪽도 피삭이 확인되었다. 이는 고려시대 선박에서 보이지 않은 구조로 독특한 구조를 갖추고 있다. 하지만 현재 그 용도를 정확히 알 수 없다. 추후 선체가 인양되면 선수의 각도, 피삭의 위치, 피삭의 형태, 피삭이 박히는 시작 점 등을 분석하면, 정확한 용도 해석을 할 수 있을 것이다.

선수구조의 특징으로 시대를 구분하면, 십이동파도선(11세기 후반~12세기 초)과 마도1호선(13세기)은 '∨'자 형태의 홈을 만들어 저판과 선수재를 연결하였다. 달리도선(13~14세기)과 안좌선(14세기 후반)은 '凹'자 홈의 형태로 선수판을 연결하였다. 따라서 절대연대가 확인된 마도1호선을 기준으로 만곡종통재가 변형되고, 선수결구도 '∨'자 형태에서 '凹'자 형태로 변화가 되었음을 알 수 있다.

마도4호선은 고려시대 선박과는 달리 선수를 가로형으로 결구하여, 구조상 변화가 확실하다. 즉 15세기 초기 태종~세종 연간(1400~1450)에 중앙집권

63 국립해양문화재연구소, 2010, 앞의 도록, pp. 14~41.

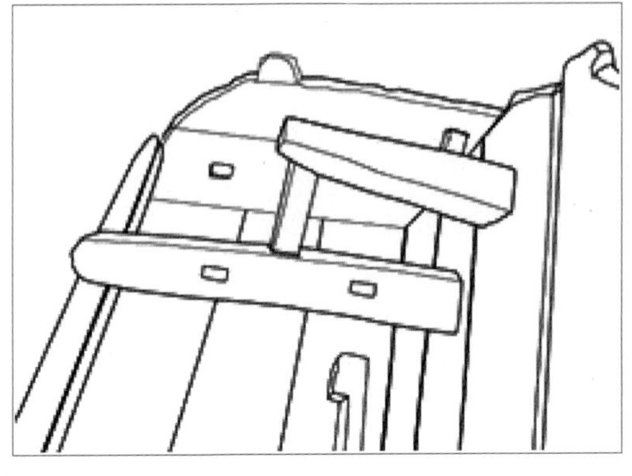

<그림 32> 마도4호선 선수

국가의 틀이 완성되고, 국가의 주요 세금을 거두는 조운선에 대한 제작을 지시한 기록 등은 선박의 기술적 변화를 시사한다.

하지만 선수의 가로·세로형에 의한 시대 구분은 향후 고려시대 선박에서도 가로형이 나올 가능성은 충분하다. 향후 발굴성과를 기대하며, 시대구분의 연구에도 다양한 해석이 도출되길 기대한다.

4) 선미구조의 변화

선미구조의 변화양상에 의한 시대구분이다. 선미구조는 판재를 가로형으로 비교적 얇게 설치한다. 연결 방법은 맞댄쪽매로 서로 연결되며, 각 단을 이룬다. 외판 연결 방법은 고려와 조선시대가 동일하지만 외판의 구조에 따라 다른 구조가 나타난다.

첫째 유형은 선미쪽 외판 각 단에 'ㄷ'자형의 홈턱을 만들어 선미판을 홈턱에 끼워 연결하는 구조이다.

둘째 유형은 외판 1단이 단일재로 구성되어 위로 휘어 올라가는 구조에 'ㄷ'자형의 홈턱을 만들어 선미판을 홈턱에 끼워 연결하는 구조이다. 이 두 가지 유형은 조선시대 후기까지 변화하지 않고 사용된다. 이는 문헌을 통해서도 확인된다. 여몽연합군의 일본 원정 시 사용된 고려전함[64], 조선시대『각선도본』의 전선 등에 새꼬리 모양의 치솟는 선미가 나타난다.[65] 따라서 이러한 방법은 선박의 특징에 따라 적절하게 혼용하여 사용하였을 것이다.

---

64 『蒙古襲來繪詞』.

65 『各船圖本』의 戰船.

선미구조의 확인이 가능한 선박은 달리도선·안좌선·마도3·4호선·대부도2호선 등 5척이다.

달리도선의 선미구조는 선미쪽 외판이 다른 외판에 비하여 만듬새가 독특하다. 외판의 끝부분을 두터운 각형재로 변형 마감하였다. 외판 안쪽에 'ㄷ'자형의 홈을 시설하고 선미 판재를 끼워 넣었다.[66]

안좌선의 선미 역시 달리도선과 마찬가지로 외판재가 다른 외판에 비해 만듦새가 독특하다. 이는 두께 20cm, 폭 45cm 정도의 판재로 앞 선재와 이어지지만 끝 부분이 두터운 각형재로 변형되어 마감되고 있다. 그리고 그 안쪽에 각각 'ㄷ'자형의 홈이 깊이 4cm×폭 4.5cm 크기의 대칭으로 설치되어 선미판을 끼워 넣을 수 있게 하였다. 또한 선미판을 삽입하는 'ㄷ'홈 내측에는 양쪽 외판을 지지하는 피삭으로 고정하였다. 삽입된 피삭은 선미판재를 움직이지 않도록 누른다. 선미 부분의 외판이 벌어지지 않도록 좌우현 외판을 관통하여 피삭 끝이 외판 외측까지 튀어나왔다. 이를 방두형산지로 고정하였다.

달리도선과 안좌선은 선미판이 상부로 향하면서 점차 넓어지는 제형梯形의 형태이다. 잔존 선미 판재는 외판과 비교할 때 상대적으로 취약하다. 선미판과 직결되는 저판재에는 얕은 'V'자형 홈이 있다.

마도3호선의 선미재는 가로로 결구되었다. 선미판 7단이 남아있다. 선미재는 외판에 경사지게 홈을 만들어 삽입하였다. 이 방법은 고려시대 대부분 선박에서 보이는 특징이다.

대부도2호선의 선미재는 얇은 나무판을 좌우현 만곡종통재와 외판에 홈을 파서 끼워 넣었다. 외판과 선미재의 연결도 비슷한 방법을 채택하였을 것

66 국립해양유물전시관, 1999, 앞의 책, p. 54.

<사진 5> 안좌선 선미구조

이다.

이처럼 고려 선박 중·후기에 해당하는 선미재의 고찰은 가능하다. 고려 전기의 특징을 살필 수 있는 선박은 전무하다. 따라서 후기의 선박을 기준으로 추측하면, 전기의 선박 역시 'ㄷ'자형의 홈에 선미판을 끼웠을 것으로 추정된다.

조선시대 선박인 마도4호선의 선미 구조는 좌우 외판 부재에 'ㄷ'자형 홈에 선미판을 끼워 연결한 구조이다. 또한 서로 연결되는 선미판 사이 좌우현에 사각형의 홈을 뚫어 가룡의 연결구조와 같이 좌우로 연결하여 양쪽 촉(장부)이 빠지지 못하도록 장부에 구멍을 뚫어 산지를 박은 맞춤 방법이다.

선미구조는 고려·조선에 걸쳐 'ㄷ'자형의 홈에 선미판을 끼웠을 것으로 추정된다. 선미의 부분적인 변화는 보이지만, 커다란 차이점은 없다. 하지만, 달리도선과 안좌선은 선미 쪽 외판이 다른 외판과 다르게, 외판의 끝부분을 두터운 각형재로 변형 마감하였다. 이후 외판 안쪽에 'ㄷ'자형의 홈을 시설하고 선미 판재를 끼워 넣었다. 이는 고려 후기로 가면서 선미판재 결구가 바뀌는 양상이다. 따라서 선박 기술변화에 따른 시대구분이 가능하다.

5) 횡강력구조의 변화

횡강력구조는 선체가 옆으로 벌어지지 않도록 선수부터 선미에 이르기까지 외판 양측을 연결하는 구조물이다. 횡강력구조는 멍에, 멍에형 가룡, 가룡이 중요한 역할을 한다.

멍에는 뱃전 위의 여러 곳에 걸쳐 놓은 두꺼운 목재이다. 선박의 대들보 역할을 하며, 양쪽 끝이 뱃전 밖으로 돌출되게 설치한다. 외판의 가장 상단에 위치하여, 갑판과 연결되어 가장 강한 힘을 받는다. 횡강력구조 중에서 가장 두껍고 크다. 수중발굴에서 현재까지 멍에는 마도3호선에서 일부 형태를 확인하였다.

멍에형 가룡은 선체의 횡강력과 돛대의 조절과 고정하는 중요한 역할을 한다. 즉, 멍에형 가룡은 돛대를 세우고 눕는 데 당아뿔로 고정한다. 당아뿔은 갈고리 역할을 하면서 돛대를 잡아준다. 횡강력구조 중에서 중간 두께이다.

횡강력구조 가운데 멍에형 가룡이 시대구분과 기술적 변화의 중요한 기준으로 판단된다. 멍에형 가룡은 11~12세기의 완도선과 십이동파도선에는 확실하게 나타나지 않는다. 하지만 완도선은 외판이 많이 남아있고, 멍에형 가룡을 고착한 홈이 외판에 흔적이 있다. 멍에형 가룡은 12~13세기로 시대구분을 한 대부도1호선과 대부도2호선에 보인다. 이는 12~13세기에 들어서면서 멍에형 가룡을 선박 제작에 적용하였을 가능성이 있다. 13~14세기 달

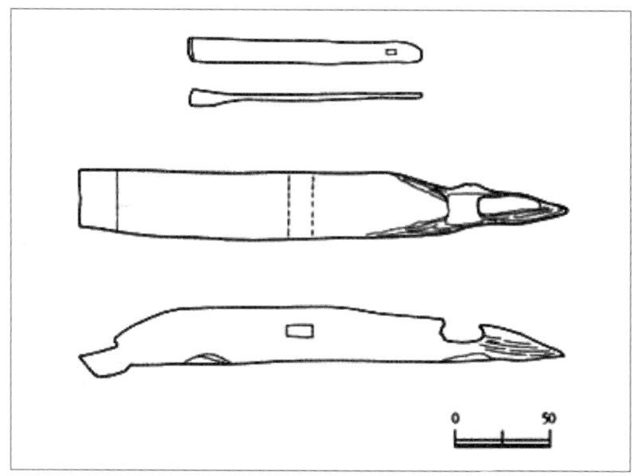

<그림 33> 안좌선 멍에형 가룡

<사진 6> 안좌선 멍에형 가룡

리도선과 안좌선, 대부도1호선, 마도1·2·3·4호선에는 멍에형 가룡 구조가 보편적으로 나타난다. 멍에형 가룡은 돛대 및 외판의 지지력을 보강하여 주면서 횡강력의 견고성을 향상하였다.

가룡은 좌우 외판을 연결하는 격벽隔壁 역할과 횡강력을 유지하는 기장 기본적인 구조이다. 가룡은 멍에 밑에 설치되어, 좌우 외판을 고정한다. 좌우 외판의 각단마다 직사각형의 구멍을 파서, 양쪽 외판을 연결한다. 중국 선박의 격벽과 같은 기능을 한다. 가룡과 가룡 사이는 창고의 기능이다. 가룡은 고려 초기에는 불규칙적 배열을 보이지만, 고려 중기 이후는 정형화되어 일정한 배열을 보인다. 이는 가룡이 격벽의 기능과 적재물을 구분하여 적재하였다.[67] 가룡은 횡강력구조 중에서 가장 가늘고 크기도 작다. 한국 선박의 가룡 형태는 두 가지로 구분된다.

첫째, 가룡의 모양이 원통형 목재를 가공하지 않고 좌우 양 끝을 직사각형으로 가공한다. 가룡은 휨이 있는 나무 등 용도에 맞게 선별하여 사용하였다.

둘째, 조선기술이 발달하면서 원통형 가룡의 사면을 다듬은 구조로 변화된다. 마도4호선에서 확인된 멍에형 가룡은 돛대가 설치된 구간에서 확인된다.

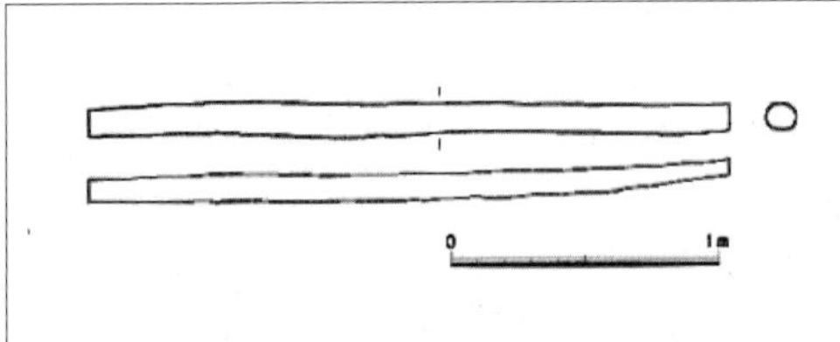

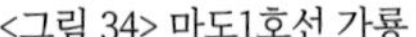

<그림 34> 마도1호선 가룡

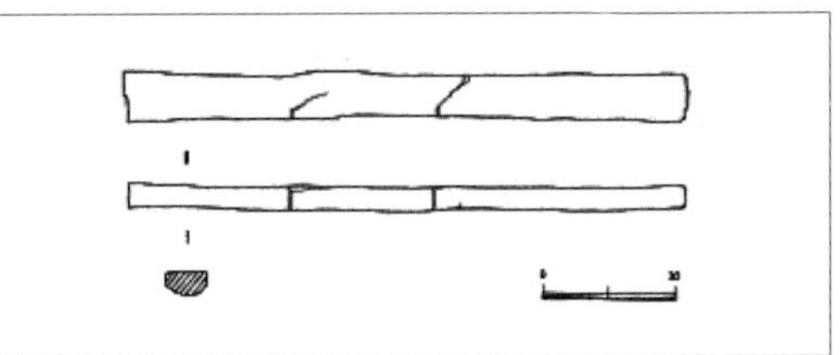

<그림 35> 안좌선 가룡

67 완도선의 경우 가룡의 배치가 일정하지 않다.

6) 돛대구조의 변화

돛대구조는 돛대와 돛대를 잡아주는 당아뿔의 구조가 변화한다. 고려시대에는 중간돛대의 멍에형 가룡에 당아뿔이 한 개만 만들었다. 조선시대는 돛도 쌍범이 보이고, 당아뿔도 중간돛대의 각단마다 만들어졌다. 이물돛대에도 1개의 당아뿔이 있다. 이는 고려시대 선박에 비해 보강된 것으로 최초로 확인되었다.

고려시대 선박은 외판 4단 이상부터 멍에형 가룡 연결 홈턱이 확인된다. 이는 멍에형 가룡에 따라 마도4호선 처럼 당아뿔이 이중구조가 있었을 가능성은 있다. 이는 돛대를 눕히거나 세울 때 당아뿔을 하나하나 제거·설치하는 단점이 있다. 이에 반해 돛대를 단단하게 보강하는 역할을 한다. 당아뿔 구조는 '='자형과 갈고리형 두 가지 유형의 구조이다. 이러한 구조는 고려·조선을 거치면서 선박의 선형에 맞게 적정하게 사용되었다. 당아뿔 구조는 달리도선, 안좌선, 마도3·4호선에서 그 형태가 확인되었다.

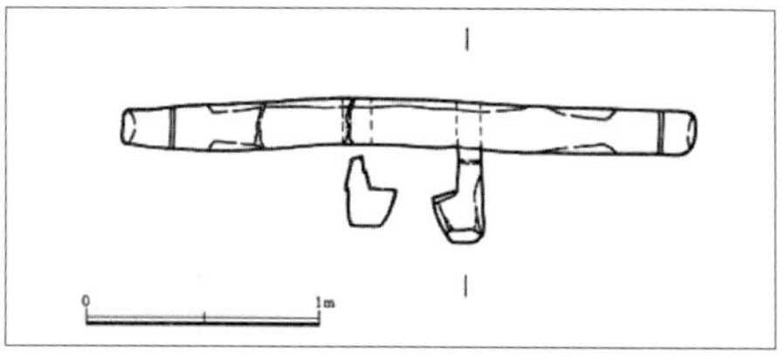
<그림 36> 달리도선 당아뿔

이를 종합하면 돛대를 잡아주기 위한 당아뿔은 고려시대 중기인 13세기 이후 나타나기 시작한다고 볼 수 있다. 13세기 이전의 선박에서는 당아뿔 존재가 확인되지 않았지만, 사용되었을 가능성은 있다. 조선시대에 들어서면 마도4호선에서 보는 당아뿔 수량의 증가로 돛대를 잡아주기 위한 구조물을 보강하였다. 이는 마도4호선은 돛대가 쌍범선으로 바람의 영향을 많이 받기 때문에 당아뿔을 추가하였을 것이다. 이는 시대에 따라 변화양상의 구분이 가능하다.

<사진 7> 마도4호선 당아뿔

7) 외판구조의 변화

외판구조는 선재의 두께와 일부 가공 기술변화 과정을 확인하였다. 구조와 형태는 거의 변화가 없다. 외판이 각 열의 이음은 반턱이음과 맞댄이음이 일반적이다. 저판과 연결되는 방식은 홈붙이겹이음과 쪽매방식이 사용되고 있다. 외판의 각 단의 연결구조는 홈붙이겹이음방식이 고려·조선시대에 걸쳐 이어진다.

외판구조는 발굴 선박 대부분 나무를 잘 다듬었다. 이 가운데 마도1·2호선의 형태가 약간 특징적이다. 마도1·2호선의 외판은 원통목 한쪽 면은 가공하였다. 외판의 다른 쪽 나무는 표피를 제거한 후 거의 가공하지 않고, 두꺼운 원통목을 외판으로 사용하였다. 마도3호선도 외판은 두껍다. 이러한 형태로 시대구분을 하기에는 다소 무리가 있다.

외판의 각단 연결은 피삭을 박는 방법에 따라 차이가 있다.

먼저, 일반적으로 수중발굴 선박 외판은 상단 외판에서 수직으로 관통, 하단의 외판 중간까지 연결하는 방법을 채용하였다. 이후 하단 외판에서 산지로 고정하였다. 수중발굴 선박은 대부분 이 방법을 사용하였다.

다음은 상단 외판의 하단 부분에서 하단 외판의 상단 부분으로 45° 관통하여 산지로 결구하는 형식이다. 한국에서 수중발굴한 선박 중에서 유일하게 태안선에서 보인다. 태안선은 외판 1단의 결구 방식은 피삭을 사용하여 상단 외판에서 수직으로 관통, 하단의 외판 중간까지 연결한 다음 하단 외판에서 산지로 고정하였다. 이는 다른 발굴 선박과 같은 방법이다.

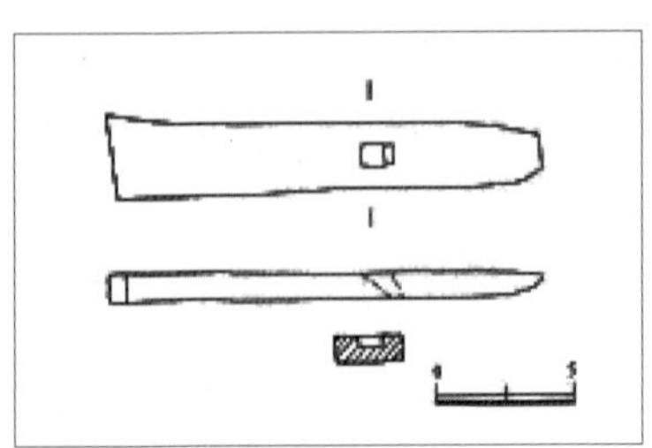
<그림 37> 피삭(안좌선)

하지만, 태안선의 2·3·4단은 상단 외판의 하단 부분에서 하단 외판의 상단 부분으로 관통하여 산지로 결구하는 새로운 형식이 나타난다. 그리고 다른 선박에 비하여 외판

의 두께가 얇다. 외판 연결방식은 외판의 두께가 얇아 연결방식을 달리하였다. 이러한 방식은 중국 산둥성에서 발굴한 봉래3호선에서도 보이는 형식이다. 외판의 상하단 연결은 두 가지 양식이 공존하였다.

이를 종합하면 외판에 의한 시대구분은 명확한 근거 자료로는 미흡하다. 일반적으로 선박 외판의 연결은 상단 외판에서 수직으로 관통, 하단의 외판 중간까지 연결하는 방법이 대세를 이룬다.

8) 호롱의 변화

호롱은 닻줄을 감아서 닻을 내리거나 올릴 때 사용하는 도구이다. 수중발굴에서 호롱 관련 구조물은 십이동파도선, 태안선, 대부도2호선에서 출수되었다.

십이동파도선의 호롱 구조물은 호롱받침대로 완전한 구조 형태를 갖추고 있지는 않지만, 원형구멍이 있어 닻줄을 감는 호롱대를 끼운 것으로 보인다.

태안선에서는 호롱가지 부분이 출수되었다. 호롱가지는 밧줄을 감는 회전체로 사용되었다. 호롱가지는 총 5점으로 수종은 상수리나무였다. 호롱가지 길이는 69cm 내외, 폭은 6.5cm 내외이다. 호롱가지를 상수리나무로 만든 것은 선체를 만드는 소나무에 비해 강도가 좋아, 닻을 올리고 내리는데 큰 힘을 받기 때문에 강도가 좋은 나무를 사용하였다.

대부도2호선의 호롱은 호롱대에 닻줄이 감긴 채로 발굴되었다. 호롱대는 최대길이 1.12m, 최대폭 0.13m이다. 양쪽 끝은 몸체보다 가늘게 다듬었다. 또한 호롱 회전체를 연결하기 위해 양쪽에 관통구멍이 2개와 호롱가지도 남아있었다.

호롱에 의한 정확한 시대구분은 어렵다. 하지만 구조적인 변화는 안좌선 선수 외판에 호롱받침대를 고정하기 위한 형태이다. 이는 외판에 돌출된 삼각형를 만들어 고정하였다. 따라서 선박의 구조가 발달하면서 고려 후기로 가면 호롱의 제작 방법이 새롭게 출현한다.

9) 기타

닻돌은 고려시대 선박을 발굴하면 대부분 출수 된다. 이는 정박이나 항해 중에 문제가 생기는 선박을 제어하기 위한 중요한 도구이다.

밧줄은 호롱에 감아 닻을 올리고 내리는데 안좌선, 태안선, 십이동파도선 등에서 출수되었다. 대부도2호선에서는 호롱에 감긴 밧줄이 발굴되기도 하였다. 밧줄은 칡으로 만들었다. 두께는 대형 지름 7cm, 소형 지름 4cm이다. 닻줄이나 정박용으로 사용된 것으로 보인다.[68]

연결구조는 피삭과 장삭을 대부분 사용하였다. 통일신라시대 영흥도선, 고려시대의 완도선, 달리도선, 십이동파도선, 안좌선, 대부도1·2호선, 태안선, 마도1·2·3호선 등 모든 선박이 피삭과 장삭을 사용하였다. 조선시대 마도4호선도 장삭과 피삭을 사용하였다.

선박의 수리는 고려시대와 조선시대가 약간의 차이가 있다. 선박의 수리 흔적은 2척의 선박에서 확인된다. 고려시대 12세기로 추정되는 대부도2호선은 가룡의 연결부위 틈과 가룡 구멍의 수리를 목제로 하였다.

조선시대 마도4호선은 외판의 수리에 나무와 철제못을 사용하였다. 선체의 수리에 철제못이 사용된 것은 마도4호선에서 처음으로 확인되었다.

피삭과 철제못은 조선기술에서 큰 변화를 보여준다. 『세종실록世宗實錄』, 『성종실록成宗實錄』 등 조선 초기 기록에는 상장 부분은 모두 철제못을 사용하였다. 외판 흘수 지점을 기준으로 위는 철제못을 사용하고 흘수 아랫부분은 피삭을 사용하였다.

68 국립해양문화재연구소, 2009, 『고려청자보물선』본문, pp. 366~369.

수중발굴 선박의 시대별 특징을 발굴 연도를 기준으로 <표 4·5·6>과 같이 정리하면 아래와 같다.

〈표 4〉 통일신라 선박 잔존 제원과 특징

유물명	발굴연도	시대	규모(m)	잔존선체	특징
안압지 통나무배	'75	통일신라	· 길이 6.2 · 폭 0.6 · 깊이 0.35	· 저판 · 만곡종통재 1단	· 한국 역사시대 최초 반구조선 선박 · 만곡종통재 1단 저판 역할 · 저판 연결 고리형 · 전통 한선 시원 밝힘
영흥도선	'12~'13	통일신라	· 길이 6 · 폭 1.4 · 깊이 0.3	· 저판 · 만곡종통재 2단	· 저판 장삭이음 · 만곡종통재 2단 잔존 · 저판 연결 고리형 · 한선 가운데 가장 이른 시기 선박

〈표 5〉 고려시대 선박 잔존 제원과 특징

유물명	발굴연도	시대	규모(m)	잔존선체	특징
완도선	'84	고려	· 길이 7.5 · 너비 1.65 (저판) · 깊이 1.7	· 저판 5열 · 좌현 외판 5단 · 우현 외판 4단	· 최초로 발굴한 고려 선박 · 평저형 저판. 선수·선미가 위로 휘어 올라가는 선형 · 장부이음, 반턱이음, 맞댄이음 · 저판 연결 장삭 사용 · 외판 반턱이음, 홈붙이겹이음방식, 피삭 고정 · 횡강력구조 가룡 사용 · 돛대 1개 단범선
달리도선	'95	고려	· 길이10.5 · 너비 2.72 · 깊이 0.8	· 저판 3열 · 좌현 외판 4단 · 우현 외판 4단	· 평저형 저판, 선수·선미가 위로 휘어 올라가는 선형 · 턱걸이 장부이음, 반턱이음, 맞댄이음 · 저판과 선수 연결 장삭 · 외판은 반턱이음과 홈붙이겹이음 방식, 피삭 고정 · 외판 횡강력구조인 가룡 사용 · 세로형 선수와 가로형 선미 · 돛대 1개 단범선

십이동파 파도선	'03~'04	고려	· 길이 7 · 너비 2.5 · 깊이 0.5	· 저판 3열 · 만곡종통재 2단 · 외판 1단	· 평저형 저판, 선수·선미가 위로 휘어 올라가는 선형 · 좌우 만곡종통재 2단, 외판 1단 · 장부이음, 반턱이음, 맞댄이음 · 저판과 선수 연결 장삭 사용 · 외판은 반턱이음과 홈붙이겹이음 방식, 피삭 고정 · 외판 횡강력구조 가룡 사용 · 세로형 선수와 가로형 선미 · 돛대 1개 단범선
안좌선	'06	고려	· 길이14.7 · 너비 4.53 · 깊이 1.4	· 저판 3열 · 좌현 외판 2단 · 우현 외판 7단	· 평저형 저판으로 선수·선미가 위로 휘어 올라가는 선형 · 턱걸이 장부이음, 반턱이음, 맞댄이음 사용 · 저판과 선수 연결 장삭 사용 · 외판은 반턱이음과 홈붙이겹이음 방식, 피삭 고정 · 외판 횡강력구조인 가룡 사용 · 세로형 선수와 가로형 선미 · 돛대가 1개인 단범선
대부도1 호선	'06	고려	· 길이 6.62 · 너비 1.4 · 깊이 0.3	· 저판 3열 · 우현 외판 1단	· 평저형 저판으로 선수·선미가 위로 휘어 올라가는 선형 · 반턱이음, 맞댄이음 사용 · 저판과 선수 연결 장삭 사용 · 외판은 반턱이음과 홈붙이겹이음 방식, 피삭 고정 · 외판 횡강력구조 가룡 사용 · 돛대가 1개 단범선
태안선	'07~'08	고려	· 길이 8.12 (외판) · 폭 1.5 (외판)	· 외판 4단	· 외판 반턱이음과 홈붙이겹이음 방식, 피삭 고정 · 외판 1단 상단외판 수직 관통, 하단 외판 중간 연결 · 외판 2·3·4단 상단외판 하단에서 하단 외판 상단 45도 관통 연결
마도1호선	'07~'10	고려 (1208)	· 길이10.8 · 너비 3.7	· 저판 7열 · 좌현 외판 2단 · 우현 외판 3단	· 곡목형 원통나무 사용 · 평저형 저판, 선수·선미가 위로 휘어 올라가는 선형 · 턱걸이 장부이음, 반턱이음, 맞댄이음 · 저판과 선수 연결 장삭 사용 · 외판 반턱이음, 홈붙이겹이음방식, 피삭 고정 · 선내 원통목 받침 구조 사용 · 세로형 선수와 가로형 선미 · 외판 횡강력구조 가룡 사용 · 돛대 1개 단범선

마도2호선	'10	고려 (13세기 초)	· 길이 12.6 · 너비 4.4 · 깊이 1.16	· 저판 7열 · 좌현 외판 2단 · 우현 외판 5단	· 곡목형 원통나무 사용 · 평저형 저판, 선수·선미가 위로 휘어 올라가는 선형 · 장부이음, 반턱이음, 맞댄이음 사용 · 저판과 선수 연결 장삭 사용 · 외판 반턱이음과 홈붙이겹이음방식, 피삭 고정 · 외판 횡강력구조 가룡 사용 · 선내 원통목 받침 구조 사용 · 세로형 선수와 가로형 선미 · 돛대 1개 단범선
마도3호선	'11	고려 (1265 ~1268)	· 길이 12 · 너비 8 · 깊이 2.5	· 저판 5열 · 좌현 외판 10단 · 우현 외판 9단	· 곡목형 원통나무 사용 · 평저형 저판으로 선수·선미가 위로 휘어 올라가는 선형 · 장부이음, 반턱이음, 맞댄이음 · 저판과 선수 연결 장삭 사용 · 외판은 반턱이음과 홈붙이겹이음 방식으로 연결, 피삭 고정 · 외판 횡강력구조인 가룡과 멍에형 가룡 사용 · 선수·선미 폭이 좁고 중앙 넓음 · 선내 원통목 받침 구조 사용 · 세로형 선수와 가로형 선미 · 돛대가 1개인 단범선
대부도2 호선	'15	고려	· 길이 9.1 · 너비 2.93	· 저판 4열 · 좌우 만곡종통재 1단 · 좌현 외판 2단 · 우현 외판 3단	· 평저형 저판으로 선수·선미가 위로 휘어 올라가는 선형 · 좌우 만곡종통재 1단 · 장부이음, 반턱이음, 맞댄이음 · 저판과 선수 연결 장삭 사용 · 외판은 반턱이음과 홈붙이겹이음 방식, 피삭 고정 · 외판 횡강력구조 가룡 사용 · 선내 원통목 받침 구조 사용 · 세로형 선수와 가로형 선미 · 돛대가 1개인 단범선

〈표 6〉 조선시대 선박 잔존 제원과 특징

유물명	발굴기간	시대	규모(m)	잔존선체	특징
마도4호선	'15	조선	· 길이 15 · 너비 5 · 깊이 2	· 저판 3열 · 좌현 외판 4단 · 우현 외판 11단	· 원통목 가공한 가공목 사용 · 평저형 저판으로 선수·선미가 위로휘어 올라가는 선형 · 장부이음 혹은 턱걸이 장부이음, 반턱이음 · 저판 연결 장삭 사용 · 외판 반턱이음, 홈붙이겹이음방식, 피삭 고정 · 외판 횡강력구조 가룡과 멍에형 가룡 사용 · 선내 원통목 받침 구조 사용 · 가로형 선수와 가로형 선미 · 돛대 2개 쌍범선雙帆船(수중발굴 최초 확인) · 돛대와 구레짝 보듬는 당아뿔멍에형 가룡 각단 사용 · 선박 수리 철제못 사용

<표 4·5·6>은 13척 모두 상부구조는 출수 되지 않고 저판底板, 외판外板, 선수船首, 선미船尾, 멍에형 가룡駕龍, 가룡加龍, 기타 구조물 등이다. 이는 선체가 침몰 당시 선체가 파손되면서 분리·유실되는 1차 영향이다. 또한 선체가 가라앉은 후 갯벌 속에 묻히지 않고 해저면 위로 노출된 부분이 바다 충해蟲害로 2차 훼손이 되었다. 따라서 상부구조는 사라지고, 선박의 하부구조만 남아있었다. 현재까지 발굴한 선박은 모두 비슷한 양상이다.

일부 선체의 특징, 제작 방법 등은 시기별로 약간의 차이가 있다. 특히 마도해역에서 출수된 마도1·2·3호선은 선박을 만드는 목제를 판재를 사용하지 않고 아름드리 통나무를 사용하고 있다. 또한 선재를 휘지 않고 자체 휨[곡曲]이 있는 목재를 사용하였다. 제작 방법은 저판의 경우 통나무를 껍질만 제거하고, 연결부분을 가공하여 사용하였다. 외판도 인위적인 휨보다는 휨이 있는 통나무를 자귀 등을 사용하여 깎아 다듬는 방식으로 선형을 만들었다. 그리고 저판 이음부와 옹이가 있는 부위에는 석회가 발라져 있다. 이는 수밀과 이음부를 접합하기 위한 접착제 역할과 충해를 방지하여

선박의 사용연장을 위한 것으로 판단된다.[69] 외판의 연결은 선박 가운데 태안선의 외판 연결 방법에 차이가 있다. 저판과 외판1단은 기존의 고려선박과 동일하게 외판 1단 상단외판 수직 관통, 하단외판 중간 연결하였다. 하지만, 2·3·4단은 상단외판의 하단에서 하단외판 상단을 45도 관통하여 연결하였다.

연결방식은 고려·조선시대는 모두 참나무 등 강도가 있는 나무못을 박아 고착하였지만, 조선시대에는 개삭改槊을 할 때 일부 철제못을 사용한 것이 마도4호선에서 밝혀졌다.

5. 고려·조선시대 선박의 구조적 차이

수중발굴 고려시대 선박과 조선시대 마도4호선은 선형 등 기본구조는 별다른 차이가 없다. 선박구조의 일부 부분적인 기능과 성능이 차이를 보인다. 위의 차이점 내용을 종합 정리하면 아래와 같다.

첫째, 선수 부재 구조가 세로형에서 가로형으로 변화하였다. 고려시대 선박은 모두 세로형인데 조선시대 선박은 가로형이 보인다. 기존의 인식은 조선시대 군선에서 선수 부분이 가로형을 갖추었다고 하였다. 하지만. 마도4호선은 조운선으로 이를 수정하는 근거를 제시하였다. 또한 고려시대의 세로형에서 가로형으로 변화는 시대변화에 따른 조선 기술의 변화양상을 나타낸다.

둘째, 돛이 단범선에서 쌍범선으로 변화하였다. 현재까지 확인된 수중발

69 홍순재, 2011, 「고려시대 난파선의 구조와 제작기술의 변천」, 『해양문화재』제4호, 국립해양문화재연구소, pp. 237~238.

굴 고려시대 선박은 10척 모두가 단범선이다. 중국에서 발굴한 고려시대 선박 봉래3호선이 쌍범선이다. 이는 조선시대에 들어서서 관선인 마도4호선에서 쌍돛구조가 확인된 것이다. 이는 항해에 효과적인 기술혁신이다. 하지만, 고려시대의 선박도 쌍범선의 사용을 배제할 수는 없다.

셋째, 멍에형 가룡의 당아뿔 구조의 변화이다. 고려시대 선박은 외판 중간의 멍에형 가룡에 당아뿔이 1개만 설치되어 있었다. 하지만 마도4호선은 단마다 당아뿔을 설치하여 돛대의 지지대 역할을 강화하였다. 이는 쌍범선이 바람의 힘을 훨씬 많이 받기 때문에 돛대를 보강하는 조치이다. 당아뿔이 늘어난 것은 멍에형 가룡의 역할이 강화되어, 멍에형 가룡의 횡강력도 함께 강화되었다. 따라서 중간돛대가 위치한 부분은 멍에를 비롯해 멍에형 가룡이 각 단별로 만들었다. 마도1호선은 이물돛대에 멍에형 가룡과 당아뿔 1개를 만들어 항해의 속도를 높였다.

넷째, 조선시대에 들어서면서 철제못을 사용하였다는 점이다. 현재까지 발굴한 고려시대 선박은 대부도2호선에 수리, 개삭의 흔적이 있지만 나무를 사용하였다. 대부도2호선의 우현 외판에 가룡구멍의 위치를 잘못 잡아 다시 박아서 보수한 흔적이 있다.[70] 마도4호선에서는 외판의 수리에 철제못을 사용하여, 조선 초기 기록에 보이는 철제못의 사용을 확인하였다.[71] 즉 개삭에 철제못이 사용되었다는 새로운 사실을 밝혀졌다. 이는 『조선왕조실록』에 기록된 철제못의 사용을 확인하였다.

다섯째, 선수 부분의 가룡에 피삭을 사용하였다. 이 피삭의 용도는 정확하지는 않지만 선체의 강도를 보강하는 차원에서 피삭을 박았을 것이다. 그리고 대형 키(치)의 구조가 확인되었다.

---

70 국립해양문화재연구소, 2016, 앞의 책, p. 94.

71 국립해양문화재연구소, 2016, 『마도4호선』, p. 95.

위의 차이점에도 불구하고 선체의 제작에 사용된 고려시대와 조선시대 선박의 대부분 판재板材는 사용할 때 자체 휨[곡曲]이 있는 선재를 처음부터 선별하였다. 즉, 통나무를 약간 깎아 다듬어 구조에 맞게 사용하였다. 특히, 외판의 주부재는 곡이 있는 원통목이 사용됨으로 격벽구조 보다는 가룡, 멍에형 가룡과 같이 유연성이 있는 구조를 통해 횡강력을 유지하였다.

선박의 선형은 고려·조선시대 선박 모두 기본적으로 평저형 선형이다. 조선시대에 들어 기술의 변화는 크지는 않지만 쌍범선과 가로형 선수 등 진보적인 기술이 가미된 구조가 성능과 기능에 맞추어 변화하였다. 이러한 제작 기술은 시대상을 반영하는 결과물이다.

위의 내용을 <표 7>로 정리하면 아래와 같다.

〈표 7〉 고려시대와 조선시대 수중발굴 선박의 비교

구분	세부구조	고려	조선
몸체구조	저판	구조: 평저형 선형: 만곡형 이음: 장부이음, 턱걸이 장부이음, 반턱이음, 맞댄이음 연결: 맞댄쪽매방식 고정: 장삭, 산지, 쐐기	구조: 평저형 선형: 만곡형 이음: 턱걸이 장부이음, 장부이음(?) 반턱이음, 맞댄이음(?) 연결: 맞댄쪽매방식 고정: 장삭, 산지, 쐐기
	만곡종통재	구조: 'L'자형 이음: 반턱이음	없음
	외판	구조: 계단(톱니바퀴)형 선형: 타원형 이음: 반턱이음, 맞댄이음 연결: 홈붙이겹이음 고정: 피삭, 산지	구조: 계단(톱니바퀴)형 선형: 타원형 이음: 반턱이음 연결: 홈붙이겹이음 고정: 피삭, 산지, 철제못(수리용)

	선수부재	구조: 세로형 선형: 평판형 연결: 쪽매방식 고정: 은살대꽂기방식	구조: 가로형(문헌에 세로형 보임) 선형: 볼록형 연결: 쪽매방식 추정 고정: 피삭
	선미판	구조: 가로형 선형: 평판형 연결: 쪽매방식 외판과 연결: 통홈물림방식 고정: 메뚜기장부맞춤[72]	구조: 가로형 선형: 평판형 연결: 쪽매방식 외판과 연결: 통홈물림방식 고정: 메뚜기장부맞춤
추진구조	돛	외돛대(중국에서 쌍돛대 확인)	쌍돛대(문헌에 외돛대 있음)
	치	옥치로 추정(안좌선 치)	옥치로 추정(마도4호선 치)
내부구조	가룡	구조: 원통목형, 연결: 통장부맞춤과 쐐기방식	구조: 원통목형 연결: 통장부맞춤과 쐐기방식
	멍에형 가룡	구조: 사각형 연결: 걸침턱맞춤	구조: 사각형 연결: 걸침턱맞춤
	멍에	구조: 사각형으로 추정 연결: 걸침턱맞춤으로 추정	구조: 사각형 연결: 걸침턱맞춤
	구레짝	구조: 구레짝, 갈고리형과 '一'자형 당아뿔 연결: 돛대구멍	구조: 구레짝, 갈고리형 당아뿔 연결: 돛대구멍

72 장부를 길게 만들어 관통된 홈에 장부를 박고, 장부가 빠지지 않도록 장부에 구멍을 뚫어 산지를 박는 맞춤 방법이다.

수중출수 선박 목재 수종과 특징

Ⅳ. 수중출수 선박 목재 수종과 특징

1. 수종 분석 개설

한국 수중발굴 선박은 신안선을 필두로 마도4호선까지 14척이 발굴되었다. 완도선을 비롯한 선박 12척이 통일신라·고려·조선시대의 한국 선박이고, 중국 선박은 2척으로 신안선과 진도 통나무배[1]이다. 출수 한국 선박의 시대 편년은 통일신라시대부터 조선시대 초기까지로 분류된다. 중국 선박 2척은 송·원시대로 확인되었다.

수중발굴 선박은 문헌조사, 선박의 연구, 보존처리·복원 등 다양한 과정을 거친 후 전시를 통해 일반에게 공개된다.

보존처리는 선박의 상태와 보존처리 과정에 따라 10여 년 이상의 기간이

---

1 목포해양유물보존처리소, 1993, 『진도 벽파리 통나무배』, pp. 37~38.
진도 통나무배는 발굴 당시 보수공, 동전, 선체 수종 등을 바탕으로 중국의 선박로 밝혀졌다. 이후 선박사 자료와 모형제작 실험 등의 연구를 통해 준구조선의 형태인 일본의 선박일 가능성이 제기되기도 하였다.
홍순재, 2009, 「진도선의 구조와 성격 : 모형제작 실험을 중심으로」, 목포대학교 대학원 석사학위논문, pp. 96~97.

소요된다. 선박의 보존처리는 먼저 염분을 제거하기 위한 탈염처리를 한다. 탈염 과정에서 출수유물을 통한 편년과 선체의 방사성탄소연대측정, 연륜연대측정 등 과학적 분석으로 연대를 밝히기도 한다. 아울러 출수 선박의 원형을 밝히는 연구도 함께 이루어진다. 또한 선박에 사용된 목재의 조직세포를 현미경으로 관찰하여 식별하는 수종 분석을 한다. 수종 분석은 목재의 특성을 파악하기 위해 반드시 실시하며, 보존처리의 방향을 결정하는 데 이용한다. 침엽수나 활엽수에 따라서 보존처리 방법을 달리하여야 손상을 방지할 수 있다.

이에 현재까지 출수된 한국 선박의 시대별 구조변화를 간략하게 정리하고, 수종 분석 결과를 종합하여 선박에 사용된 수종의 종류와 특징을 파악하였다. 선체의 구조와 수종 분석의 결과를 연계하여 시대구분을 시도하였다.[2]

2. 수중출수 선박의 잔존구조

한국 전통 선박은 기능에 따라 몸체구조, 추진구조, 내부구조, 연결구조, 결속구조, 수밀구조, 정박구조 등으로 분류된다.[3] 수중출수 선박의 잔존 선체 편은 주로 몸체구조이다. 추진구조, 내부구조, 연결구조, 결속구조, 수밀구조 등을 통해 시대별 변화과정을 알 수 있다. 그러나 몸체구조 가운데 상

2 수중발굴 선박 목재 수종과 특징은 필자가 참여하여 공동연구 한 아래 논문을 수정·보완하여 게재하였다.
김응호·홍순재·김병근·한규성, 2021, 「수중출수된 고선박의 구조와 목재수종의 변화」, 『해양문화재』 제14호, 국립해양문화재연구소.

3 홍순재, 2013, 「13세기 고선박의 구조」, 『전국해양문화학자대회 자료집』1, 목포대 도서문화연구원, pp. 199~200.

부구조는 해저 환경과 침몰 과정에서 갯벌 위로 노출되어 대부분 유실되었다. 따라서 선박의 전체구조를 밝히는 데 한계가 있다. 이에 출수 잔존 선체편을 통해 시대별로 구분하여 남아 있는 구조를 <표 1>과 같이 간략하게 정리하였다.[4]

〈표 1〉 수중발굴 선박의 잔존구조

시대	선박명	몸체구조	내부구조	결속구조	연결구조	비고
통일신라	영흥도선[5]	중앙저판, 만곡종통재	-	장삭	턱걸이장부·홈붙이겹이음	
고려	십이동파도선[6]	저판(3열), 만곡종통재, 선수재, 외판재	가룡	장삭, 피삭	장부·반턱·홈붙이겹이음	
	완도선[7]	저판(5열), 만곡종통재, 좌우외판(5단)	가룡	장삭, 피삭	장부·반턱·맞댄·홈붙이겹이음	
	태안선[8]	외판일부(4단)	-	피삭	반턱·홈붙이겹이음	
	대부도2호선[9]	저판(4열), 만곡종통재, 외판(좌-2단, 우-3단), 선수재, 선미재	가룡, 멍에형 가룡	장삭, 피삭	반턱·맞댄·턱걸이장부·홈붙이겹이음	
	마도1호선[10]	저판(7열), 선수재, 외판(좌-2단, 우-3단)	가룡, 멍에형 가룡	장삭, 피삭	턱걸이장부·반턱·쪽매·홈붙이겹이음	

4 〈표 1〉은 시대별로 구분하여 정리하였다. 이는 앞 절에서 필자가 구분한 시대 편년과 동일한 순서로 정리하였다. 시대 편년과 일부 용어는 연구자의 개인적인 견해에 따라 다를 수 있음을 밝혀둔다.

5 국립해양문화재연구소, 2014, 『영흥도선』, pp. 84~91.

6 국립해양유물전시관, 2005, 『군산 십이동파도 해저유적』, pp. 50~66.

7 문화재관리국, 1985, 『완도해저유물』, pp. 109~129.

8 국립해양문화재연구소, 2009, 『고려청자 보물선』, pp. 350~365.

9 국립해양문화재연구소, 2016, 『대부도2호선』, pp. 56~139.

10 국립해양문화재연구소, 2010, 『태안마도1호선』, pp. 292~345.

	마도 2호선[11]	저판(7열), 선미재, 외판(좌-2단, 우-5단)	가룡, 멍에형 가룡	장삭, 피삭	장부·맞댄·반턱·홈붙이겹이음	
	대부도 1호선[12]	저판(3열), 외판(우-1단)	-	피삭	반턱·맞댄·홈붙이겹이음	
	마도 3호선[13]	저판(5열), 외판(좌-10단, 우-9단), 선수재, 선미재	가룡, 멍에, 멍에형 가룡	장삭, 피삭 (추정)	턱걸이장부(추정)·반턱·홈붙이겹이음	미인양
	달리도선[14]	저판(3열), 외판(좌우-4단), 선미재	가룡, 멍에형가룡	장삭, 피삭	턱걸이장부, 반턱, 홈붙이겹이음	
	안좌선[15]	저판(3열), 외판(우-7단, 좌-2단)	가룡, 멍에형 가룡	장삭, 피삭	턱걸이장부·반턱·홈붙이겹이음	
조선	마도 4호선[16]	저판(3열), 외판(좌-4단, 우-11단), 선수재, 선미재	가룡, 멍에형 가룡	장삭, 피삭 (추정)	턱걸이장부(추정)·맞댄·반턱·홈붙이겹이음	미인양

1) 통일신라시대

현재까지 확인된 통일신라시대 선박은 1975년 경주 안압지에서 발굴된 안압지 통나무배와 2010~2013년 인천광역시 영흥도에서 발굴한 영흥도선이다.

안압지 통나무배는 연못에서 사용한 소형 통나무배이다. 안압지 통나무배는 반구조선으로 전통한선의 흔적을 연구하는 기본 자료이다. 수중발굴에서 확인된 영흥도선의 구조도 안압지 통나무배의 제작방식을 이어받았다.

---

11 국립해양문화재연구소, 2011, 『태안마도2호선』, pp. 96~155.
12 국립해양유물전시관, 2008, 『안산 대부도선』, pp. 25~35.
13 국립해양문화재연구소, 2012, 『태안마도3호선』, pp. 90~113.
14 국립해양유물전시관, 1999, 『목포 달리도배』, pp. 36~46.
15 국립해양유물전시관, 2006, 『안좌선』, pp. 39~66.
16 국립해양문화재연구소, 2016, 『태안 마도4호선』, pp. 91~97.

영흥도선은 방사성탄소연대측정과 출수유물 등을 종합한 결과 7~10세기경 선박으로 확인된 가장 오래된 선박이다. 현재까지 수중발굴 선박 중 통일신라시대 선박은 영흥도선이 유일하다.

영흥도선의 선체편은 부식된 철제솥 아래 저판 1열과 만곡종통재(외판) 2단[17]이 남아있었다. 영흥도선은 안압지 통나무배 구조와 유사하다. 안압지 통나무배에 보이는 만곡종통재 형식을 이어받아 만곡종통재 2단으로 제작한 구조이다.

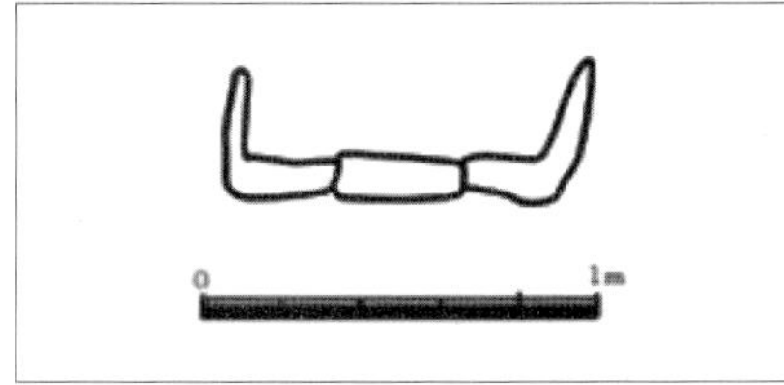

<그림 1> 안압지선 단면도

<그림 2> 영흥도선 단면도[18]

2) 고려시대

수중출수 고려시대 선박은 통일신라시대에서 나타나는 저판과 외판을 연결하는 만곡종통재 구조에서 13세기 마도1호선을 전후하여 만곡종통재가 사라지고, 저판에 외판을 직접 연결하는 구조로 변화한다. 11~12세기의 선박인 십이동파도선과 완도선, 대부도2호선에서는 'L'자형 구조인 만곡종통재를 확인할 수 있다. 13세기로 추정되는 마도1·2·3호선, 대부도1호선 등은 만

17 발굴보고서에는 외판으로 표기되었지만, 만곡종통재 2단으로 보는 것이 타당하다.

18 보고서의 복원 예상 단면도로 실제 영흥도선의 모습과는 차이가 있다. 보고자는 저판 1열과 만곡종통재 2단을 바로 연결하였으나, 발굴 선체를 보면 저판은 최소 3열 혹은 5열의 구조를 갖추었을 것으로 보인다. 필자는 이에 대한 연구결과를 발표하기도 하였다. 이에 대한 연구는 현재 진행형이다.
金炳堇, 2015,「韓國統一新羅時代永興島船和遺物」,『揚帆海上絲綢之路』, (中國)黃海數字出版社.

곡종통재의 역할을 대신한 원통형 통나무를 일부만 다듬어 올려붙인 외판구조와 가공한 외판재를 직접 연결하는 방식으로 변화한다. 13~14세기로 추정되는 달리도선, 안좌선은 비교적 두꺼운 외판재를 저판과 직접 연결한다.[19] 구조변화에 대한 시대적 선재 사용을 단면도로 나타내면 <표 2>와 같다.

〈표 2〉 고려시대 선박의 중앙단면도와 외판, 저판 연결 부재의 활용 방법

구분 시대	중앙단면도	선재 활용 단면 형태
11~12세기 (십이동파도선)	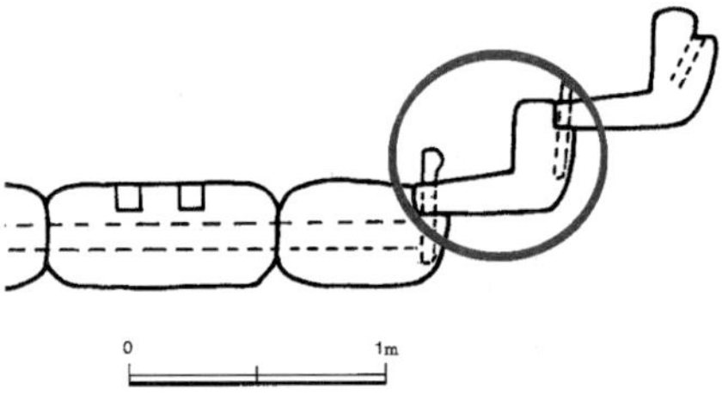 0 1m	
13세기 (마도2호선)	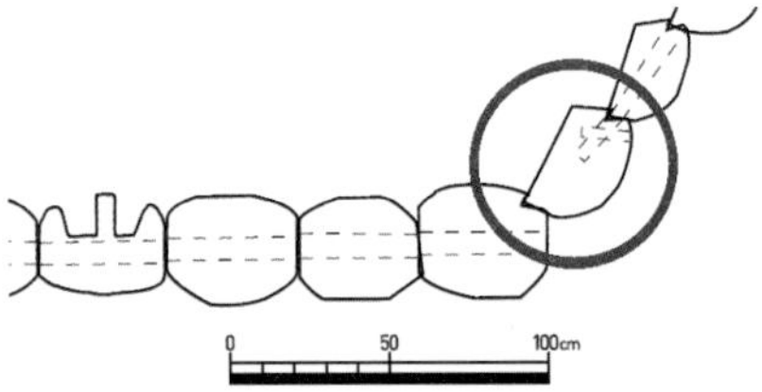 0 50 100cm	
14세기 (달리도선)	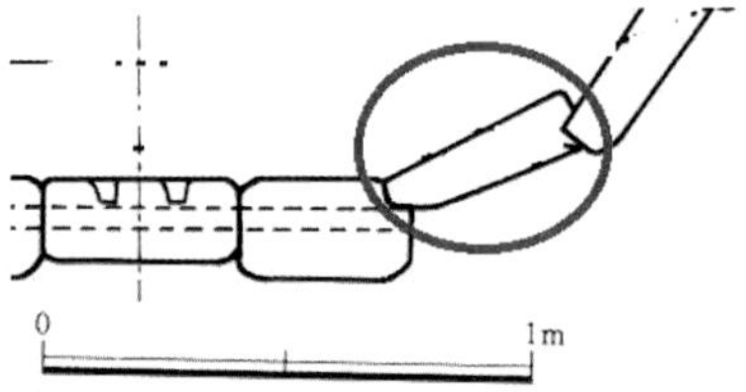 0 1m	

19 국립해양문화재연구소, 2015, 『전통선박기술Ⅴ 고려시대 조운선(마도1호선) 복원 보고서』, p. 21.

3) 조선시대

현재까지 수중발굴에서 확인된 선박은 마도4호선이 유일하다. 태안 마도 해역에서 2014~2015년 출수된 마도4호선은 방사성탄소연대측정과 함께 출수된 목간에 쓰인 '나주광흥창羅州廣興倉'이라는 묵서 내용과 분청사기의 '내섬內贍' 명문 등 시대적 배경을 종합하여, 15세기 초(1415~1425)에 활동한 선박으로 밝혀졌다.

조선시대 초기 선박의 구조는 고려시대 14세기 선박의 구조와 유사하다. 저판에서 외판으로 직접 연결되는 외판이 두꺼운 판재 구조를 갖추고 있기 때문이다. 하지만, 돛이 2개인 쌍범선, 선수 판재 가로형 등 일부 조선기술의 변화와 철제못의 사용 수리 방법은 차이점을 보인다.[20] 따라서 조선시대에 들어서면 관에서 주도한 선박의 기술변화가 나타난다.

마도4호선에 사용된 선재의 수종 분석 결과는 고려시대 선박과 별다른 차이점은 발견되지 않았다. 외판으로 사용된 선재의 단면도는 <표 3>과 같다.

〈표 3〉 조선시대 선박의 단면도

시대	선박 단면도	선재 활용 단면형태
15세기 (마도4호선)	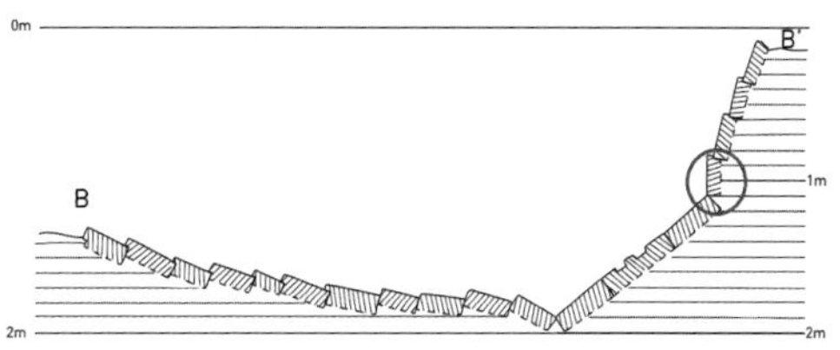 0m B' 1m B 2m 2m	

20 국립해양문화재연구소, 2016, 앞의 책, pp. 416~417.

3. 선박의 수종 분석 결과와 특징

1) 문헌 속에 보이는 선박 관련 수종

고려·조선시대 역사 사료를 통해 선박 건조에 사용된 목재, 선박 제조와 관련된 유사 사례를 제시하고자 한다.

고려시대 문헌인『고려사』,『고려사절요』등에서는 선박 건조와 관련한 목재를 언급한 사례는 찾아보기 힘들다. 다만 고려시대 선박에 사용된 소나무와 관련된 자료는『고려사』현종 4년(1013)에 다음과 같이 기록되어있다.

> "근래에 들으니 백성들이 소나무와 잣나무를 베는 데 있어 적당한 시기에 하지 않는 경우가 많다고 한다. 지금부터 공가公家에서 써야할 것을 제외하고 시기를 위반하여 소나무를 베는 것은 일절 금지하라."[21] 라고 하였다.

조선시대에도 고려시대와 마찬가지로 송금松禁이라는 제도를 통해 소나무에 대해 국가에서 관리하고 있음이『조선왕조실록』기록에 많은 기록이 남아 있다.

> "나라에는 세 가지 금하는 것이 있는데, 송금松禁이 그중 하나입니다. 그러나 최근 여러 도의 봉산封山이 곳곳이 벌거숭이가 되어 궁전의 재목과 배 만들 재료들이 지금은 손댈 여지가 없게 되었으니, 각각 해당 도의 도신에게 관문으로 신칙하여 송금을 엄히 금지시키지 못한 수신帥

21 『고려사』, 권85, 지 권제39, 형법2, 1013년 3월.

臣과 수령은 적발하고 논계論啓하여 소나무를 배양하고 기르는 일을 감히 전처럼 게을리 하지 못하도록 하는 것이 어떻겠습니까?"하니, 윤허하였다.[22]

이처럼 소나무에 대해 엄하게 관리하고 있음을 확인할 수 있다.

또한 선박 건조에 사용되는 목재에 대한 논의가 있으며, 내용은 다음과 같다.

"병선兵船은 국가에서 해구海寇를 방어하는 기구로서 그 쓰임이 가장 중한 것이다. 선재船材는 꼭 송목松木을 사용하는데, 경인년 이후부터 해마다 배를 건조해서 물과 가까운 지방은 송목이 거의 다했고, 또 사냥하는 무리가 불을 놓아 태우므로 자라나지 못하니 장래가 염려스럽다. 각 포浦의 병선을 주장해서 지키는 사람은 수호守護하는 데에 조심하지 않아서, 몇 해가 되지도 않았는데, 썩고 깨어지므로 또 다시 개조하게 되니, 비단 재목을 잇대기가 어려울 뿐만 아니라, 수군도 더욱 곤란하게 되니 나는 매우 염려한다. 송목을 양성하는 기술과 병선을 수호하는 방법을 상세하게 갖추어서 알리라."하였다.[23]

"병선은 나무못을 써서 꾸민데다가, 또 만들기를 짧은 시간에 급히 하여 견고하지 못하고 빠르지도 못하며, 8~9년이 못 가서 허물어지고 상하게 되므로, 따라서 상하는 대로 보수하기에 소용되는 소나무 재목

22 『고종실록』16권, 고종 16년(1879) 11월 15일.

23 『세종실록』24권, 세종 6년(1424) 4월 17일.

도 이어가기 어렵사오니, 그 폐단이 적지 않습니다."[24]

"각 포의 병선은 모두가 마르지 아니한 송판松板으로 만들고 또 나무못을 썼기 때문에, 만일 풍랑을 만나면 이어 붙인 곳이 어그러지고 풀리기 쉬우며, 또 틈이 많이 생기기 때문에 새고 젖어서 빨리 썩게 되어 7~8년을 견디지 못하고, 또 개조하기 때문에 연변의 소나무가 거의 다 없어져 장차 이어가기 어려울 형편입니다. 중국 배도 역시 소나무로 만들었으나, 2~30년을 지날 수 있사오니, 청컨대 중국 배의 제도에 따라서 쇠못을 써서 꾸미고 판板 위에는 회灰를 바르며, 다시 괴목판槐木板을 써서 겹으로 만들어 시험하되, 만약 괴목을 구하기 어려우면 각 포에 명하여 노나무[노櫨]·전나무[회檜]·느릅나무[유楡]·가래나무[추楸] 등을 베어다가 바다에 담가 단단하고 질긴가, 부드럽고 연한가를 시험하여 사용하게 하소서."[25]라는 기록이 있다.

위의 내용을 종합하면 국가에서 소나무를 엄격하게 관리하고 있다. 건물이나 선박을 건조할 때 대부분 소나무를 사용한 것을 알 수 있다. 그러나 선박을 건조할 때 소나무의 수급이 어려워짐에 따라 부족한 소나무를 보완하여 다른 수종으로 대체를 시도하기도 하였다.

고려시대 초기 십이동파도선의 만곡종통재를 느티나무로 제작한 예가 대표적이다.[26] 이외에도 마도1호선의 저판 부재 6점이 소나무류가 아닌 밤나

24 『세종실록』48권, 세종 12년(1430) 5월 19일.

25 『세종실록』48권, 세종 12년(1430) 5월 24일.

26 국립해양유물전시관, 2005, 앞의 책, p. 225.

무속과 이나무속이 사용된 예에서도 볼 수 있다.[27] 선박 제조 수종은 소나무가 주종을 이루지만 필요에 따라 현지에서 자생하는 밤나무, 참나무, 상수리나무 등을 사용하였다.

시대와 상관없이 각 구조의 특성에 따라 몸체구조의 소나무류와 같이 목재의 성질이 부합하는 수종을 선호한 것으로 나타난다. 일부 다른 수종을 사용한 것에는 정확한 이유를 알 수 없지만, 소나무의 수급 문제로 인해 주변에서 쉽게 구할 수 있고, 충분히 크게 자라는 수종을 대신 사용하였다.

2) 수중발굴 선박 수종 분석 결과

수중발굴 선박 12척의 수종 분석 결과는 <표 4>[28]와 같다. 선박에서 공통적으로 관찰된 수종은 한국에서 가장 많이 자생하는 소나무과 소나무속 소나무류(*Pinus* spp.)이다. 장삭이나 피삭 등 강도가 필요한 경우는 참나무과 참나무속 상수리나무류(*Quercus* spp.)와 느릅나무과 느티나무속 느티나무[*Zelkova serrata* (Thunberg) Makino]가 일부 사용된 것으로 확인되었다. 이외에도 선체의 구조에 따라 다른 수종들이 사용되었다. 수종은 주로 선박제작 지역과 관련성을 갖고 있다.

---

27 국립해양문화재연구소, 2010, 앞의 책, pp. 525~526.

28 〈표 4〉는 발굴보고서의 수종 분석 결과를 분석하여, 종합하여 정리하였다.

〈표 4〉 수중 출수 선박의 수종 분석 결과

연번	수종	삼단면 관찰사진			선박	사용 구조
		횡단면	방사단면	접선단면		
1	소나무과 소나무속 소나무류 (*Pinus* spp.)	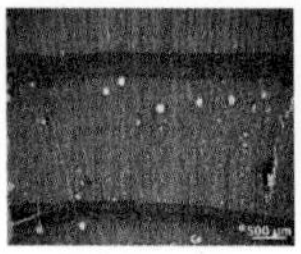	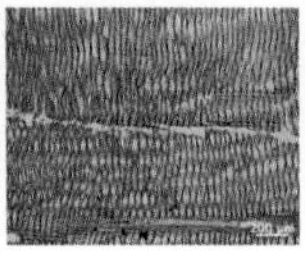	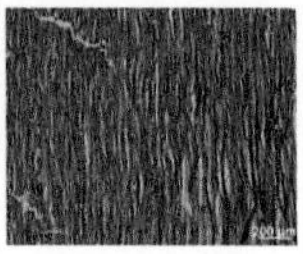	영흥도선, 십이동파도선, 완도선, 태안선, 대부도1·2호선, 마도1·2·3·4호선, 달리도선, 안좌선	저판, 외판, 만곡종통재, 선수재, 선미재, 가룡, 멍에형 가룡, 원통목
2	참나무과 참나무속 상수리나무류 (*Quercus* spp.)	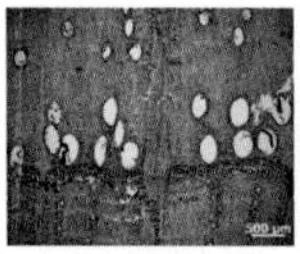		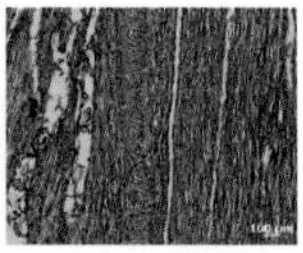	십이동파도선, 완도선, 태안선, 대부도1·2호선, 마도1·2·3·4호선, 달리도선, 안좌선	외판, 저판, 장삭, 피삭, 가룡, 멍에형 가룡, 원통목
3	느릅나무과 느티나무속 느티나무 [*Zelkova serrata* (Thunberg) Makino]	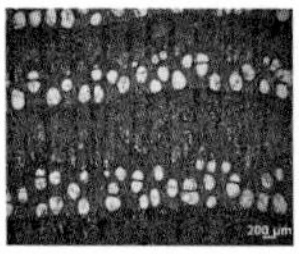		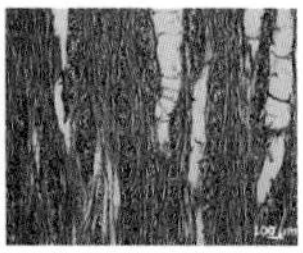	영흥도선, 십이동파도선, 완도선, 마도3호선, 대부도2호선,	만곡종통재, 장삭, 피삭
4	참나무과 밤나무속 (*Castanea* spp.)	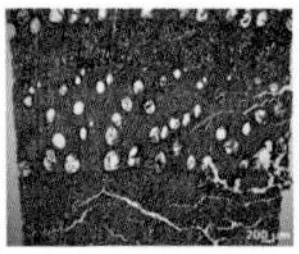	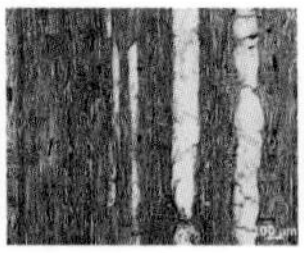	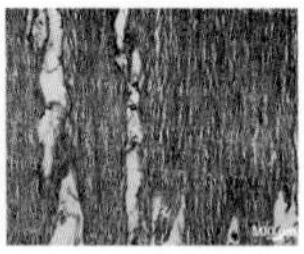	마도1호선, 대부도2호선	저판, 가룡, 멍에형 가룡, 장삭, 피삭
5	기타 수종	주목나무과 비자나무속비자나무 (*Torreya nucifera* S. et Z.)			완도선	저판
		가래나무과 굴피나무속(*Platycarya* spp.)			십이동파도선, 완도선, 태안선	피삭, 기타[29]
		이나무과 이나무속 이나무(*Idesia polycarpa* Max.)			마도1호선	저판

29 완도선 저판 연목의 수종으로 분석되어있으며, 저판보다 약간 높게 깔아놓은 상판으로 추정되는 길이 1.7~2.3m의 얇은 부재이다.

		참나무과 참나무속 졸참나무류(*Quercus* spp.)[30]	완도선, 달리도선	기타
		자작나무과 오리나무속(*Alnus* spp.)	대부도2호선	기타[31]
		장미과 벚나무속 산벚나무(*Prunus Sargentii* Rehder)	마도3호선	기타[32]
		뽕나무과 뽕나무속(*Morus* spp.)	달리도선	멍에형 가룡, 피삭
		장미과 모과나무속 명자나무[*Chaenomeles lagenaria* (Loisel) Kodiz.]	안좌선	원통목[33]

위의 수종 분석 결과를 통해 선박 재료의 벌채, 지역적 특성, 선체 구조별 용도 등 선박 제작의 다양한 정보를 추론할 수 있다. 수종 분석 결과 밝혀진 선박의 몸체구조 제작에 사용된 주요 수종은 한국에 가장 많이 분포한 소나무가 압도적인 점유율을 차지한다. 이외에 선체의 구조물을 결구하는 장삭·피삭 등은 뽕나무, 상수리나무 등을 사용하였다. 이를 분야별로 분류하여 정리하면 아래와 같다.

첫째, 선박의 몸체를 구성하는 만곡종통재, 외판, 선수재, 선미재는 대부분 소나무속 소나무류로 식별되었다. 일부 선박의 저판이나 만곡종통재에 밤나무, 상수리나무, 느티나무를 사용하였다. 이는 현지에서 구하기 쉬운 목재의 활용이나 소나무보다 강도가 뛰어난 목재를 일부러 사용하였을 가능

30 완도선 보고서에는 졸참나무로 분석하였다. 그러나 졸참나무류에는 졸참나무, 신갈나무, 갈참나무, 떡갈나무 등이 있고, 이들 수종 간의 목재 세포로는 구분이 어려워 졸참나무류로 정리하였다.

31 선체 내부의 목재로 정확한 용도를 알 수 없는 길이 131cm, 폭 18cm의 부재이다.

32 기타 구조물 10점 중 1점으로 저판부 위에 설치되는 받침목이나 괴임 등으로 사용된 부재로 추정된다.

33 원통목은 직경 3~4cm 가느다란 목재로 발굴 당시에는 땔감 등으로 사용되었을 것으로 막연하게 추정하였다. 선박에 부착된 구조물이 아닌 것은 확실하였다. 이후 발굴한 마도1·2·3·4호선에서 원통형 목재가 다량 출수되어 정확한 용도가 파악되었다. 이는 화물선에 실린 벼나 보리 등 화물이 선박에 물이 들어오면, 젖지 않도록 공간을 만드는 받침대 역할로 확인되었다.

성이 있다.

소나무류는 침엽수재로 횡단면상 조재에서 만재로의 이행이 급하며 연륜의 경계가 명확하다. 수직수지구가 관찰되며 수지구를 구성하는 에피델리얼세포는 박벽이다. 접선단면에서 2~15세포고의 단열방사조직이 관찰되며, 수평수지구가 포함된 방추형 방사조직이 혼재한다. 방사단면에서 방사조직은 방사가도관과 방사유세포로 구성된다. 축방향가도관 벽에는 유연벽공이 1열로 관찰된다. 축방향가도관과 방사유세포가 접하는 직교분야의 분야벽공은 창상벽공이다. 방사가도관의 수평 벽에는 거치상비후가 관찰된다.

이러한 소나무류는 한반도 전역에서 쉽게 구할 수 있는 수종이다. 소나무는 높이 35m, 지름 1.8m까지 자라는 교목이다. 상수리나무류에 비해 강도가 약해 가공이 쉽다. 저비중재로 수축성과 흡수성은 보통이며, 부력이 좋아 선체 구조로 적합한 성질을 갖고 있다.[34]

특이하게 십이동파도선의 만곡종통재는 소나무와 느티나무를 혼용하였다. 느티나무는 강도가 소나무보다 뛰어나다. 이외에 마도1호선의 저판에는 밤나무와 상수리나무, 참나무도 보인다. 완도선의 저판에는 비자나무가 사용되어 남부지방에서 제작하였음을 알게 한다.

둘째, 내부구조인 가룡, 멍에형 가룡과 연결구조인 장삭, 피삭은 활엽수재인 상수리나무류, 밤나무속, 느티나무 등 활엽수 수종이 주를 이룬다.

상수리나무류는 횡단면에 1~3열의 대관공이 있는 환공재로 소관공이 원형~타원형으로 방사상 배열한다. 접선단면에서 단열방사조직과 광방사조직이 함께 관찰된다. 방사단면에서는 평복세포로만 이루어진 동성형방사조직이 관찰되고, 천공판은 단천공으로 나타난다.

---

34 정성호, 박병수, 2008, 『한국산 유용수종의 목재성질』, 국립산림과학원, pp. 30~31.

밤나무속은 횡단면에 1~3열의 대관공이 관찰되는 환공재로 소관공은 방사상으로 배열하며 다각형의 형태로 나타난다. 접선 단면에서 단열방사조직만 관찰된다. 방사단면에서 동성형 방사조직이 관찰되고 단천공이 나타난다.

느티나무는 횡단면에서 1~2열로 배열하는 대관공이 있다. 소관공은 몇 개씩 복합하여 집단관공을 이루며 접선상 또는 산공상으로 배열한다. 축방향유조직은 집단관공의 주위를 둘러싼 형태인 주위상 유조직이다. 접선단면에서 방사조직은 단열과 2~9열의 다열방사조직으로 구성된다. 방사단면에서 보이는 방사조직은 동성형방사조직과 상하 가장자리에 방형세포가 보통 1열로 구성되는 이성 3형 방사조직이 공존한다. 방형세포에는 방형의 결정이 흔하게 관찰된다. 단천공이 나타나며 소도 관벽에 나선비후가 나타난다.

상수리나무류는 고비중재로 압축강도·인장강도·휨강도 등이 강한 수종이다.[35] 밤나무속은 중비중재로 수축성과 흡수성이 작고 압축강도·휨강도·전단강도는 보통이다.[36] 느티나무는 고비중재로 수축성은 보통이며 휨강도·전단강도 등이 강한 수종이다.[37] 세 수종 모두 한반도 전역에 분포하여 쉽게 구할 수 있는 수종이다. 이러한 성질은 선체를 연결하는 나무못으로의 역할이나 횡강력을 유지하는 멍에·멍에형 가룡·가룡 등을 만들어 사용하기에 적당하다.

3) 선박의 수종 분석 의의

수중발굴 선박의 수종 분석 결과 선체의 몸체구조는 한반도에서 자생하

35 정성호, 박병수, 2008, 앞의 책, pp. 108~109.

36 정성호, 박병수, 2008, 앞의 책, pp. 102~103.

37 정성호, 박병수, 2008, 앞의 책, pp. 135~136.

는 소나무를 보편적으로 사용하였음을 알 수 있었다. 기타 구조물은 강한 힘을 받는 멍에, 멍에형 가룡, 가룡, 장삭, 피삭 등은 강도가 뛰어난 상수리나무를 사용하였다. 이외에도 수종은 현지에서 채취하기 쉬운 나무를 벌채하였다. 하지만 일부 선박은 몸체구조에 느티나무와 비자나무 등이 확인되었다. 이러한 분석 결과를 정리하면 아래와 같다.

첫째, 수중출수 선박의 몸체구조인 저판, 외판, 만곡종통재, 선수재, 선미재는 대부분 소나무류가 사용되었다. 이는 수종 분석 결과 소나무를 사용하지 않은 선박은 한 척도 없었다. 특히 몸체 부분을 이루는 저판, 외판, 선수, 선미 부분은 한선의 역사와 함께 끊임없이 이어져 왔다. 이는 수종 분석 결과로 확실하게 증명되었다.

소나무가 가장 많이 사용된 것은 한국에 자생하는 나무 중에 가장 많은 수량과 분포지역의 여건에 따른 것이다. 따라서 고려·조선시대는 국가에서 소나무를 보호하는 정책을 시행하였다. 따라서 소나무는 한선 제작에 사용되는 가정 대표적인 나무로 고대 이래 현재까지 사용되었다.

둘째, 선박의 몸체구조에 일부 다른 수종이 확인된다. 완도선의 저판 일부가 비자나무, 외판 일부가 상수리나무류로 수종 분석 결과 확인되었다. 또한, 십이동파도선의 만곡종통재 1점이 느티나무로 식별되었다.

완도선의 저판 일부는 비자나무로 주목과 비자나무속에 속하며, 한국에는 1종이 자생하고 있다. 이 수종은 내장산의 이남 지역 주로 전남 지역과 제주에서 자생한다. 높이 25m, 지름 2m까지 자라는 교목으로 선체 제작에 사용할 정도로 큰 목재이다. 비자나무는 중비중재로 강도는 보통이지만 탄성이 풍부하며, 뒤틀림 등 결함이 적고 가공이 쉬운 수종이다.[38] 2016년 강

38 이필우, 1997, 『한국산 목재의 성질과 용도』 I , pp. 18~21.

진 전라병영성의 발굴조사에서 목주 16점이 발견되었다. 그중 1점이 15세기의 비자나무(지름 27cm, 길이 37cm)로 식별되었다. 전라병영성 근방에 높이 11.5m 흉고둘레 5.8m의 강진 삼인리 비자나무(천연기념물 제 39호)가 있어 오래전부터 비자나무가 자생하였던 것으로 보인다.[39] 선박뿐만 아니라 전남지역의 건축물의 기둥으로도 사용되었음을 알 수 있다. 이는 완도선에 사용된 비자나무가 전남 해남·강진·완도 일대에서 자라는 비자나무를 벌채하여 선박 제조에 사용되었음을 유추할 수 있다. 따라서 완도선은 전남 현지에서 제작한 선박에 해남 진산리 요지에서 구운 도자기를 싣고 상업활동을 하였다.

완도선 외판 일부에는 상수리나무류가 사용되었다. 상수리나무는 높이 20m 이상, 지름 1m 이상 자라는 교목이다. 십이동파도선의 느티나무도 비자나무와 마찬가지로 높이 20m 이상, 지름 2m 이상으로 자라는 교목이다.

또한 고려 13세기 초반의 선박인 마도1호선의 일부 저판에서도 소나무가 아닌 상수리나무류, 밤나무속, 이나무로 식별되었다. 마도1호선의 중앙저판과 좌우 저판 각 1열로 쉽게 교체하기는 어려운 부분이다. 이는 처음 건조 당시 소나무가 아닌 상수리나무나 밤나무속, 이나무 등을 사용하여 제작하였을 것이다.

이나무는 산공재의 활엽수로 이나무과 이나무속에 속하며, 한국에는 1종이 자생하고 있다. 제주도와 전라남북도에서 자생하는 수종으로 높이 15m까지 자라는 교목이다. 저비중재로 수축성이 작고 흡수성이 보통이며, 압축강도, 휨강도, 인장강도 등이 약한 수종이다.[40]

참나무과에 속하는 상수리나무류와 밤나무속 또한 높이가 15~20m에 이르는 교목이다. 마도1호선에 사용된 부재는 길이 5m가 넘고, 저판을 제작

---

39 한울문화재연구원, 2019, 『강진 전라병영성 성내부 유적 V』, pp. 459~480.

40 정성호·박병수, 2008, 앞의 책, pp. 183~184.

하는 데 사용하였다. 가장 긴 부재는 중앙저판으로 수종은 밤나무속으로 최대길이 7.29m, 최대폭 0.49m, 최대두께 0.32m이다. 중앙저판의 좌우 저판 1열 부재는 한쪽이 밤나무속으로 최대길이 6.16m, 최대폭 0.45m, 최대두께 0.36m이다. 다른 한쪽은 이나무로 최대길이 5.98m, 최대폭 0.45m, 최대두께 0.33m이다. 중앙저판의 좌우 저판 2열의 부재는 소나무류로 좌저판 2열은 최대길이 5.84m, 최대폭 0.38m, 최대두께 0.45m이다. 우저판 2열의 소나무류는 최대길이 5.69m, 최대폭 0.35m, 최대두께0.35m이다. 이외에 나머지 부재들은 최대길이가 4.1m를 넘지 않는다.[41] 부재의 크기를 고려할 때 크기와 지름이 크게 자라는 수종을 선택한 것으로 보인다.

비자나무와 이나무는 서남해지역에서 자생하고 있는 지역적 특징을 나타낸다. 완도선과 마도1호선에서 비자나무와 이나무가 사용된 것을 볼 때 선박을 건조한 장소가 서남해 지역이었을 것으로 추정할 수 있다. 특히 마도1호선에서 출수된 목간에 보면 죽산현(전남 해남군), 회진현(전남 나주시), 안로현(전남 영암군), 수령현(전남 장흥군) 등의 발송지가 정확하다.[42]

선체의 수종 분석을 통해 완도선의 제작지가 전남지역으로 해남 진산리에서 구운 도자기를 싣고 항해하다가 침몰하였음을 정확하게 실증한다. 마도1호선은 나주·영암·해남·장흥지역 중 한 곳에서 제작한 선박에 각종 화물을 싣고 항해를 시작하여, 마도해역에서 침몰하였다. 이는 수종 분석 결과로 서남해 지역에서 자생하는 나무로 건조된 선박을 이용하여 개경이나 한양을 항해하던 선박의 활동 범위를 알 수 있다.

셋째, 기타 구조물인 내부구조 가룡, 멍에형 가룡과 연결구조인 장삭, 피삭은 활엽수재인 상수리나무류, 밤나무속, 느티나무, 뽕나무, 느티나무 등

41 국립해양문화재연구소, 2010, 앞의 책, pp. 292~345.

42 국립해양문화재연구소, 2010, 앞의 책, pp. 612~613.

활엽수 수종이 주를 이룬다. 이는 연결부분에 가해지는 강한 힘을 지탱할 수 있는 수종을 선택하였다.

이를 종합하면, 수종 분석 결과 선박 제조에 사용된 나무들은 한국에서 쉽게 구할 수 있고, 구조재로 사용되기에 충분한 크기를 가지고 있는 것을 확인하였다. 또한 일부 지역에서 자생하는 수종의 나무가 사용된 것이 선박을 건조한 장소를 추정할 수 있었다.

결론적으로 수중발굴 선박 제작의 주 수종은 소나무이며, 부속 구조물은 상수리나무, 느티나무, 밤나무속, 이나무 등이 사용되었다. 일부 목재는 부속구가 아닌 저판이나 외판에도 사용되어, 선체의 강도 혹은 제작 환경에 따라 현지에서 자생하는 나무를 적절하게 활용하였다.

4. 수종으로 본 선박 시대구분

한국 수중발굴 선박은 대부분 평저선이다. 선박의 연대는 통일신라시대의 영흥도선과 고려시대 완도선 등, 조선시대 마도4호선 등 총 12척이다. 수중출수 고려시대 선박은 통일신라시대인 영흥도선에서 저판과 외판을 연결하는 만곡종통재 구조가 대표적인 형태로 고려시대 초기까지 이어진다. 대부도2호선에 보이는 만곡종통재는 마도1호선에 변형되기 시작하는 13세기를 전후하여 사라진다. 마도1호선의 목간을 판독하여, 절대연대가 1208년(무진戊辰) 확인되어 결정적인 판단 기준이 되었다. 마도1호선은 저판에서 외판으로 직결되는 구조로 원통목에 가까운 외판을 직접 연결하였다. 이는 만곡종통재가 사라지기 전 과도기적 성격으로 볼 수 있다.

십이동파도선과 완도선, 대부도2호선은 11~12세기 선박으로 'L'자형 구조인 만곡종통재를 확인할 수 있다. 마도1·2·3호선, 대부도1호선 등은 13세기 이후로 추정되는데 만곡종통재의 역할을 대신한 원통형 통나무를 일부만 다듬어 올려붙인 외판구조와 외판재를 직접 연결하는 방식으로 변화한다. 달리도선, 안좌선은 14세기로 추정되는데 비교적 두터운 외판재를 저판과 직접 연결한다. 이는 조선시대의 선박인 15세기 초 마도4호선까지 이어진다.

이를 수종 분석에 의한 시대구분과 연결하면, 몇 가지로 요약된다.

첫째, 수중발굴 선박은 시대변화에 따라 선체 구조가 서서히 발달해 갔다. 하지만, 수종의 변화는 크지 않았다. 몸체구조인 저판, 만곡종통재, 외판, 선수재, 선미재는 대부분 소나무류이다. 소나무류는 한반도 전역에서 쉽게 구할 수 있는 수종이며, 단단한 활엽수종에 비해 가공이 용이하다. 비중이 낮은 편이며, 부력이 좋아 선체 건조에 적합한 성질이다. 일부 저판과 외판, 만곡종통재의 경우 참나무류, 비자나무, 이나무 등의 목재가 사용되었다. 비자나무와 이나무가 자생하는 지역적 특징으로 볼 때, 완도선과 마도1호선은 전남지방에서 제작되었을 것으로 추정된다. 그러나 비자나무와 이나무를 포함한 다른 수종의 목재가 사용된 이유는 정확히 알 수 없다. 선박 제작 당시 쉽게 구할 수 있고, 구조재로 사용할 수 있는 큰 나무로 부족한 소나무를 보완하여 사용하기 위한 것으로 추정된다. 이는 마도1호선 저판 부재의 길이와 고려 및 조선시대 문헌을 통해 추론하였다.

둘째, 내부구조인 가룡과 멍에형 가룡, 그리고 연결구조인 장삭과 피삭 등은 상수리나무류, 밤나무속, 느티나무와 같은 활엽수재가 많이 사용되었다. 이는 비교적 단단하며 강도가 있는 수종으로 힘을 받는 구조물에 적절한 것으로 판단된다.

이처럼 선박의 목재는 한국 전역에서 쉽게 찾을 수 있고, 각 구조에 적당한 수종이 통일신라시대부터 조선시대까지 선박 건조 과정에 사용된 것을 확인하였다.

셋째, 선박의 몸체구조에 사용되는 주요 수종은 소나무류이지만 일부 느티나무, 참나무, 이나무 등 다른 수종이 사용되었다. 이는 목재 일부가 지역적 특성을 나타내거나, 선박의 강도를 강화하기 위해 사용되었을 가능성도 있다. 이러한 점에서 선박에 사용된 수종과 관련한 시대구분과 지역성 특성의 연구가 지속되어야 할 것이다.

결론적으로 수종에 의한 시대구분은 쉽지 않고, 선박의 구조에 맞게 상황에 따라 적절하게 사용되었음을 알 수 있다. 향후 시대구분을 위한 자료는 수종의 나이테분석을 통한 연륜연대, 위글매치 방법으로 자료를 축적한 시대구분을 기대한다.

V

중국에서 발굴한 중세시대 한국 선박

V. 중국에서 발굴한 중세시대 한국 선박

1. 중국 산동성에서 발굴한 고려시대 선박 봉래3·4호선 특징

선사시대 이래 중국 산동성[山東省] 펑라이시[蓬萊市] 덩저우[登州]항은 한국과 중국 외교사절 왕래와 무역의 중심항구였다. 신라시대와 고려시대는 사신들의 주요 입항항구였다. 이러한 역사적 배경은 조선시대까지 이어진다.

이러한 사실은 중국 봉래시문물국 등이 2005년 7~11월까지 발굴한 등주수성 내 2척의 선박으로 확인되었다. 발굴 선박은 봉래3·4호선으로 당시 활발했던 해상활동을 실증하는 자료이다. 학자들에 따라 봉래3호선의 구조를 고려시대 선박으로 보는 견해도 있지만[1], 중국 선박의 특징과 한국 수중발굴 신안선의 선형을 비교하여 원말명초元末明初의 화물선인 복선형으로 보는 주장도 있었다.[2] 필자는 2006년에 '한국 안좌선과 중국 봉래3호선 비교 연구',

1 汪敏 外, 2006, 「蓬萊三号古船的型船測繪與復原研究」, 『蓬萊古船』, (中國)文物出版社, pp. 106~113.
龔昌奇 外, 2006, 「蓬萊三号古船的測繪與復原研究」, 『蓬萊古船』, (中國)文物出版社, pp. 114~119.

2 山東省文物考古研究所 外, 2006, 『蓬萊古船』, (中國)文物出版社, p. 85.

2012년 ‘봉래3·4호선의 한국 선박 특징’라는 논고로 두 선박의 공통점과 차이점을 발표하였다.[3]

이에 기발표 논문의 중복 내용과 일부 내용을 수정하여, 봉래3·4호선에 나타난 한국 선박의 특징을 안좌선과 비교하여 고찰하였다.

1) 봉래3호선 구조

등주수성에서 발굴한 3척의 고선박 중 1척은 중국 명대의 선박이다. 하지만 봉래3·4호선은 원말명초元末明初에 침몰된 것으로 선체의 형태와 조선기술이 중국 선박과 차이가 있었다.[4]

봉래3호선은 선박은 잔존 길이 17.1m, 잔존 너비 약 6m이다.[5] 선체는 왼쪽으로 기울어져 좌측 저판[용골龍骨][6]의 보조 판재 외에 외판 8단이 남아 있었다. 저판재를 중심으로 측정한 너비는 약 4.3m이다. 복원 너비는 8m 정도로 길이와 너비의 차이가 적은 운송선으로 추정하였다.

봉래3호선의 특징은 아래와 같다.

---

3 이 글은 2012년 필자가 중국 산동성 봉래시 학술대회에서 발표한 내용을 수정·보완하여 수록하였다.
金炳堇, 2012, 「蓬萊3·4船的 韓國船舶 特徵」, 『海上絲綢之路與蓬萊古船·登州港』 國際學術研討會 論文集(中國), pp. 105~109.
金炳堇·金聖範, 2006, 「韓國安佐島船與中國蓬萊3号船比較研究」, 『蓬萊古船國際學術研討會』 資料集, (中國)山東省文化廳 外.

4 봉래3·4호선으로 명명된 선박은 2005. 12과 2006. 5에 국립해양유물전시관 김성범 관장과 김병근 연구사가 현지를 방문하여 공동연구의 관점에서 참관하게 되었다. 선체구조와 출수유물에 관한 결정적인 몇 가지 중요한 사실을 확인·조사하고 관계자에게 고려 선박과의 관련성을 제기하였다.

5 山東省文物考古研究所 外, 2006, 앞의 책, p. 35.

6 중국 선박의 용골 부분은 한국 선박인 한선 구조의 저판이다.

첫째, 저판은 3열의 두껍고 무거운 목재판 8개로 구성되어 있다. 저판의 연결은 장삭으로 3개의 저판을 관통시켰다. 잔존 장삭은 상수리나무를 사용하였다. 중국에서는 장삭으로 저판을 연결한 방식은 일반적으로 사용하지 않는다. 봉래3호선에서 사용한 방법은 한국 수중발굴 한선에서 사용한 제작방식이다. 이는 봉래3호선이 한국 선박임을 보여주는 근거로 판단할 수 있다.

저판은 길이 15.73m이고, 앞부분은 휘어져 올라가며, 중심 판 끝의 연결부는 턱걸이 장부이음을 위한 반턱장부가 있다. 중심 저판과 양측 저판은 보강재를 덧대어 철제못으로 고정하여 보강하였다. 뒷부분의 저판도 다소 휘어 올라갔다.

중앙저판은 너비 62cm, 두께 22cm이고, 좌우 저판은 너비 58cm, 두께 22cm 정도이다. 너비와 두께는 전후 방향에서 점점 줄어든다. 3열의 저판 앞부분 가장자리의 너비는 약 1.25m이고, 뒷부분 가장자리에 이르면 약 80cm에 불과하다. 이는 한국 수중발굴 선박의 저판 3열 선박에서도 공통적으로 보이는 형식이다.

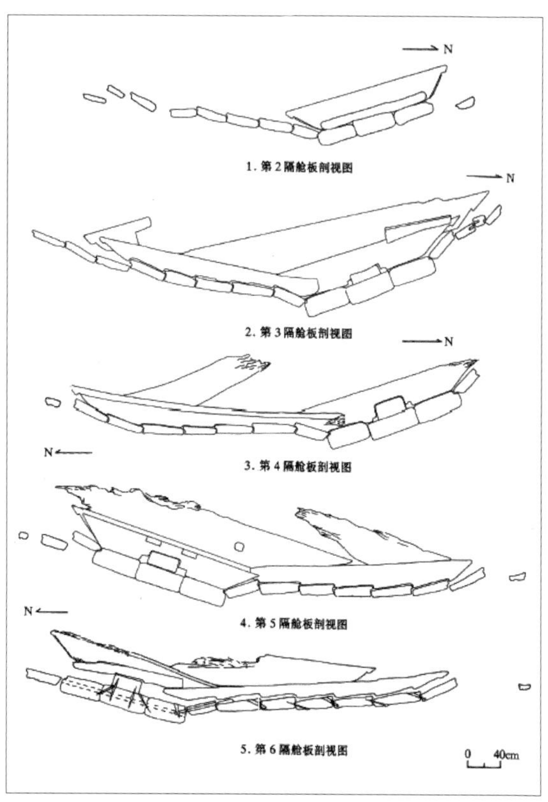

<그림 1> 봉래3호선 중앙단면구조

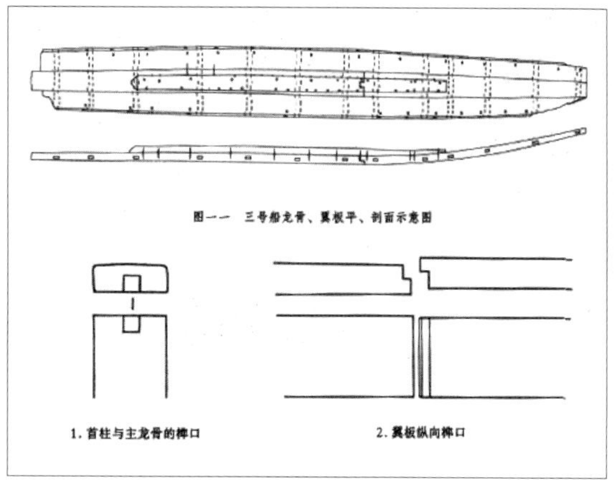

<그림 2> 봉래3호선 저판 연결 방법

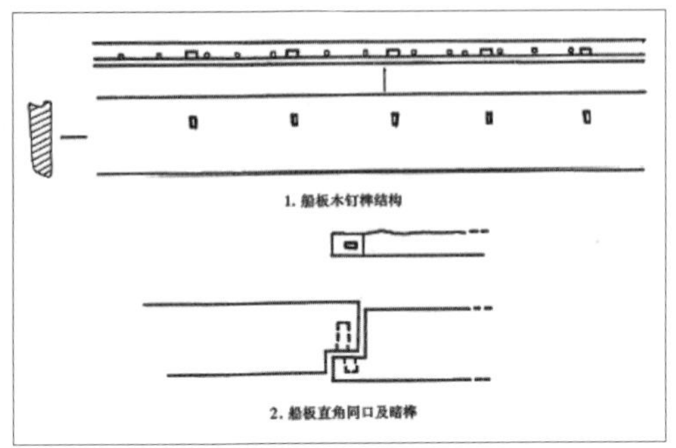

<그림 3> 봉래3호선 외판이음 방법

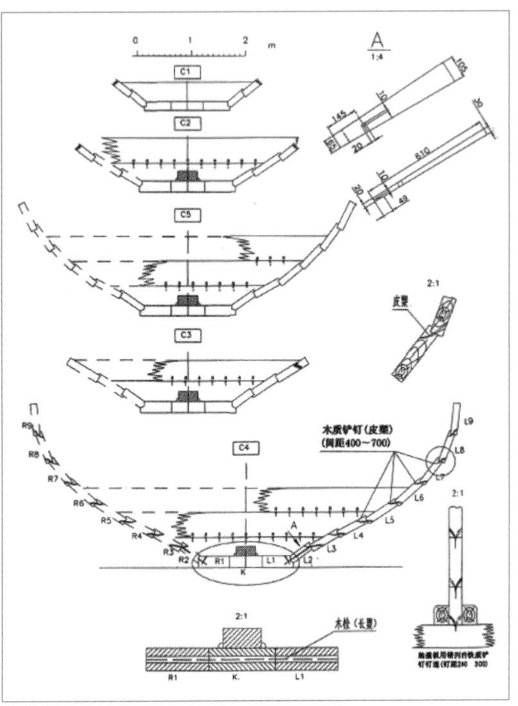

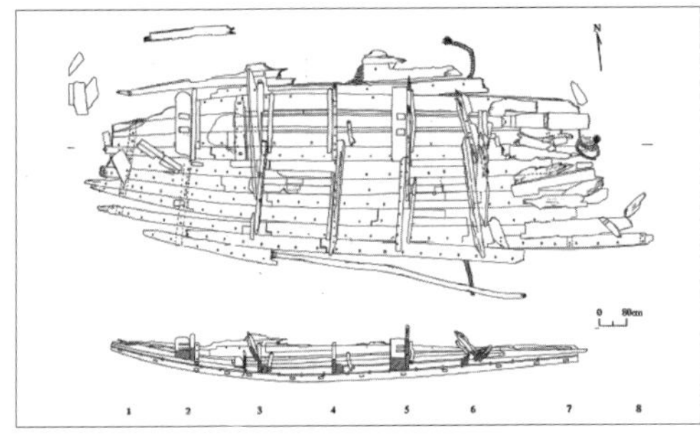

<그림 5> 봉래3호선 평면도, 측면도

<그림 4> 봉래3호선 격벽구조도

<사진 1> 봉래3호선

둘째, 외판은 홈붙이겹이음방식으로 연결하였다. 외판재 너비는 비교적 넓고 선박 중앙부 판재의 너비는 약 45~62cm이다. 외판 연결 피삭은 밤나무를 사용하였다. 피삭의 간격은 73.5~132.5cm로 일정하지 않다. 또한 소량의 철제못을 사용하여 중심 저판 보강재를 고정하였다.

셋째, 봉래3호선 격벽은 5개가 남아 있고, 선미 부분에도 몇 개의 격벽이 있었을 것으로 추정된다.

넷째, 일반적으로 격벽 앞에 돛대자리가 있어 돛대가 전방으로 넘어지는데, 봉래3호선은 앞돛대가 격벽 뒤에 있어 후방으로 넘어지는 방식으로 중국 선박에서는 흔하지 않다. 또한 중국 고선박은 격벽 전후에 주변을 보조하는 늑골肋骨이 일반적으로 설치된다. 봉래3호선은 격벽 주변에 보조 늑골이 고르게 설치되어 있지 않다.

2) 봉래3호선에 보이는 한국 선박 구조

봉래3호선은 발굴 당시 왼쪽으로 기울어져 좌측 저판(중국용어 용골)의 보조 판재 외에 외판 8단이 남아있었다.[7] 봉래3·4호선은 전통적인 중국 선박과는 차이가 있어서, 발굴 당시부터 중국학자들 사이에서도 의견이 분분紛紛하였다.

봉래3호선에 보이는 한국 선박 구조를 정리하면 아래와 같다.

중앙단면구조는 저판구조가 3열이다. 3열의 저판구조는 장삭을 이용하여 통으로 연결하는 구조로 평탄한 저판을 만들었다. 좌우 양현에 외판재를 홈붙이겹이음방식으로 붙여 올려 피삭으로 고정하는 구조이다. 이는 한국 선박에 나타나는 전형적인 구조이다. 황강력 단면구조는 외판과 외판 사이에 격벽을 일정한 간격으로 만들고, 홈붙이겹이음방식으로 외판의 각 단을 연결하였다.

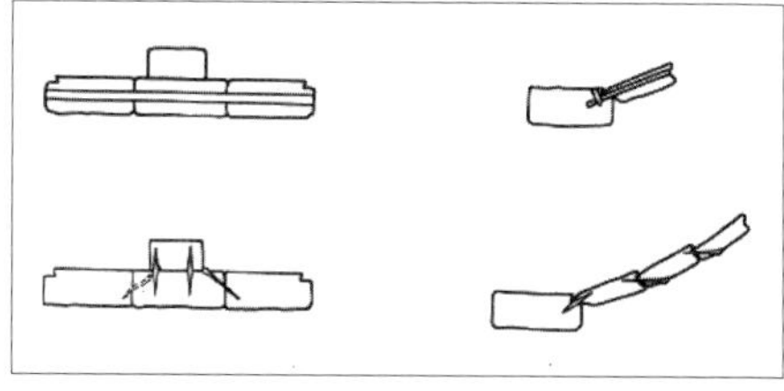

<그림 6> 봉래3호선 저판, 외판 연결 결구방법

저판구조는 저판 3열이 두껍고 무거운 목재판 8개로 구성되어 있고, 장삭으로 3개의 저판을 연결하였다. 저판을 연결하는 장삭은 상수리나무를 사용하였다. 목재 장삭으로 저판을 연결한 방식은 중국에서 보이지 않고, 한국에서 사용한 제작방식이다. 상수리나무 또한 한국

7 山東省文物考古研究所 外, 2006, 앞의 책, p. 37.

선박에서 일반적으로 사용하는 장삭의 재료이다. 외판과 저판은 장방형으로 봉래3호선은 당연히 평저형이다.[8] 봉래3호선은 3열의 평저형 저판을 갖춘 목재로 만든 장삭으로 고정하였다. 철제못을 사용하지 않는다. 중앙저판 연결은 목재 장삭과 중앙저판의 이음은 턱걸이 장부이음(凹凸)과 동일한 형식을 갖추고 있다.

외판구조는 홈붙이겹이음방식으로 연결하였다. 외판재 폭은 비교적 넓고 선박 중앙부 판재의 폭은 약 28~62cm까지 다양하다. 외판 연결은 밤나무 피삭을 사용하였다.[9] 밤나무를 사용한 것도 한국 선박에서 보이는 정삭이다. 외판 직각구멍과 산지도 한국 선박 형식이다. 외판의 연결방식은 한국 전통 선박에서 보이는 형식이다. 외판의 연결이 상면 외측에 'L'자형의 턱을 파고 상단 외판을 이어 붙이는 홈붙이겹이음도 한선과 일치하며, 단면구조가 평저형을 이루고 있다.

선체의 결구 방법은 외판과 저판 연결 등에 목재로 만든 나무못인 장삭과 피삭을 주로 사용하였다.

발굴 선체의 수종을 분석한 결과 선체의 저판과 외판의 수종이 한국 선박 재료인 소나무이다. 장삭과 피삭을 상수리나무·밤나무 등도 일반적으로 사용된 부속 재료이다.[10] 또한 선체편은 두껍고 폭이 넓다.

3) 봉래4호선과 한국 선박 특징

봉래4호선은 잔존 길이 4.8m, 잔존 폭 1.96m로 잔존 선체가 많이 남아있

8 山東省文物考古研究所 外, 2006, 앞의 책, p. 35.

9 山東省文物考古研究所 外, 2006, 앞의 책, p. 39.

10 劉秀英 外, 2006, 「蓬萊水城小海古船材質狀況及樹種配置」, 『蓬萊古船』, 文物出版社, pp. 121~125.

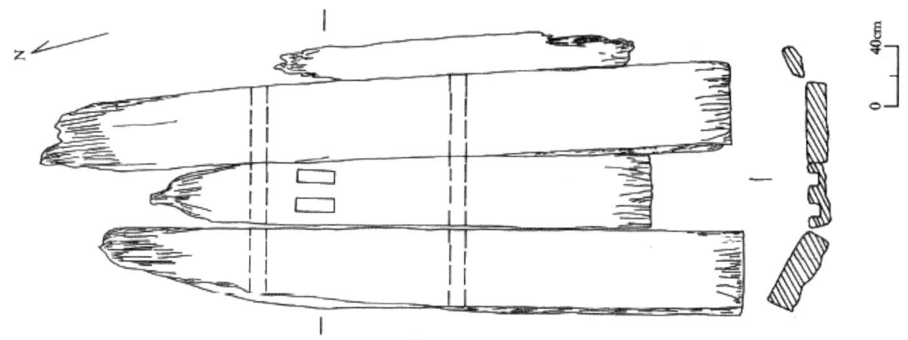

<그림 7> 봉래4호선 선재 평면도, 단면도

지 않아 정확한 구조를 파악하기 힘들다. 보고서에 보이는 잔존 구조의 특징을 살폈다.[11]

중앙단면구조는 저판 3열이다. 3열의 저판구조는 긴 장삭을 이용하여 통으로 연결하는 구조이다. 한국 선박의 특징을 그대로 보여주는 평평한 저판이다.

중앙저판의 돛대구멍이 저판재의 중심부에 시설되어 있는 것이 일반적인 한국 선박의 형태이다. 봉래4호선의 중앙저판이 이러한 구조를 갖추고 있다. 하지만, 보고서에서는 타를 삽입하는 구멍으로 보았다.[12]

외판구조는 외판의 각 단연결은 저판 상면외측에 외판을 이어 붙이는 홈붙이겹이음으로 한선과 일치하며, 단면구조가 평저형을 이루고 있다.

선박의 수종을 분석한 결과 수종은 소나무로 한국

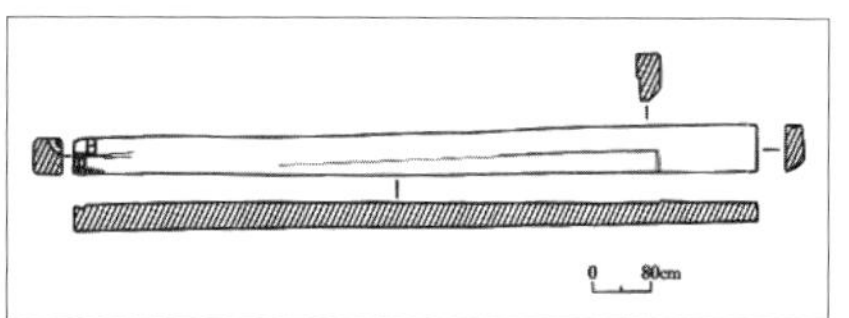

<그림 8> 봉래4호선 단면도

<사진 2> 봉래4호선

11 山東省文物考古研究所 外, 2006, 앞의 책, pp. 44~45.

12 山東省文物考古研究所 外, 2006, 앞의 책, p. 45.

선박과 일치한다.[13]

2. 한국 안좌선과 봉래3·4호선 구조 비교

1) 신안 안좌선의 구조적 특징

한국 전라남도 신안군 안좌면 금산리 해역(동경 126°10′205″, 북위 34°45′108″)에서 2005년 8월 5일부터 9월 14일까지 안좌선 발굴조사를 하였다. 조사는 선체매장처(동서 14m, 남북 7m)의 사전조사 후 제토작업을 실시하였다. 노출된 선체는 실측·촬영 후 선체 내부의 유물을 수습하고, 선체를 해체하여 인양하였다.

조사 결과 고려시대 후기 선박 1척과 도자기, 목제유물 등이 출수되었다. 선체는 저판이 평평한 전통한선의 형식을 갖추었다. 선박의 전체적인 구조는 1995년에 발굴한 목포 달리도배[14]와 많은 유사점을 갖고 있었다. 도자기 수량은 적지만, 청자상감국화문잔과 청자접시는 선박의 연대가 고려 후기로 판단하는 중요한 근거가 되었다. 기타 밧줄 등이 출수되었다.

안좌선의 선체 규모는 잔존 길이 14.5m, 잔존 너비 약 5m, 깊이 0.9m로, 현재까지 인양된 한선 중에서는 가장 규모가 크다.

안좌선의 구조적 특징은 몇 가지로 분류된다.

첫째, 선수부분의 이물비우[15]는 남아 있지 않았다. 선수 부분의 구조를 추

---

13 劉秀英 外, 2006, 앞의 논문, p. 124.

14 국립해양유물전시관, 1999, 『목포 달리도배』.

15 선수 부분의 외판과 외판을 약간 만곡된 목재를 이용, 종횡으로 막아 선수 부분을 만드는 전통적인 한선구조의 일부이다.

정할 수 있는 저판 3재가 남아있었다. 선수저판 3열 약 30cm 지점에 '凹'형의 모양으로 약간 경사지게 너비 15cm, 깊이 10cm 정도를 파서 이물비우를 측면 외판에 사선 형태로 연결하였다.

또한 선수 부분의 외판 좌우현 1단 1.3m 지점까지 윗부분을 밑단보다 넓게 역삼각형 형태로 가공한 구조적인 특징을 갖추고 있다. 이는 선수 부분의 외판이 중간 부분보다 너비가 좁아지는 약점을 보강하고 호롱받침대 등 기타 구조물을 지지하기 위한 것으로 추정된다. 이는 수중발굴 고선박에서는 처음으로 보이는 형식이다. 역삼각형을 이루는 부분에 만곡종통재에서 보이는 산지역할을 하는 피삭이 우현에는 고착되어 있고, 좌현은 구멍만 남아있다. 이는 외판과 저판을 고정하여 선체를 견고하게 하였다. 그리고 부분적으로 가룡과 가룡구멍이 확인되었다.

둘째, 선체 중간 부분은 돛대자리와 가룡·멍에형가룡 등 구조를 확인하였다. 현재까지 조사된 한선에서 돛대자리는 중앙저판을 평평하게 가공한 표면에 돛대구멍이 두개 있는 것이 일반적이다. 안좌선은 돛대구멍을 견고하게 고정하기 위해 중앙저판 돛대자리 부분을 길이 117cm, 높이 7cm, 너비 38cm 정도 높고 두껍게 만들었다. 또한 돛대자리가 설치된 구간에는 좌우 2단 외판에 직사각형의 대형 멍에형 가룡(너비·두께 32cm)으로 돛대자리을 안전하게 고정시킨 것으로 보인다.

셋째, 선미부분은 전체적으로 해충에 의한 부후가 심하다. 우현 1단에 너비 15cm, 두께 8cm 정도의 가룡이 박혀있으나, 좌현은 손상되어 구멍만 남아 있다.

잔존 고물비우는 외판 1단에 'ㄷ'자형 홈을 만들어 고물 판재를 끼웠고, 비우 상단은 외판에서부터 연결되는 장삭으로 결구하였다. 또한 외판 외면으로 나온 장삭은 다시 구멍을 뚫어 작은 산지로 고정하였다.

<사진 3> 안좌선

넷째, 저판구조는, 이전에 발굴된 한선은 대형 중앙저판재를 연결하기 위해 판재를 '요철凹凸'형태로 완전히 따내는 장부이음 방법이다. 하지만 안좌선은 턱걸이 장부이음방식으로 고려 중기 이후인 13세기를 전후한 마도1호선부터 나타나는 방식으로 추정된다. 그리고 저판은 여러 개의 장삭을 이용하여 결구한 한국 전통한선의 제작 방법

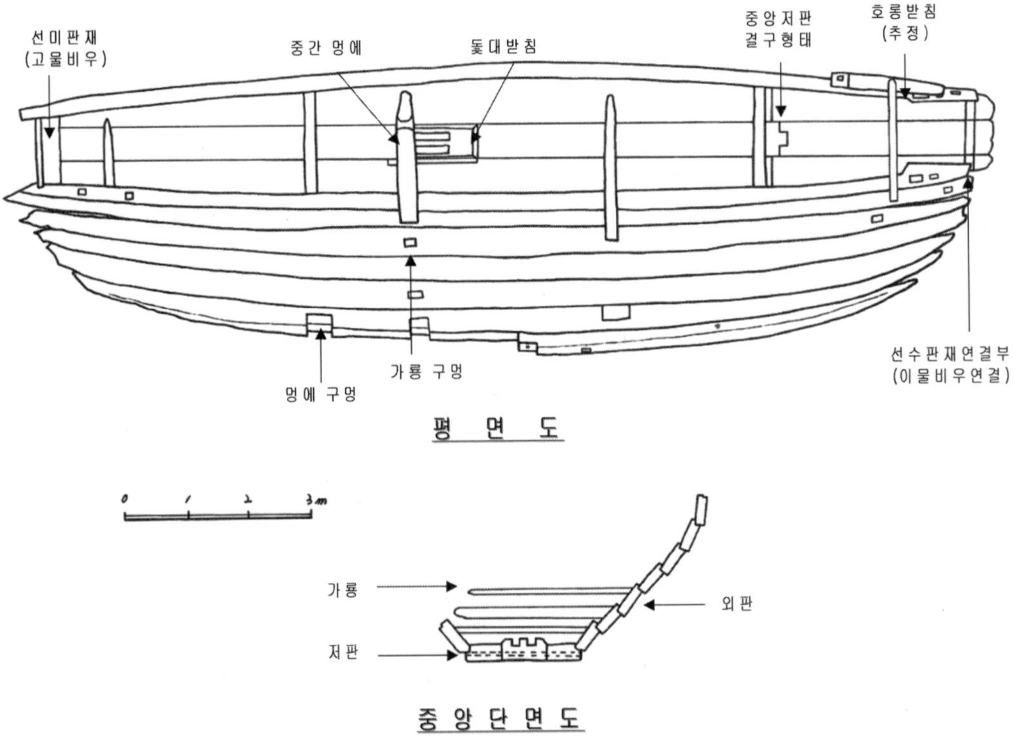

선미판재
(고물비우)
중간 멍에
돛대받침
중앙저판
결구형태
호롱받침
(추정)
선수판재연결부
(이물비우연결)
가룡 구멍
멍에 구멍

평 면 도

0 1 2 3m
가룡
외판
저판

중 앙 단 면 도

<그림 9> 안좌선 평면도, 중앙단면도 각 부분별 명칭

이다. 저판은 길이 3~8.5m, 너비 30~50cm, 두께 20~30cm 정도이다.

다섯째, 외판은 좌현 2단과 우현 7단이 잔존한 상태이다. 외판은 3~4개의 판재를 상면외측에 'L' 자형태의 턱을 따고 상단에 외판을 붙이는 홈붙이겹이음 방식을 취하고 있다. 외판과 외판은 반턱이음(「」)형태로 연결하였다. 크기 길이 2~5m, 너비 30~50cm, 두께 15~20cm 이다.[16]

이상과 같이 안좌선은 이전에 발굴된 완도선, 달리도선, 십이동파도선 등과 함께 고려시대 선박의 시대 편년과 구조변화를 밝혀주는 중요한 자료이다.

2) 안좌선과 봉래3호선의 유사점과 차이점

(1) 안좌선과 봉래3호선 유사점

안좌선과 봉래3호선의 연대는 한국 고려 말~조선 초기, 중국 원말~명초로 추정된다. 이는 구조형식이 한국에서 발굴한 목포 달리도선, 신안 안좌선과 구조가 비슷하다. 이는 출수 도자기가 이를 알게 하는데, 유사점은 아래와 같다.

첫째, 중앙단면구조가 평저형을 이루고 있다. 이는 한선 제작에서 나타나는 방법과 일치하기 때문에 고려 선박일 가능성이 충분하다.

둘째, 중국의 선박은 용골이 1개가 일반적이다. 중국에도 평저선이 있어서 저판[용골]이 여러 열로 제작된 것도 있다. 한국 선박은 용골이라는 표현보다는 저판이라고 한다. 고려시대 선박의 저판은 대개 3~7열의 판재로 이루어진다. 따라서 3열의 저판형식을 갖춘 봉래3호선은 기존에 발굴되었던 고려 선박의 양식과 흡사하다.

16 국립해양유물전시관, 2006, 『안좌선』, pp. 74~89.

셋째, 안좌선과 봉래3호선 저판 연결의 목재 장삭과 중앙저판 연결의 턱걸이 장부이음이 동일한 형식을 갖추고 있다. 저판 3열의 평저형 저판을 갖춘 고려 선박은 목재로 만든 장삭으로 고정하며, 철제못을 사용하지 않는다.

이는 양 선박의 제작 시기가 비슷한 시기로 당시 제작 기술을 보여준다. 따라서 안좌선과 봉래3호선의 저판의 결구와 판재의 이음 방식이 비슷한 점은 고려 선박일 가능성을 가장 확실하게 보여준다.

넷째, 외판 연결방식이 홈붙이겹이음[어린식魚鱗式[17]]으로 한국의 전통선박에서 보이는 형식이다. 외판의 연결이 상면 외측에 'L'자형의 턱을 파고 상단 외판을 이어 붙이는 홈붙이겹이음을 하고 있는 점도 한선과 일치한다.

넷째, 봉래3호선이 외판과 저판연결 등에 목재로 만든 나무못인 장삭과 피삭을 주로 사용한 것은 안좌선과 유사하다. 중국의 선박제작은 철제못을 다수 사용하여, 선체에 촘촘하게 박아 결구한다. 한국 신안해역 출수 신안선이 이를 잘 보여주고 있다. 신안선은 외판의 연결에 철제못은 물론 외판의 보강을 위해 보판재補板材까지 만들었다. 보판재도 철제못을 사용하여 고정하였다.[18] 봉래3호선은 외판의 연결 방법이 안좌선에 외판 각 단의 연결에 피삭을 사용하고, 열의 외판도 'L'자형 떡따기를 한 피삭으로 연결한 것도 동일하다.

다섯째, 선체의 저판과 외판의 수종이 한선의 제작에 흔히 사용되었던 소나무이다. 그리고 선체를 결구하는 장삭과 피삭을 상수리나무·밤나무 등을 이용한 점이다. 이는 전형적인 한선의 제작 방식이다.

선박의 제작은 일반적으로 현지에서 자생하는 나무를 사용하여 만든다. 한국은 선체의 몸체는 주로 소나무, 느티나무로 만들고 기타 장삭이나 피삭

17 어린식魚鱗式은 홈붙이겹이음빙식의 중국식 표현이다.

18 문화재관리국, 1988, 『신안해저유물』 종합편, p. 90.

등은 상수리나무, 밤나무, 뽕나무 등을 사용한다. 중국도 선체 제작 수종은 삼나무, 소나무 등을 사용한다. 하지만 한국의 소나무와 종류가 다른 소나무와 녹나무 등으로 선체의 저판, 외판 등 몸체를 만들었다.

한국에서 발굴한 신안선은 중국 남부지역에서 자생하는 마미송馬尾松을 사용하였다. 진도 통나무배는 선체의 몸체가 녹나무로 만들어졌다. 이외에 부속구도 현지에서 자생하는 나무를 주로 사용하였다. 일본의 선체는 몸체를 주로 삼나무로 만들었다.

이를 종합하면, 봉래3호선은 선박의 구조적인 특징, 고려 선박의 제작에 사용되는 나무 등 다양한 요소가 고려에서 제작되었다는 사실을 가리킨다.

(2) 안좌선과 봉래3호선 차이점

안좌선과 봉래3호선은 많은 유사점에도 불구하고, 연구자들에 의해 다양한 의견이 개진되었다. 이러한 의견을 고려하여, 두 선박의 차이점을 보면 아래와 같다.

첫째, 외판의 피삭 고정방식이 안좌선은 외판의 상단에서 하단의 중간 부분까지 관통되지 않고 연결되어 있다. 이에 반해 봉래3호선은 외판 상단 중간 외부에서 하단 중간 부분을 관통하는 결구형식이다. 하지만, 이는 태안대섬에서 출수된 12세기 중기의 태안선에서 이러한 방식을 취하고 있다.[19] 이는 봉래3호선이 고려선박의 제작 방식을 나타내고 있어 큰 차이점은 아니다. 또한 조선시대 이후 한선에 보이는 특징이다.[20] 이를 정리하면 외판결구방식은 차이가 있다. 하지만 고려시대 선박에서 보이는 특성을 갖고 있다. 따라서 봉래3호선은 고려 선박과 차이점이 크지 않다.

---

19 국립해양문화재연구소, 2009, 『고려청자보물선』, pp. 350~351.

20 국립해양유물전시관, 1997, 『전통한선과 어로민속』, pp. 78~79.

둘째, 봉래3호선은 돛대가 2개인 쌍범선이다. 또한, 돛대자리를 따로 제작하여 결구하였다. 안좌선은 돛대자리를 따로 제작하지 않은 단범선이다. 봉래3호선이 연대는 여말선초 혹은 원말명초의 시기이다. 태안 해역에서 발굴한 마도4호선에 돛대자리가 2개 확인되었다. 마도4호선은 제작 연대가 조선 초기로 밝혀졌다.[21] 이는 여말선초에 돛대가 2개 이상 세웠음을 알 수 있다. 따라서 봉래3호선 발굴 이후 한국에서도 비슷한 시기에 쌍범선이 확인되어 차이점은 상쇄相殺되었다.

하지만, 돛대자리는 현재까지 따로 제작한 고려시대 선박은 현재까지 출수되지 않았다. 한선에서는 대체로 조선시대 이후 돛대자리를 따로 제작하였다.[22] 이러한 사실은 고려시대에도 돛대자리를 따로 제작하였을 가능성은 충분하다.

셋째, 안좌선은 횡강력을 유지하는 가룡이 격벽을 대신하지만, 봉래3호선은 얇은 판재로 격벽구조를 갖추었다. 이는 원양항해를 위해 선체 유지와 수밀도水密度를 높이기 위하여 격벽시설이 필요하여 제작하였을 가능성이 있다.

하지만, 수중발굴 결과 고려·조선시대 선박은 격벽을 갖춘 선박은 없었다. 따라서 이 부분은 향후 근거 자료의 보강이 필요하다. 일부 학자들은 중국에서 수리 가능성을 제기하기도 한다.

넷째, 안좌선과 봉래3호선의 장삭·피삭 크기가 다르다. 이는 결구 방식의 차이에서 기인한 것으로 보인다. 선체는 크기에 따라서 나무못을 규격에 맞게 제작하여 사용하였다. 이에 크기의 차이는 큰 의미를 부여할 필요는 없다.

마지막으로 고려시대 선박에서 보이지 않는 철제못을 봉래3호선에서는

21 국립해양문화재연구소, 2016, 『태안마도4호선』, p. 94.

22 국립해양유물전시관, 1997, 앞의 책, pp. 74~75.

몇 군데 사용하였다. 이는 선체가 크기 때문에 나무못과 함께 격벽 및 중앙 저판 양측면 저판 등에 사용된 것으로 보인다. 또한 저판을 보호하기 위하여 저판 상단에 보강판을 철제못으로 고정하였다. 이는 한선에서는 보이지 않는 특이한 구조이다.

일부학자들은 철제못의 사용이나 격벽 등 중국 조선기술의 요소가 보이는 것을 양국의 기술교류로 보기도 한다.

3) 안좌선과 봉래4호선의 유사점과 차이점

안좌선과 봉래4호선의 유사점과 차이점을 논하는 것은 무의미하다. 봉래4호선의 잔존 선체가 많지 않아 정확한 구분은 어렵다. 기본적인 구조가 안좌선과 유사하고, 차이점은 찾아보기 힘들다. 따라서 봉래4호선은 고려시대 선박임을 의심할 여지가 없다.

봉래4호선의 중앙단면구조는 저판 3열이다. 저판 연결은 장삭을 이용하여 통으로 연결하는 구조이다. 한국 선박의 특징을 그대로 보여주는 평평한 저판이다.

중앙저판에 중심부에 만들어진 돛대구멍은 한국 수중발굴 선박에서 보이는 공통적인 구조이다. 봉래4호선의 중앙저판이 이러한 구조를 갖추고 있다.

또한, 외판의 연결은 저판 상면외측에 외판을 이어 붙이는 홈붙이겹이음 방식으로 한선과 일치하며, 단면구조가 평저형을 이루고 있다.

따라서 봉래4호선은 구조적인 특징이 한국의 수중발굴에서 보이는 한선의 흔적을 고스란히 갖추고 있다. 고려 선박이 중국의 산동성을 왕래하다가 덩저주항에 정박하였다가 폐선 조치되었을 가능성이 있다.

4) 출수유물의 비교에 의한 시대편년

안좌선과 봉래3호선은 각각 도자기가 출수되었다. 도자기는 고려청자로 도자사적으로도 시대의 차이가 거의 나지 않는다.

안좌선에서는 청자상감국화문잔과 청자접시 등이 출수되었다. 이들 청자 가운데 접시에서 고려 후기 청자의 특징인 흑토받침이 확인되어, 고려 후기에 제작되었음을 알 수 있다. 즉 이들 청자는 상감청자 쇠퇴기의 특징을 지니고 있는 14세기(1350~1380) 후기의 청자로 안좌선의 편년에 중요한 근거 자료를 제시하고 있다.[23]

봉래3호선에서 출수된 고려청자는 청자대접과 청자접시 각 1점이 출수되었다. 이들 청자는 둔중한 기형과 매우 간략한 문양, 사립砂粒을 받쳐 번조하는 등 여말선초(14세기 말~15세기 초)에 제작되었음을 알 수 있다. 특히 문양은 인화기법과 상감기법을 혼용하고 있어 시대적 특징을 대변하고 있다. 하한은 본격적인 인화문이 시문되지 않고 있어 1420년대 이전으로 추정된다. 이외에 함께 출수된 옹기와 대반, 횡부橫缶 등도 고려 말~조선 초에 사용된 것으로 추정된다.

봉래3호선 출수 청자는 고려 말~조선 초에 제작사용되었다. 안좌선 출수 청자는 고려 말에 제작된 것이다. 그 시기적 차이는 유물의 상한과 하한을 고려할 때 20~50년 정도로 판단되지만, 제작시기와 사용시기를 아울러 고려하여야 할 것으로 생각된다. 따라서 이들 선박의 상호비교는 전통한선의 변화 연구에 매우 중요한 자료이다.

23 국립해양유물전시관, 2006, 앞의 책, p. 90.

3. 고려 선박으로 밝혀진 봉래3·4호선 의의

1970년대 이래 한국의 수중발굴은 활발하게 이루어지고 있다. 수중발굴을 통해서 고려 선박이 10척 발굴되었다. 발굴된 선박들이 주로 연안 항해를 하다가 침몰된 것이다. 해외로 원양항해를 했던 것으로 판단되는 고려시대의 선박은 봉래3·4호선이 최초로 확인되었다.

이를 수중발굴 선박인 고려시대 안좌선과 비교한 결과 중앙단면, 저판, 외판, 추진구, 돛대자리, 고착도구, 수종 등의 유사점을 확인하였다. 이는 결론적으로 한국 선박으로 판단하였다. 기타 도자기와 도기 등 출수유물이 이를 보완하였다. 선수와 선미는 봉래3·4호선에서 발견되지 않아 비교가 어려웠다.

이외에 중국 원대 기술교류로 고려에서 제작되었을 가능성을 제시한 중국학자의 내용도 이후 다양한 검토가 이루어지면 흥미로운 결과가 도출될 것으로 보인다.[24]

하지만 구조적 차이를 보이는 봉래3호선의 중국 선박의 특징인 격벽시설, 돛대자리 별도 제작, 동회유 사용 등은 기술교류 혹은 기타 원인에 대한 지속적인 구명이 필요하다. 따라서 원·명대의 중국 선박과의 기술교류에 대한 연구가 조속히 이루어져야 한다.

봉래3·4호선은 원양항해용 선박이다. 고려 말 또는 조선 초에서 제작하여 항해하였다. 봉래3호선은 먼 바다를 항해하기 위해서 돛을 2개 만들었을 가능성이 크다. 또한, 원양항해에서는 좌초나 조난 등으로 물이 스며드는 것을 방지하기 위해 격벽시설에 판재가 사용되었을 가능성이 있다.

24 원효춘, 2011, 「봉래고려(조선)고선의 구조와 특정」, 『고려의 난파선과 문화사』국제학술대회 자료집, 국립해양문화재연구소 외, p. 59.

결론적으로 봉래3·4호선이 갖는 가장 큰 의미는 해외에서 한국 선박이 발견되었다는 것이다. 고려시대는 중국의 송·원은 물론 일본, 동남아시아까지 해양실크로드가 활성화 되었던 시기이다. 그럼에도 불구하고 해외에서 한국 선박은 발견된 적이 없었다. 봉래3·4호선이 중국에서 발견되어 당시 해상세력의 일원으로 활약하였던 고려의 생생한 현장 기록이다.

원양항해를 하였던 고려시대 국제무역선의 발견은 향후 발굴성과를 지켜봐야겠지만, 통일신라시대 장보고의 해상활동과 고려의 국내 조운로 및 항해술의 발달상으로 미루어 보면, 원양과 연안 항해 선박의 구조적 차이가 있을 수 있음을 시사한다.

또한 안좌선과 봉래3호선에서 발견된 고려청자의 편년과 당시 고려와 원의 역사적 배경은 이를 뒷받침 한다고 하겠다. 특히, 여말선초 왕족이나 유력층·상류층에서 사용한 것이 아닌 일반민간인들인 선원들이 직접 사용한 것으로 보이는 도자기·도기 제품들이 함께 발굴된 점은 매우 중요하다. 수출품이나 무역품이 아니란 점에서 선원들은 고려인 혹은 조선 초의 민간인이 확실하다.

그들에 의해 운용되었던 봉래3호선은 고려 선박으로 현지에서 일정 부분 조선기술의 교류가 있었음을 알 수 있다. 봉래4호선은 잔존 선체가 부족하고, 출수유물로 정확한 판단이 어렵지만 구조적인 특징은 오히려 봉래3호선보다 한선의 구조를 모두 갖추고 있다.

이후 보다 많은 비교연구가 이루어져야 하겠지만, 안좌선과 봉래3·4호선의 구조적 특징과 유물 등을 볼 때 고려 또는 조선에서 제작 운용되어 중국을 왕래하던 선박이 확실하다.

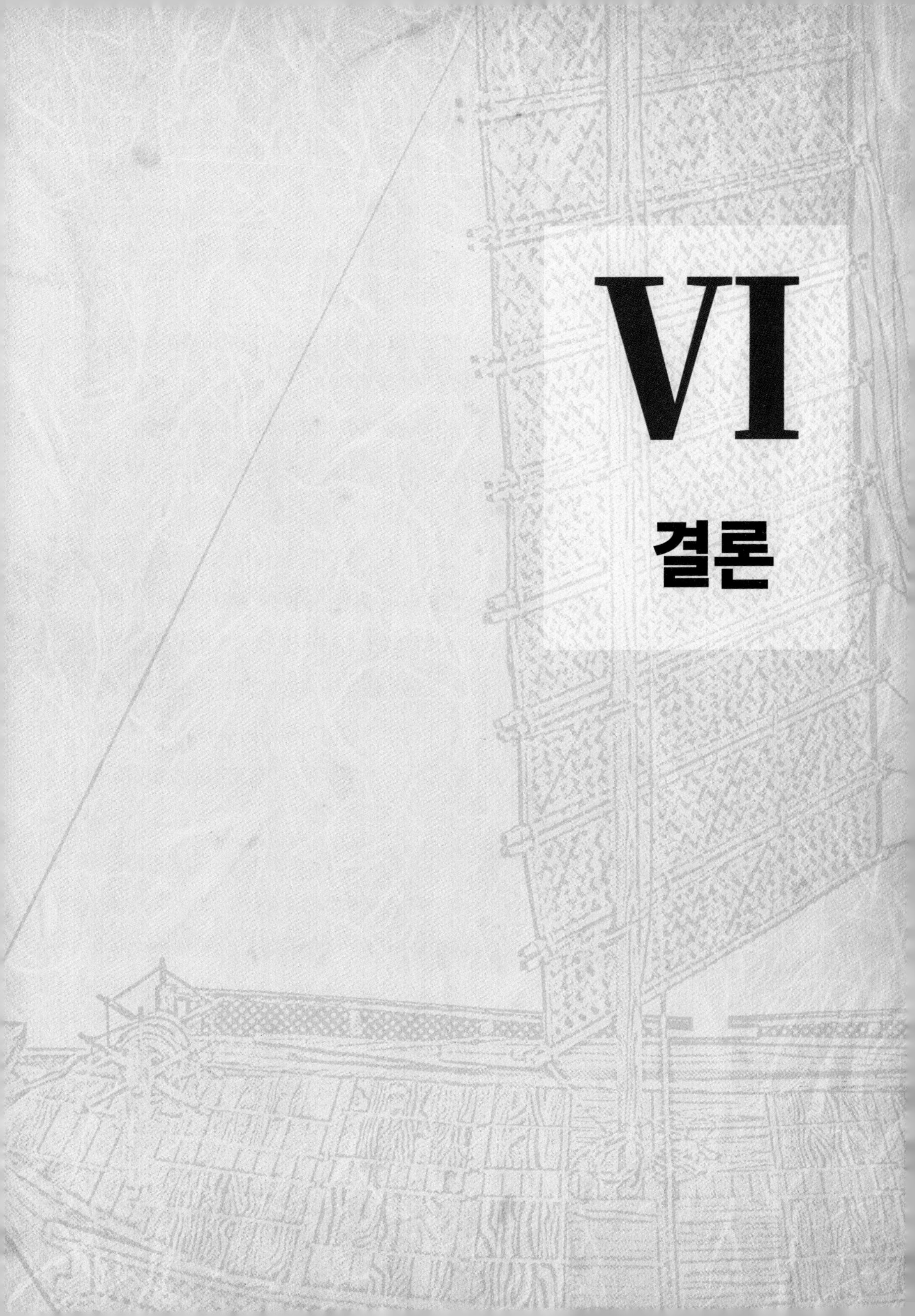

VI

결론

VI. 결론

수중고고학과 한국 수중발굴 사이트 소개, 한국 중세시대 선박사의 변천 과정을 수중발굴 선박의 중앙단면구조, 저판구조, 선수구조, 선미구조, 횡강력구조, 외판구조, 추진구, 기타 구조물 등을 종합적으로 살펴보았다. 또한, 수중발굴 선박의 수종 분석 결과를 정리하여, 보충 자료로 활용하였다. 이외에도 중국에서 발굴한 선박을 소개하여, 고려시대 선박을 통한 해양 활동 범위 유추와 조선기술 교류 가능성을 살펴보았다.

선박사의 시대구분은 선박의 구조와 출수유물을 중심으로 근거를 나름대로 제시하였다. 하지만 수중발굴 선박의 정확한 시대구분은 진행형이다. 향후 미진한 부분은 지속적인 연구과제로 남기고자 한다. 본문 내용을 간략하게 정리하는 것으로 결론을 대신한다.

첫째, 수중발굴 선박의 시대구분은 통일신라시대 영흥도선, 고려시대 완도선과 십이동파도선의 만곡종통재 1·2단 차이를 중심으로 살펴보았다. 만곡종통재 2단의 영흥도선과 십이동파도선을 만곡종통재 1단인 완도선 보다 빠른 시기의 구조로 보았다. 영흥도선의 출수유물 분석 결과는 통일신라시대와 일치한다. 또한 십이동파도선의 시대 편년의 기준인 도자기의 편년이 화형접시의 유형과 턱이 있는 반구병, 변형 해무리굽이 확인되어 신덕리 유형에 접근된다. 제작시기는 해무리굽이 퇴화된 변형 해무리굽이 출수되고 있어 1100년을 전후한 11세기 말~12세기 초로 완도선보다는 조금 빠르다. 따라서 십이동파도선이 완도선보다 시대가 이른 시기로 판단하였다. 완도선은 발굴보고서에 11세기 중후반으로 설정하였으나 이후 도자기 연구를 통해 12세기 초로 재설정하였다. 이는 선체와 출수유물을 비교한 결론이다.

따라서 기존의 완도선과 십이동파도선의 선후관계는 수정되어야 한다. 이는 만곡종통재 2단이 1단보다 빠른 시기의 선박임을 밝혔다. 연대는 십이동파도선이 11세기 말~12세기 초, 완도선 12세기 초이다.

둘째, 중앙단면구조의 중심인 저판은 3·4·5·7열로 저판구조에 의한 시대편년은 쉽지 않았다. 저판의 연결구조가 3열은 장삭을 이용하여 통으로 연결하는 구조이다. 저판 4·5·7열은 3열을 먼저 연결한 다음 좌우에 다른 장삭을 이용하여 결구하였다. 이는 저판의 수량에 따라 장삭의 결구가 달라지는 방법으로 대부분 수중발굴 선박에서 공통적인 현상이다. 이 중에서 특징적인 것은 대부도2호선이다. 대부도2호선은 저판 4열로 저판 3열을 장삭으로 고정한 다음, 한쪽에 저판 1열을 고착시킨 특이한 구조이다. 이는 선체의 균형을 잡기 위해서 부득이하게 만들었을 가능성을 배제할 수는 없다. 따라서 저판의 수량에 따른 시대구분의 편년은 매우 어렵고, 길이와 폭에 따른 분류도 쉽지 않았다. 향후 좀 더 많은 자료가 축적되면, 시대구분의 분류 가능성은 열려있다.

외판의 각단 연결은 대부분 홈붙이겹이음방식으로 시대구분이 쉽지 않았다. 다만, 태안선이 12세기 선박인데 외판과 외판을 연결하는 피삭 고정방식이 달랐다. 향후 자료가 보강되면 이에 대한 정확한 판단이 가능할 것이다.

셋째, 저판과 외판의 연결 방법인 만곡종통재 유무有無에 따른 구조적 차이이다. 이는 한국 중세시대 선박의 시대구분을 가장 확실하게 보여준다. 만곡종통재를 갖춘 형식은 영흥도선, 완도선, 십이동파도선, 대부도2호선으로 외판과 연결하는 데 만곡종통재가 중간 매개 역할을 한다. 만곡종통재 1단과 2단을 갖춘 선박이 통일신라시대부터 고려시대 초기인 13세기 전후까지 이어진다. 출수 도자기 등 또한 통일신라시대부터 고려시대 초기로 확인되었다.

만곡종통재 형식을 갖추지 않은 달리도선, 안좌선, 대부도1호선, 마도1·2·3·4호선으로 저판과 외판을 직접 연결하는 방법이다. 특히 마도1호선은 목간으로 절대연대가 확인되었을 뿐만 아니라, 저판에 반턱홈이 없이 저판과 외판을 직접 연결하였다. 이는 만곡종통재가 완전히 사라지기 전 과도기적인 형태로도 보인다. 이러한 점으로 미루어 저판과 외판의 연결 턱이 있는 달리도선, 안좌선, 대부도1호선, 마도2·3·4호선은 잘 다듬어진 형태로 마도1호선 보다는 시기적으로 늦다고 볼 수 있다. 완도선, 십이동파도선, 대부도2호선은 만곡종통재를 갖추고 있어, 마도1호선 보다는 빠른 시기로 보인다. 이는 마도1호선의 '무진戊辰(1208)' 목간을 기준으로 하면, 13세기 초에 만곡종통재를 사용한 선박 제작이 쇠퇴한 시기이다. 마도1호선은 만곡종통재가 사라지고 저판과 외판을 직접 연결하는 과도기적 성격으로 볼 수 있다. 이는 13세기를 전후하여 중세선박의 조선기술에 중요한 변화가 일어났을 것이다.

따라서 만곡종통재 존재 여부와 마도1호선의 목간의 절대연대는 선박의 시대구분 기준점이라고 할 수 있다. 현재까지 수중발굴 선박의 시대구분 가운데 만곡종통재 변화과정이 가장 설득력 있는 시대구분이다.

또한, 기존에 대부도1·2호선을 12~13세기로 시대구분을 하였다. 만곡종통재의 변화과정과 대부도1호선의 저판과 외판의 연결 방법이 달리도선 등

13세기 선박과 비슷하다. 이에 대부도1호선의 시대편년을 12~13세기에서 13세기로 수정하였다.

넷째, 선수구조는 십이동파도선, 마도1·2·3호선, 대부도2호선은 '∨'자 형태의 홈을 만들어 저판과 선수재를 연결하였다. 달리도선과 안좌선은 '凹'자 홈의 형태로 선수판을 연결하였다. 따라서 절대연대가 확인된 마도1호선을 기준으로 만곡종통재가 변형되고, 선수 결구도 '∨'자 형태에서 '凹'자 형태로 변화가 되었음을 알 수 있다. 이는 13세기를 전후하여 선수재 연결 방법에 변화가 일어났다. 13세기 이후 '凹'자 홈의 형태 선수판 연결의 강도가 강화되었다. 이는 선수재 고착 방법으로 선박제조 기술이 시대에 따른 변화를 거쳤음을 보여준다.

다섯째, 발굴 선박의 선미재는 대부분 'ㄷ'자형의 홈에 선미판을 끼웠을 것으로 추정된다. 따라서 선박의 선미 부분이 확인된 대부도2호선, 마도1·2·3·4호선, 달리도선, 안좌선 등 전기부터 후기까지 모든 선박이 'ㄷ'자형의 홈에 선미판을 끼웠을 것으로 추정된다.

하지만, 달리도선과 안좌선은 선미쪽 외판이 다른 외판과 다르게, 외판의 끝부분을 두터운 각형재로 마감하였다. 이후 외판 안쪽에 'ㄷ'자형의 홈을 시설하고 선미 판재를 끼워 넣었다. 이는 고려 후기로 가면서 선미 판재 결구가 바뀌는 양상이다. 따라서 선박 기술변화에 따른 시대구분이 가능하다. 따라서 선미의 특징에 의한 시대구분은 향후 더 많은 자료의 축적을 기대한다.

여섯째, 횡강력구조는 멍에형 가룡의 시설 여부가 선체의 횡강력과 돛대의 견고성에 중요한 역할을 하는 것으로 발달과정에 중요한 기준으로 판단된다. 멍에형 가룡은 11~12세기의 완도선과 십이동파도선에는 확실하게 나타나지 않는다. 13~14세기인 달리도선과 안좌선, 대부도1호선, 대부도2호선, 마도1·2·3호선에는 멍에형 가룡 구조가 확실하게 나타난다. 멍에형 가룡은 돛대 및 외판의 지지력을 보강하여 주면서 횡강력의 견고성을 확보하였다.

따라서 가룡과 멍에형 가룡은 시대의 변화를 거치면서 정형화되고, 횡강력 유지는 물론 칸을 구별하는 역할까지 하였다. 멍에형 가룡은 횡강력뿐만 아니라 돛대를 지지하는 역할을 하였다. 돛대를 잡아주는 당아뿔은 달리도선 등 고려시대 선박은 중간 돛대에 1개만 만들었다. 조선시대 15세기 마도4호선에는 돛이 쌍범으로 변화되고, 이물과 중간돛대의 멍에형 가룡 마다 당아뿔 결구로 시대상을 반영한다.

일곱째, 선박의 수종 분석에 의한 시대구분은 명확하지 않았다. 수중발굴 선박은 시대변화에 따라 선체 구조가 서서히 발달해 갔다. 하지만, 수종의 변화는 크지 않았다. 몸체구조인 저판, 만곡종통재, 외판, 선수재, 선미재는 대부분 소나무류이다. 소나무류는 한반도 전역에서 쉽게 구할 수 있는 수종이며, 단단한 활엽수종에 비해 가공이 편리하다. 일부 저판과 외판, 만곡종통재의 경우 참나무류, 비자나무, 이나무 등의 목재가 사용되었다. 비자나무와 이나무가 자생하는 지역적 특징이 보인다.

내부구조인 가룡과 멍에형 가룡, 그리고 연결구조인 장삭과 피삭 등은 상수리나무류, 밤나무속, 느티나무와 같은 활엽수재가 많이 사용되었다. 이는 비교적 단단하며 강도가 있는 수종으로 힘을 받는 구조물에 적절한 것으로 판단된다.

따라서, 선박 제작에 사용된 수종에 의한 시대구분은 쉽지 않고, 선박의 구조에 맞게 상황에 따라 적절하게 사용되었음을 알 수 있다.

여덟째, 중국 등주항에서 발굴한 봉래3·4호선은 14~15세기 원양 항해용 선박으로 고려말 또는 조선 초에서 제작되어 항해하였다. 봉래3호선은 원양

遠洋을 항해하기 위해서 돛이 2개 만들었을 가능성이 크다. 또한, 원양항해에서는 좌초나 조난 등으로 물이 스며드는 것을 방지하기 위해 격벽 시설에 판재가 사용되었을 가능성이 있다. 봉래3·4호선이 갖는 가장 큰 의미는 해외에서 한국 선박이 발견되었다는 것이다. 고려시대는 중국의 송·원은 물론 일본, 동남아시아까지 해양실크로드가 활발하던 시기이다. 하지만, 해외에서 한국 선박은 발견된 적이 없었다. 봉래3·4호선이 중국에서 발견되어 당시 해상세력의 일원으로 활동하였던 고려의 생생한 현장 기록이다. 또한, 격벽시설 등 차이는 조선기술 교류로 추측된다.

마지막으로 중세시대 선박의 시대 편년은 영흥도선(7~10세기), 십이동파도선(11세기 말~12세기 초), 완도선(12세기 초), 태안선(12세기 중후반), 대부도2호선(12세기 중후반~13세기 초), 마도1호선(1208), 마도2·3호선(13세기 초), 대부도선(13세기), 달리도선(13~14세기), 안좌선(14세기 후반), 봉래3·4호선(14~15세기), 마도4호선(15세기 초) 순으로 병렬적인 관점이나 구조적인 측면에서 구분할 수 있다.

위와 같이 한국 중세시대 선박사를 발굴 선박에 국한하여 정리하였다. 고려시대 선박의 자료는 극히 제한적이고, 조선시대 자료는 상당 부분 남아 있다. 이 글에서는 조선 초기 마도4호선까지 한정하였다. 조선시대 선박은 향후 문헌과 연계한 연구과제로 삼고자 한다. 선박의 시대구분에 대한 많은 근거 자료의 미비, 논거의 제시 부족 등에 대한 질정은 겸허하게 받아들이고 수정해나갈 것이다.

[참고문헌]

『三國史記』.

『高麗史』.

『高麗史節要』.

『各船圖本』.

『朝鮮王朝實錄』.

『高麗圖經』.

『蒙古襲來繪詞』.

『入唐求法巡禮行記』.

< 저서 >

국립해양문화재연구소, 2016,『한국의 보물선 타임캡슐을 열다』.

국립해양문화재연구소, 2020,『우리배 용어사전』.

김병근, 2004,『수중고고학에 의한 동아시아 무역관계 연구』, 국학자료원.

김병근·서동인, 2014,『신안보물선의 마지막 대항해』, 주류성.

김재근, 1989,『우리 배의 역사』, 서울대학교출판부.

김재근, 1994,『한국의 배』, 서울대학교출판부.

김재근, 1994,『속 한국선박사연구』, 서울대학교출판부.

이원식, 1990,『한국의 배』, 대원사.

이필우, 1997,『한국산 목재의 성질과 용도』Ⅰ, 서울대학교 출판부.

정성호, 박병수, 2008,『한국산 유용수종의 목재성질』, 국립산림과학원.

정진술, 2009,『한국해양사』, 해군사관학교.

황동환·김성필 편저, 1994,『수중 유물 발굴의 기초』, 해군사관학교.

席龍飛, 2000,『中國造船史』, (中國)湖北教育出版社.

小江慶雄, 1983,『水中考古學入門』, (日本)日本放送出版協會.

< 보고서·도록 >

국립김해박물관, 2008,『비봉리』.

국립해양유물전시관, 1997,『전통한선과 어로민속』.

국립해양유물전시관, 1999,『목포 달리도배』.

국립해양유물전시관, 2000,『고흥 시산도 긴급탐사 보고서』.

국립해양유물전시관, 2003,『무안 도리포 해저유적』.

국립해양유물전시관, 2004,『군산 비안도 해저유적』.

국립해양유물전시관, 2005,『군산 십이동파도 해저유적』.

국립해양유물전시관, 2006,『안좌선』.

국립해양유물전시관, 2008,『안산 대부도선』.

국립해양유물전시관, 2007,『군산 야미도』.

국립해양유물전시관, 2008,『군산 야미도Ⅱ』.

국립해양문화재연구소, 2009,『군산 야미도Ⅲ』.

국립해양문화재연구소, 2009,『고려청자보물선』.

국립해양문화재연구소, 2010,『태안마도1호선』.

국립해양문화재연구소, 2011,『태안마도2호선』.

국립해양문화재연구소, 2011,『태안 마도해역 탐사보고서』.

국립해양문화재연구소, 2012,『태안마도3호선』.

국립해양문화재연구소, 2013,『태안 마도 출수 중국도자기』.

국립해양문화재연구소, 2014,『영흥도선』.

국립해양문화재연구소, 2015,『명량대첩로 해역』Ⅰ.

국립해양문화재연구소, 2017,『태안 마도해역 시굴조사보고서』.

국립해양문화재연구소, 2018,『명량대첩로 해역』Ⅱ.

국립해양문화재연구소, 2021,『명량대첩로 해역』Ⅲ.

국립해양문화재연구소, 2015,『전통선박기술Ⅴ 고려시대 조운선(마도1호선) 복원보고서』.

국립해양문화재연구소, 2016,『태안마도4호선』.

국립해양문화재연구소, 2016,『안산 대부도2호선』.

국립해양문화재연구소, 2021,『십이동파도선』, 수중발굴 고선박 원형복원 연구Ⅲ.

문화재관리국, 1983,『신안해저유물』, 자료편Ⅰ.

문화재관리국, 1984,『신안해저유물』, 자료편Ⅱ.

문화재관리국, 1985,『신안해저유물』, 자료편Ⅲ.

문화재관리국, 1988,『신안해저유물』, 종합편.

문화재관리국, 1985,『완도해저유물』.

문화재관리국, 1978,『안압지』.

목포해양유물보존처리소, 1993,『진도 벽파리 통나무배』.

(재)한울문화재연구원, 2019,『강진 전라병영성 성내부 유적 Ⅴ』.

호남문화재연구원, 2000,『영광 원전 해안 탐사보고서』.

국립해양유물전시관, 1995,『바다로 보는 우리역사』(도록).

국립해양유물전시관, 1998,『물·바다·사람·배·꿈·삶·그 자국』(도록).

국립해양유물전시관, 2001,『바다에 빠진 배·유물처리』(도록).

국립해양유물전시관, 2008,『근대한선과 조선도구』(도록).

국립해양문화재연구소, 2010,『800년 전의 타임캡슐』(도록).

국립해양문화재연구소, 2010,『수중발견신고유물-바닷속 유물, 빛을 보다』(도록).

국립해양문화재연구소, 2020,『발견신고압수 수중문화재』(도록).

국립해양유물전시관, 2008, 『근대한선과 조선도구』(도록).

국립해양문화재연구소, 2010, 『조선시대 그림 속의 옛배』(도록).

山東省文物考古研究所 外, 2005, 『蓬萊古船』, (中國)文物出版社.

< 논문 >

곽유석, 2010, 「고려선의 구조와 조선기술 연구」, 목포대학교 박사학위논문.

김병근, 2010, 「수중발굴 고려선박 구조와 시대구분 고찰」, 『해양문화재』제3호, 국립해양문화재연구소.

김병근, 2014, 「여수와 고려시대 마도3호선」, 『해양문화재연구』제10집, 전남대 이순신해양문화연구소.

김병근, 2017, 「마도 4호선 출수 목간」, 『목간과 문자』, 한국목간학회.

김병근·허문녕, 2018, 「안선 대부도1·2호선 발굴성과와 의의」, 『전국해양문화학자대회발표집』제1집, 목포대 도서문화연구원 외.

김병근, 2021, 「고려시대 해양실크로드 거점정과 수중발굴」, 『해양문화재』제14호, 국립해양문화재연구소.

김애경, 2008, 「완도해저 출토 청자의 특징과 생산시기」, 『해양문화재』제1호, 국립해양문화재연구소.

김응호·차미영, 2014, 「영흥도선 선체편 수종분석」, 『영흥도선』, 국립해양문화재연구소.

김응호·홍순재·김병근·한규성, 2021, 「수중출수된 고선박의 구조와 목재수종의 변화」, 『해양문화재』 제14권, 국립해양문화재연구소.

김재근, 1999, 「달리도 발굴 고선의 선박사적 의의」, 『목포 달리도배』, 국립해양유물전시관.

남태광, 2014, 「영흥도선의 방사성탄소연대 분석」, 『영흥도선』, 국립해양문화재연구소.

남태광, 2016, 「대부도2호선의 방사성탄소연대 분석」, 『안산 대부도2호선』, 국립해양문화재연구소.

안재철, 2000,「한선의 구조와 변천」, 목포대학교대학원 석사학위논문.

양순석·윤용희, 2006,「안좌도 출토 목재편 및 초본류의 종 분석」,『안좌도선』, 국립해양유물전시관.

원효춘, 2011,「봉래고려(조선)고선의 구조와 특정」,『고려의 난파선과 문화사』국제학술대회 자료집, 국립해양문화재연구소 외.

윤용희, 2008,「대부도선 수종분석」,『안산 대부도선』, 국립해양유물전시관.

윤용이, 2009,「고려청자의 생산과 소비」,『청자보물선 뱃길 재현 기념 국제학술심포지엄』.

이송희, 2000,「완도해저 출토 자기를 통한 녹청자 연구」, 이화여자대학교 대학원 석사논문.

이종민, 2014,「영흥도선의 출수 도자의 양식적 특징과 편년」,『영흥도선』, 국립해양문화재연구소.

임경희, 2010,「마도1호선 목간의 분류와 주요내용」,『마도1호선』, 국립해양문화재연구소.

장남원, 2008,「완도선 인양 철화청자의 특징과 제작시기」,『해양문화재』1, 국립해양문화재연구소.

최근식, 2002,「장보고 무역선과 항해기술 연구-신라선 운항을 중심으로-」, 고려대학교 대학원 박사학위논문.

최운봉 외, 2006,「동양 3국의 전통 세곡 운반선의 선저 형상 비교연구」,『해운물류연구』.

홍순재, 2009,「진도선의 구조와 성격 : 모형제작실험을 중심으로」, 목포대학교 대학원 석사학위논문.

홍순재, 2011,「고려시대 난파선의 구조와 제작기술의 변천」,『해양문화재』제4호, 국립해양문화재연구소.

홍순재, 2013,「13세기 선박의 구조」,『전국해양문화학자대회 자료집』1, 목포대 도서문화연구원.

홍순재, 2016,「마도해역 출수 난파선 비교 고찰」,『마도4호선』, 국립해양문화재연구소.

金炳堇 外, 2006,「韓國安佐島船和中國蓬萊第3号船的比較硏究」,『蓬萊古船國際學術硏討 會文集』, 蓬萊古船國際學術硏討會 組織委員會(中國).

金炳堇, 2015,「韓國統一新羅時代永興島船和遺物」,『揚帆海上絲綢之路』(中國)黃海數字出版社.

汪敏 外, 2006,「蓬萊三号古船的型船測繪與復原硏究」,『蓬萊古船』, 文物出版社.

龔昌奇 外, 2006,「蓬萊三号古船的測繪與復原硏究」,『蓬萊古船』, 文物出版社.

劉秀英 外, 2006,「蓬萊水城小海古船材質狀況及樹種配置」,『蓬萊古船』, 文物出版社.

< 칼럼 >

Kim Byung Keun, 2021,「Birth of KoreaUnderwater Archaeology」,『Wreakwatch Autumn』.

김병근, 2021. 2.15.(서울신문),「어부들의 개밥그릇·재떨이로 '천덕꾸러기 700년 만에 보물로 깨어난 침몰선 도자기」.

김병근, 2021. 4.19.(서울신문),「명량대첩로 해역에서 발굴한 유물들」.

김병근, 2021,「조선시대의 보물선 마도4호선」, 해양환경공단 3월 사보.